浙江省哲学社会科学重点研究基地

浙江省信息化与经济社会发展研究中心

The Research center of information technology & economic and social development

Organizational isomorphism and collaborative innovation
of cluster enterprises: Phenomenon and mechanism

集群企业组织同构与协同创新
现象与机理

张慧 著

中国财经出版传媒集团

经济科学出版社

Economic Science Press

图书在版编目（CIP）数据

集群企业组织同构与协同创新：现象与机理/张慧著.
—北京：经济科学出版社，2017.5
ISBN 978 - 7 - 5141 - 8028 - 2

Ⅰ.①集⋯　Ⅱ.①张⋯　Ⅲ.①企业集群 - 企业管理 -
研究　Ⅳ.①F276.4

中国版本图书馆 CIP 数据核字（2017）第 108421 号

责任编辑：周国强
责任校对：王苗苗
责任印制：邱　天

集群企业组织同构与协同创新：现象与机理
张　慧　著
经济科学出版社出版、发行　新华书店经销
社址：北京市海淀区阜成路甲 28 号　邮编：100142
总编部电话：010 - 88191217　发行部电话：010 - 88191522
网址：www. esp. com. cn
电子邮件：esp@ esp. com. cn
天猫网店：经济科学出版社旗舰店
网址：http://jjkxcbs. tmall. com
北京密兴印刷有限公司印装
710 × 1000　16 开　17.5 印张　260000 字
2017 年 5 月第 1 版　2017 年 5 月第 1 次印刷
ISBN 978 - 7 - 5141 - 8028 - 2　定价：68.00 元
（图书出现印装问题，本社负责调换。电话：010 - 88191510）
（版权所有　侵权必究　举报电话：010 - 88191586
电子邮箱：dbts@ esp. com. cn）

　　本书获国家自然科学基金项目（71302149）、浙江省自然科学基金项目（LY17G020026）和浙江省高校人文社科重点研究基地项目（RWSKZD02 – 201209）资助。

前　　言

　　创新环境和创新系统学派认为，产业集群是一种创新网络，而这种创新网络是通过行为主体在多边交易中学习和不断进行创新并连续积累而得到发展的。通过企业之间的相互作用以及企业之间的学习过程，企业具有了根据环境的变化不断调整它们自己行为的能力，同时也保证了创新的传播、交换和技术文化的不断更新，以及创新环境本身的更新。因此，探寻创新环境下的集群企业创新绩效形成过程和机制成为集群理论学者研究的热点之一，而且这一问题对于发展中国家的传统制造产业集群在全球化的生产网络中进行转型升级具有重要的现实意义。正如马歇尔所说，在产业集群中，有关产业的技术知识和行业信息遍布于空气当中。随着研究者对产业集群研究的深入，学者们逐渐发现，在富有创新性的产业集群内部，集群企业分享"产业空气"带来的知识搜寻与溢出效应并不具有均等性。实际上集群中的知识传播是一个异质性的网络，企业在利用集群知识传播系统的能力上存在着显著的差异。作者在对集群企业相关人员的深度访谈发现集群中同时并存着两类企业：一些集群企业认为相关的技术知识获取相当容易，许多时候只要看一眼产品就能够得知它的生产工艺和生产方法；而另一些集群企业认为集群中优势企业的某些知识和技能相当难以模仿，无法搜寻和获取集群中优势企业的竞争优势和创新绩效。显然，只有深入地分析集群内部企业层面的特征才能更好地了解集群内部知识搜寻和传播的规律和机制，才能更全面和客观地认识集群知识搜寻与企业竞争优势的关系。而组织同构现象就是一个非常关键的影响集群企业知识搜寻进而影响其创新绩效的企业层面因素。

组织同构是描述同一战略群组中的组织彼此所呈现出来同质的现象。以往的研究大多指出组织之间若越趋于同质时，往往会因为效率不彰以至于对企业创新和绩效产生负面的影响，因此组织应该致力于追求差异化以寻求竞争优势。然而，近来的研究趋势却显示出，若组织采取适应及顺从的态度来调和环境所造成的压力以获取存在的正当性时，不但可以降低不确定性以避免失败的风险，同时也可以通过与其他制度成员的同构过程，迅速学习及累积所需要的知识及技术来提升自身创新能力与创新绩效。学者们因为研究对象的不同，并没有得出一致性的结论，且缺乏相关的实证研究。虽然以往文献对组织同构及其与创新的关系进行了大量的研究，但是以下几个问题没有得到很好地解决：①集群企业组织同构与协同创新的结构维度构成；②集群企业组织同构现象与协同创新的关系；③知识搜寻视角下集群企业组织同构现象对协同创新作用过程；④集群企业组织同构现象的形成机制。

鉴于以上几方面的原因，本书把产业集群、组织同构、知识搜寻、制度理论与协同创新理论进行了整合，在规范分析和实证分析基础上，深入探讨知识搜寻策略下集群企业组织同构现象与协同创新的关系。本书的主要内容如下：①开发并验证集群企业组织同构与协同创新的结构维度；②探讨集群企业组织同构与协同创新之间的辩证关系，以及动态环境下集群企业组织同构与协同创新的匹配关系；③考察探索式搜寻和利用式搜寻在集群企业组织同构与协同创新之间的中介作用，建立较为完善的知识搜寻策略下集群企业组织同构对协同创新作用机制的概念模型；④结合制度理论、种群生态学和组织因素，构建权变视角下集群企业组织同构现象的形成机制。

基于以上几个主要工作，本书的主要结论如下：①集群企业组织同构和协同创新都是多维度概念；②集群企业组织同构对协同创新存在倒 U 型影响；③知识搜寻在组织同构与协同创新之间具有中介作用；④转型经济制度环境是集群企业组织同构现象形成的主要原因。

本书的主要理论贡献如下：

1. 明晰了集群企业组织同构与协同创新的构念。

本书采用了迪马乔和鲍威尔（1983）组织同构经典的划分方法，把集群企业的组织同构分为强制同构、模仿同构和规范同构三种类型，并通过探索性因素分析和验证性因素分析，证明了组织同构现象的三维度构成。本书根据集群企业参与协同创新所达到的目标，按照协同企业的参与程度和协同企业提供的知识及资源价值高低两个维度构建出四种集群企业的协同创新模式：成本降低型协同创新、质量改善型协同创新、价值提升型协同创新和价值创造型协同创新，该四种模式结构通过了实证检验。

2. 探讨集群企业组织同构与协同创新之间的辩证关系，显示了"同中求异"的重要性。

本书通过实证研究发现，集群企业组织同构对协同创新存在倒 U 型影响，本书根据实证结果，提出"适度"同构的战略逻辑，即在于强调组织必须具备"同中求异"的特质，在兼顾制度规范以降低失败风险的情形下，同时保有自身灵活弹性以获取所需知识，进一步发展出组织专属且独特的创新能力，并提高企业之间协同创新的绩效。

3. 构建了组织同构——知识搜寻——协同创新的综合研究模型。

本研究采取了探索性知识搜寻与利用性知识搜寻的划分方法，并分别探讨了不同类型的知识搜寻在集群企业组织同构与协同创新之间的中介作用，不仅丰富了组织学习和知识搜寻理论的内涵，也能够对与不同类型的知识搜寻所产生的协同创新影响做出适当的解释。

4. 从转型经济制度环境视角构建了集群企业组织同构现象的形成机制。

本书以制度理论为基础，结合种群生态学理论，综合考虑了转型制度环境对组织同构形成的影响，在此基础上，考察了组织惯性与转型制度环境的匹配对组织同构现象形成的作用机制，构建了一个较为全面综合的集群企业组织同构现象形成机制的理论框架，初步揭示集群企业组织同构现象形成的内在机理。

总之，本书的研究不仅丰富与拓展协同创新及组织同构理论的研究，也为集群企业提高协同创新绩效提供了理论和实证依据，对于我国集群企业进行协同创新的规划与执行及集群成长具有重要的现实意义。

目　录
CONTENTS

第1章 绪 论

1.1 研究背景

1.1.1 实践背景

1. 产业集群成为区域经济增长的主要动力。

经济全球化的迅速蔓延使得生产要素在世界范围内进行重新分布，世界日益呈现平坦结构。然而，全球化背景下企业的生产经营活动并未在空间上趋于均衡，反而更加突出了生产活动在地理空间上的集聚现象。这种以"嵌入性""地理集聚""弹性专精""集体学习"为特征的集群，无论在美国硅谷、意大利的东北部和中部地区（第三意大利）、德国的巴登符腾堡都表现出极强的竞争力和旺盛的生命力。正如波特（Porter，1990）所指出的，集群这种生产组织形式正在支配着当今世界的经济版图，它使得全球经济中持久性的竞争优势根植于本地化关系中。经过20多年的发展，在我国沿海发达地区涌现出大量的产业集群，如浙江温州的低压电器产业集群，绍兴的纺织产业集群、海宁的皮革服装产业集群、湖州的木业产业集群、佛山的陶瓷产业集群、东莞的计算机零部件产业集群等。这些集群的产量和销售额占有了国内或国际市场的很大比重，在行业中形成了较强的影响力，成为了地方经济发展的发动机。

以浙江省为例，经过十几年的滚动发展之后，以区域经济为特征的产业集群专业区数量不断增多，规模逐步壮大，实力大大提升。至"十一五"后期，全省年工业总产值或销售收入在亿元以上的制造业产业集群区块有601个，其中10亿元以上的285个，100亿元以上的37个，300亿元以上的7个，平均每个县拥有3个产业集群。从行业分布来看，浙江省产业集群共涉及纺织业、塑料制品业、医药制造业、通用设备制造业、交通运输设备制造业等 28 个工业门类，其中年产值超过千亿元的有 5 个行业，分别为纺织业（51 个区块，年产值 2950 亿元）、纺织服装和鞋帽制造业（53 个区块，年产值 1860 亿元）、电气机械及器材制造业（50 个区块，年产值 1400 亿元）、通用设备制造业（48 个区块，年产值 1130 亿元）、交通运输设备制造业（37 个区块，年产值 1120 亿元）。从地区分布情况看，各市地的产业集群数量和产值差别较大。依次为：杭州 124 个，年产值 3380 亿元；宁波 77 个，年产值 2500 亿元；金华 77 个，年产值 1310 亿元；温州 73 个，年产值 1735 亿元；台州 67 个，年产值 1680 亿元；绍兴 58 个，年产值 2647 亿元；嘉兴 35 个，年产值 1540 亿元；湖州 30 个，年产值 680 亿元；丽水 25 个，年产值 136 亿元；衢州 24 个，年产值 108 亿元；舟山 11 个，年产值 110 亿元。可以说集群经济在浙江工业中具有举足轻重的地位。因而，过去的数十年间，产业集群问题也成为各国学者广泛关注的研究主题。

2. 协同创新成为企业成长及集群升级的重要力量。

产业集群作为一种极具特色的企业群体空间组织形态，在近年来成为许多国家区域经济发展的"引擎"。然而进入 21 世纪以来，随着相关产业以及集群本身发展阶段的逐步更替，特别是经济全球化的深度介入，以中小民营企业为主要组成元素的浙江省产业集群发展速度逐步放缓，部分区域的集群甚至出现了衰退的迹象。在创新能力发展较慢的现实情况下，集群企业间的过度竞争加剧了全球化带来的负面效应。根据现有集群研究的理论和实践经验，要突破集群发展的现有瓶颈，逐步培育区域集群的持续竞争力，一是要注重区域主导产业的发展和升级，二是要注重集群内部结构的优化和调整，而这两方面的实现在很大程度上要依托于区域创新制度的建设和创新环境的营造。因为，限制集群发展的突出问题之一就是区域协同创新机制不健全，缺乏企业与企业之间的协同创新和知识交流，而供应链企业协同创新是国外产业集群重要的创新战略。因此，在某些区域，集群企业为了增强技术创新能力，抵御创新能力被碎片化和被市场边缘化的风险，采取了相关企业的横向和纵向供应链一体化整合行为，并取得了一定的成效。如在武汉中国光谷光电子产业集群中，华工激光、光谷激光和楚天激光三家集群企业进行横向合作，而武汉光谷和其他位于不同链节的中小激光企业，如恒信激光、众泰激光、三浦激光等 8 家中小激光企业抱团组建"武汉 LOEB 激光·光电子产业发展联盟"。随着科技的发展、环境的变动与不确定性，集群企业的低成本优势已经丧失，专业分工和弹性互补两大竞争优势，仍然是合作网络在研发创新时强而有力的竞争利器。过去，制造网络累积了过程、技术、人力等合作基础，现今应将其转换成创新合作网络，通过众多创新资源的整合与分工，进而提升供应链企业的创新能力。供应链伙伴的重要性与日俱增，竞争不再是企业单一个体的对抗，而是供应链网络关系的对抗。在集群企业创新过程中，不同的合作企业对其创新的贡献是不一样的，根据企业的创新目标，针对不同合作企业做不同层次的创新合作，能更加有效且快速地进行企业创新。并且，同一要素在促进某一类型创新的同时可能会阻碍另一类型的创新（Koberg，2003）。因此，要深入解析集群企业的协同创新机制，协同创新类型的划分就显得尤为重要。

创新环境和创新系统学派认为，产业集群是一种创新网络，而这种创新网络是通过行为主体在多边交易中学习和不断进行创新并连续积累而得到发展的。通过企业之间的相互作用以及企业之间的学习过程，企业具有了根据环境的变化不断调整它们自己行为的能力，同时也保证了创新的传播、交换和技术文化的不断更新，以及创新环境本身的更新。因此，探寻创新环境下的集群企业创新绩效形成过程和机制成为集群理论学者研究的热点之一，而且这一问题对于发展中国家的传统制造产业集群在全球化的生产网络中进行转型升级具有重要的现实意义。

3. 集群网络内部同质化现象日趋明显。

产业集群在行业中形成了较强的影响力，成为地方经济发展的发动机。但是长期群聚的结果，就是群内企业之间无论在商业经营模式、公司结构、企业战略、生产技术等方面都逐渐地趋于同构，群内企业的经营活动不时会出现各种"一窝蜂"的现象，究竟是什么样的力量，造成这样的现象？以温州柳市低压电器产业集群为例，通过调查发现，柳市电器市场的发展经历了三个阶段：①改革开放至 1991 年的初创期。有人曾经这样形容当时柳市的低压电器：如果拿掉产品商标，很难判断是哪家企业生产的；如果随意走进一家企业的车间，你很难分辨这个车间到底是哪家企业的；每一家企业可能什么都有，恰恰没有别人没有的。因此，当时集群企业间普遍高度同构。②1992～2008 年全球金融危机时的快速发展期。在这个阶段，柳市的电器产业进行了产业整合。以正泰、德力西、天正、人民等龙头企业为核心的集团化运动在柳市蓬勃兴起，这些企业集团集聚了几百家乃至上千家配套的成员企业。企业之间产业链的整合，促进了产品互补、资金互补、市场互补、资源共享、互利互惠，使产品领域迅速扩大，形成了门类齐全的低压电器大企业，各家企业在自己领域做得更精更强更大。当然，这段时期仍然存在产品同质化程度较高的现象，集群企业同构程度中等偏高。③金融危机至今的转型提升期。面对金融危机以及原材料涨价、用工成本提高的不利因素，柳市电器企业开始谋求变局。做专做精、提高产品科技含量、大规模整合供应链、寻求更高层次的合作创新，这个时期，集群企业间的同构现出现了两种情况，众多中小企业间的同构程度提高了，而龙头企业间的同构程度有所降低。由此可以发现，集群企业间的组织同构现象是在一个不断变化的动态过程中形成的，组织同构现象具有路径依赖和动态演化的特征。无论处于哪个时期的柳市低压电器，企业之间的合作都是为了双方优势互补，改善产业价值链，达到价值创造的目标。那么，集群企业间的组织同构现象是如何形成的？集群企业间的组织同构对企业间的协同创新有无影响？如何影响？这些问题都有待我们探讨。

1.1.2　理论背景

1. 组织同构理论受到学术界关注。

在组织理论中，组织同构是一个相当重要的概念。组织同构是描述同一战略群组中的组织彼此所呈现出来同质的现象，许多学者对此现象有所探讨（Messner，Clegg & Kornberger，2008；Carolan，2008；Tuttle & Dillard，2007；Bager，1994；Dimaggio & Powell，1983；Scott，1987）。组织生态学理论认为环境是主宰生物群落命运的绝对力量，因此生存在相同环境下而彼此条件类似的生物群落，在面临着相同的环境限制与压力时，自然会采取相似的生存手段，致使彼此的形式趋于相同。这种现象在企业组织中同样存在，一般学者将这种组织与环境契合的过程中彼此所呈现出来同质的现象称为"同构"。以往研究大多指出组织之间若越趋于同质时，往往会因为效率不彰以至于对企业创新和绩效产生负面的影响，因此组织应该致力于追求差异化以寻求竞争优势（Kondra & Hinnings，1998；Oliver，1992；Granovetter，1985；Scott，1987）。然而，近来的研究趋势却显示出，尤其是当产业环境处于高度混沌不明之际，若组织采取适应及顺从的态度来调和环境所造成的压力以获取存在的正当性时，不但可以降低不确定性以避免失败的风险，同时也可以通过与其他制度成员的同构过程，迅速学习及累积所需要的知识及技术来提升自身创新能力与创新绩效（Hargrave & Van de Van，2006；Shiller，2005；Mathews，2002；Bergh，2002）。由此可以发现，组织同构一方面有助于企业在降低失败风险的状况下，能够迅速模仿及学习其网络成员的知识及技术，对于企业的协同创新会有正向的影响；而在另一方面，当组织之间同构的程度到达某一临界点时，组织的协同创新有可能会随着同构程度的持续提高产生组织惰性，致使协同创新出现下降的现象。学者们因为研究对象的不同，并没有得出一致性的结论，且缺乏相关的实证研究。这为本研究提供了研究机会。

2. 知识搜寻理论受到学术界重视。

面对企业技术能力薄弱与产业结构升级的双重压力，国内外学者尝试通过解决产业技术供给来破解科技与经济"两层皮"的难题，而知识搜寻则成为现实情境下获取外部创新资源、解构创新能力结构的逻辑起点（肖丁丁，2013）。同时，知识搜寻涉及组织管理、知识管理、创新管理以及战略管理等多个研究领域，在开放式创新体系下进一步探索"如何利用外部科技资源提升企业技术能力结构"这一关键问题，成为继内部研发和外部并购之后第三条提高组织竞争优势的重要途径（Grant，1996；Katila & Ahuja，2002），因此，知识搜寻及其相关问题成为理论界和实践界广泛关注的研究热点。目前，知识搜寻及其相关领域的研究主要集中在以下三个方面：①知识搜寻的内涵辨析，即知识搜寻"是什么"的问题，如知识搜寻的维度、特征、策略、模式、时机以及测量等（Nelson & Winter，1982；Eisenhardt，1989；Rosenkopf & Nerkar，2001；Katila，2002；Katila & Ahuja，2002；Laursen & Salter，2004；Li et al，2008；Katila & Chen，2008；Grimpe & Sofka，2009；Tsai，2009；Chen et al，2011；吴晓波等，2008；魏江和冯军政，2009）；②知识搜寻的前因研究，即有哪些因素会影响知识搜寻，如知识搜寻的动因、外部环境、内部特征、情境因素等（Teece，1986；Levinthal & March，1993；Nohria & Gulati，1996；Benner & Tushman，2002；Sidhu et al，2004；Jansen et al，2006；Laursen & Salter，2006；Phene et al，2006；Voss et al，2008；Danneels，2008；Timana，2008；Grimpe & Sofka，2009；陈君达和邬爱其，2011；邬爱其和李生校，2011）；③知识搜寻的后果研究，即知识搜寻对组织技术能力、组织绩效，以及研发战略等因素的影响（Rosenkopf & Nerkar，2001；Katila，2002；Nerkar，2003；He & Wang，2004；Lavie，2006；Phene et al，2006；Sidhu et al，2007；Lin et al，2007；Chen et al，2011；朱朝晖和陈劲，2007；魏江和冯军政，2009）。本书将从知识搜寻的视角探讨集群企业组织同构对协同创新的影响机制。

3. 产业集群理论的研究出现多种学科的交叉与融合。

以产业集群作为代表的经济发展中的热点区域逐渐引起学者们的关注和重视，学者们纷纷对这种企业在地理上的集聚现象提出理论上的解释（吴晓冰，2009）。20 世纪初期，英国经济学家马歇尔关于产业集聚可以产生外部经济的观点多年来一直在产业集群理论中占据重要地位。此后，一些经济学者更注重于产业集群的地域特征，从企业的区位选择角度对产业集群进行了研究。例如克鲁格曼运用了内生因素的概念，解释规模经济、历史因素的路径依赖等对形成集群区域的作用，认为运输成本的降低会促进产业在一个地区集中。随着对产业集群研究的深入，学者们越来越发现由单纯的地理集中性所引发的集群企业在资源上的富足和生产成本上的节约仍然不能充分解释集群企业竞争优势存在的原因，集群企业的深层次特点有待进一步挖掘。在产业集群中，企业之间有着密切的产业关联，并且形成了相互依赖性质及企业行为的交互特征。正如马歇尔所说，在产业集群中，有关产业的技术知识和行业信息遍布于空气当中。随着研究者对产业集群研究的深入，学者们逐渐发现，在富有创新性的产业集群内部，集群企业分享"产业空气"带来的知识搜寻与溢出效应并不具有均等性（Boschma & Wal，2006）。实际上集群中的知识传播是一个异质性的网络，企业在利用集群知识传播系统的能力上存在着显著的差异（Giuliani，2005）。在对集群企业相关人员的深度访谈中发现，集群中同时并存着两类企业：一些集群企业认为相关的技术知识获取相当容易，许多时候只要看一眼产品就能够得知它的生产工艺和生产方法；而另一些集群企业认为集群中优势企业的某些知识和技能相当难以模仿，无法搜寻和获取集群中优势企业的竞争优势和创新绩效。显然，只有深入地分析集群内部企业层面的特征才能更好地了解集群内部知识搜寻和传播的规律和机制，才能更全面和客观地认识集群知识搜寻与企业竞争优势的关系。而组织同构现象就是一个非常关键的影响集群企业知识搜寻进而影响其创新绩效的企业层面因素。本研究将整合产业集群理论、知识搜寻理论、制度理论和协同创新理论，构建起集群企业组织同构——知识搜寻——协同创新的综合研究模型并进行了实证验证。

综上所述，本书将在产业集群、技术创新、协同创新、组织同构、制度理论、知识搜寻等相关理论的基础上，深入地探究集群企业组织同构的构成要素、集群企业协同创新的模式类型、集群企业组织同构现象的形成机制、组织同构现象与协同创新的关联机制，以及知识搜寻策略下组织同构现象对协同创新的作用机制，在此基础上提出集群企业协同创新的构建机制和策略。

本研究不仅丰富与拓展协同创新及集群企业组织同构理论的研究，也为集群企业提高协同创新绩效提供了理论和实证依据，对于我国集群企业进行协同创新的规划与执行及集群成长具有重要的现实意义。

1.2　研究目的与问题

本书将在规范分析的基础上，结合实证分析方法，探究知识搜寻策略下集群企业组织同构现象与协同创新的关系，具体目标有：①分析与验证集群企业组织同构的结构维度；②构建集群企业协同创新的模式类型；③揭示集群企业组织同构与协同创新的关联机制；④解析知识搜寻策略下集群企业组织同构对协同创新的作用机制；⑤探寻集群企业组织同构现象的形成机制。

拟解决的关键科学问题如下：

（1）集群企业组织同构与协同创新的结构维度。集群企业的组织同构与集群企业的协同创新是单维度概念还是多维度概念？集群企业组织同构有哪些要素构成？集群企业协同创新有哪些模式类型？针对这些问题我们将首先通过规范分析的方法，在已有的文献证据基础上提出主要思路，并通过探索性案例分析、探索性因素分析和验证性因素分析验证集群企业组织同构和协同创新两个概念构思的合理性和可行性。

（2）集群企业组织同构与协同创新的关联机制。以往研究认为组织同构对于企业创新绩效的提升具有负面影响，近几年的若干研究指出，组织之间的同构在复杂的环境下对于企业绩效具有正面的帮助，然而目前甚少以实证方式来对于该项议题进行验证，本研究企图强化这一领域的研究以丰富其理论的完整性。并考察外部环境要素对集群企业组织同构与协同创新匹配关系的影响，建立权变视角下集群企业组织同构与协同创新的关联机制模型。

（3）知识搜寻策略下集群企业组织同构对协同创新的作用机制。本研究将从知识搜寻的视角探讨集群企业组织同构现象对协同创新的作用机理，考察探索式搜寻策略和利用式搜寻策略在集群企业组织同构与协同创新之间的中介作用。

（4）集群企业组织同构现象的形成机制。学者们针对不同的研究问题得出不同的影响组织同构的因素，这些影响因素目前仍缺乏一个全面综合的框架进行整理归纳。本书将以制度理论为基础，结合种群生态学理论，提出一个较为全面综合的集群企业组织同构现象形成机制的理论框架，且会考虑组织因素与外部环境的匹配对组织同构现象形成的影响，构建权变视角下集群企业组织同构现象的形成机制。

1.3 研究思路与方法

1.3.1 研究思路

基于以上研究目的和研究问题，本书的结构安排如下：

第 1 章，绪论。介绍研究背景、明确研究问题和研究对象。

第 2 章，集群企业组织同构与协同创新的理论基础。通过对产业集群创新网络、组织同构理论、知识搜寻理论和协同创新理论的详细回顾，了解本研究的主要理论基础。

第 3 章，集群企业组织同构的构成与测量。集群企业组织同构的结构维度是整个研究要解决的首要问题。本章提出集群企业组织同构的概念构思，在相关文献和案例研究基础上，编制组织同构结构维度的研究问卷；然后通过探索性因素分析和验证性因素分析技术，进一步探索并验证集群企业组织同构结构维度的结构模型。

第 4 章，集群企业组织同构与协同创新的关联机制。本章在理论研究与实地调研访谈的基础上，建构了集群企业协同创新的结构维度，并构建了集群企业组织同构对协同创新的影响机制模型。通过探索性因素分析和验证性因素分析验证了集群企业协同创新的结构维度，通过相关分析和多元回归考察并验证跨了集群企业组织同构与协同创新的初步关系。

第 5 章，知识搜寻视角下组织同构对协同创新的影响机理。本章对知识搜寻进行了两维度的划分，并考察了知识搜寻在集群企业组织同构与协同创新之间的中介作用。本章通过探索性因素分析和验证性因素分析技术，探索并验证知识搜寻策略的二维结构模型，并通过多元回归和逐步回归详细分析组织同构如何通过不同的知识搜寻机制影响集群企业协同创新。

第 6 章，集群企业组织同构现象的形成机制。本章在制度理论与组织同构理论基础上，结合中国转型经济的特点，构建出中国转型经济下制度环境的维度及构成要素，探讨转型经济制度环境下集群企业组织同构的成因，并考察组织惯性在组织同构形成过程中的调节作用，然后采用多元回归对该模型进行了验证。

第 7 章，温州柳市低压电器集群案例分析。本章采用案例研究方法，选取典型个案，通过验证性案例分析，进一步巩固了整体研究框架的逻辑合理性。

第 8 章，结论。总结研究的主要结论、创新点及其理论和实践意义，并指出未来的研究方向。

本书的研究思路如图 1 - 1 所示。

1.3.2　研究方法

本书将采用规范研究与实证研究相结合、定性研究与定量研究相结合的方法，遵循"文献阅读与理论推演—访谈与调查—形成假设—数据采集—实证分析—纵向延伸—案例研究—形成结论"的研究思路逐层深入。具体来说，采用如下几类研究方法：

```
                              ┌─────────────────┐
                              │   第1章 绪论      │
                              │  （研究背景）     │
                              └────────┬────────┘
                                       │
                                       ▼
┌──────────────┐              ┌─────────────────┐
│    文献法     │─────────────▶│  第2章 集群企业组织  │
└──────────────┘              │ 同构与协同创新的理论基础 │
                              └────────┬────────┘
                                       │
┌──────────────────┐          ┌─────────────────┐
│ 文献法：假设提出    │          │   第3章 集群企业    │
│ 问卷法：探索性和验证性 │─────────▶│  组织同构的构成与测量 │
│ 因素分析           │          └────────┬────────┘
└──────────────────┘                   │
                                       ▼
┌──────────────────┐          ┌─────────────────┐
│ 文献法：假设提出    │          │  第4章 集群企业组织  │
│ 问卷法：因素分析、   │─────────▶│ 同构与协同创新的关联机制 │
│ 相关分析、回归分析   │          └────────┬────────┘
└──────────────────┘                   │
                                       ▼
┌──────────────────┐          ┌─────────────────┐
│ 文献法：假设提出    │          │ 第5章 知识搜寻视角下组织 │
│ 问卷法：因素分析、   │─────────▶│ 同构对协同创新的影响机理 │
│ 相关分析、回归分析   │          └────────┬────────┘
└──────────────────┘                   │
                                       ▼
┌──────────────────┐          ┌─────────────────┐
│ 文献法：假设提出    │          │  第6章 集群企业组织  │
│ 问卷法：因素分析、   │─────────▶│  同构现象的形成机制  │
│ 相关分析、回归分析   │          └────────┬────────┘
└──────────────────┘                   │
                                       ▼
┌──────────────────┐          ┌─────────────────┐
│ 二手资料和深度访谈法： │─────────▶│  第7章 温州柳市    │
│ 内容分析           │          │ 低压电器集群案例分析  │
└──────────────────┘          └────────┬────────┘
                                       │
                                       ▼
                              ┌─────────────────┐
                              │ 第8章 结论（主要结论、理论 │
                              │ 进展、实践意义和研究局限） │
                              └─────────────────┘
```

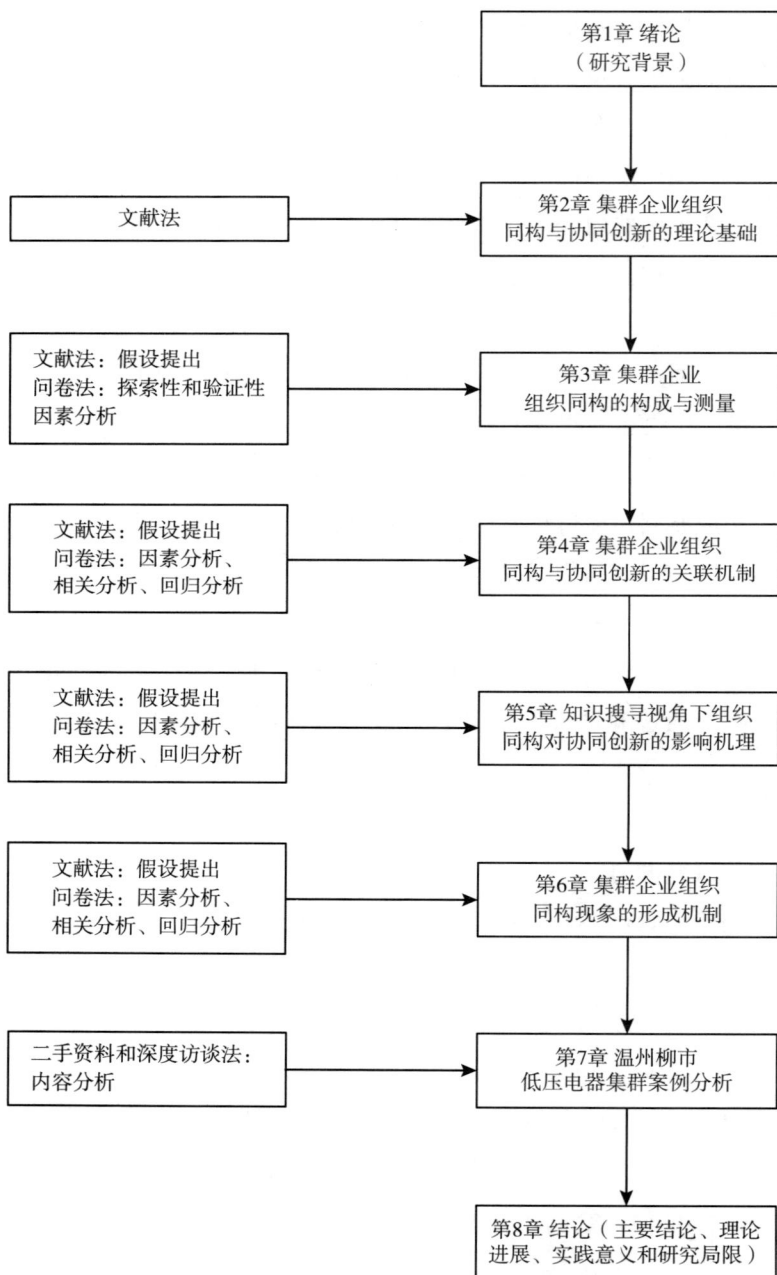

图 1－1　本书的研究思路

1. 文献研究方法。

广泛查阅国内外文献资料，掌握产业集群、协同创新、技术创新、组织同构、制度理论、组织学习和知识搜寻等理论的最新前沿动态。通过文献的阅读、整理和归纳，形成本研究的基本思路，即明确研究问题、研究变量和可以运用的研究方法。在项目实施过程中，还将对相关领域的高水平期刊、代表性学者进行追踪，从而保证研究的前沿性。

2. 专家访谈。

本书研究问题的提出和模型构建除了从文献中进行探索推导之外，作者对浙江省传统制造业产业集群进行的实地调研和访谈对本研究关键概念的提出及模型的构建也有很重要的启发。作者在研究过程中，曾多次对浙江省传统制造业产业集群中的相关专家企业领导进行深入访谈，这些受访者包括企业的中高层管理人员、企业骨干员工、企业资深员工、政府相关部门领导以及集群服务部门负责人等。通过与这些相关人员的座谈和交流，不仅加深了对浙江省产业集群和集群企业的了解，而且，专家们对访谈中相关内容的解释和介绍为本研究提供了大量珍贵的第一手研究资料，也使得本研究与浙江产业集群发展实践的紧密结合成为可能。

3. 问卷调查。

为了进一步对研究中提出的概念模型以及相关的研究假设进行实证检验，本研究还设计开发了调查问卷。结合国内外相关研究文献，本研究对概念模型中的各研究变量进了操作化，并设计了相应量表用于变量测量，最终体现为调查问卷中若干量表化的问题问项。问卷初稿是在文献研究和专家访谈基础上形成的，通过与学术界专家、企业界专家讨论对其进行修订，再进一步通过预测试对题项进行改进和完善，形成最终的调查问卷。问卷发放对象主要为浙江省的集群企业。

4. 统计分析。

基于大规模问卷调查收集到的数据，本研究使用 SPSS 和 AMOS 统计软件对调研数据进行统计分析，对研究模型中包括的各研究变量以及变量之间的关系进行统计分析和假设验证。在问卷调查基础上，拟采用探索性因素分析和验证性因素分析方法，研究集群企业组织同构和协同创新的维度结构。层次回归分析方法能有效且同时研究主效应、中介效应和调节效应，因此，拟采用该方法研究集群企业组织同构和协同创新的关系以及集群企业组织同构的形成机制。

1.4　关键概念的界定

为了顺利展开本研究，有必要对本研究涉及的一些重要概念做一个简要的辨析，详细的概念界定和内涵分析将在后续章节进行讨论。

1. 产业集群。

产业集群是指在某一特殊领域中，相互联系的公司和研究机构在地理上的集聚形式。集群通常包括下游产业的公司、互补产品的生产商、专业化基础结构的供应者和提供培训、教育、信息、研究、技术支持的其他机构，例如大学、智略团、职业培训提供者、技术标准机构等。很多集群还包括商会和涵盖集群成员的其他集团组织（Porter，1998）。波特对产业集群的定义比较全面地把握了集群的本质。虽然由于研究领域的差异，不同学者对产业集群内涵和外延的强调有所区别，但总的来说，关系接近性和地理邻近性是学界所普遍认同的产业集群的两个主要特征（Keeble et al，2000）。目前在产业集群的研究当中，产业集群越来越被认为是一种网络组织（Powell，1996）。与其他网络相比，集群网络的地理邻近是指集群内企业和关联机构在地理位置上的集中，表明集群网络具有一定的地理边界，更多地体现为集群本地网络特征。而关系接近性则表明集群内企业和机构等主体间的相互联系、相互影响的特征。这种关系接近性除了集群企业间存在的必然的生产业务上的依赖和联系之外，还表现为集群企业间具有的社会关系属性（Saxenian，1994）。尤其是我国浙江省许多产业集群，地方生产网络具有很强的社会根植性，集群中企业间的业务往来往往是嵌入于血缘、地缘和业缘的社会关系网络（王缉慈等，2001；吴晓冰，2009）。本研究采用波特对产业集群的定义。

2. 集群创新网络。

创新网络内涵的界定可以归结为三种理论视角（郑小勇，2014）：一是交易费用理论的视角，认为创新网络的根本是一种经济网络，创新网络就是一个有组织的市场，建立创新网络可以大大降低交易费用；二是知识观理论的视角，认为创新网络是为了实现知识和技能的创造、获取和整合而形成的组织与组织之间的连接，它可以推进科学发现和技术发展（Rycroft & Kash，2004；Moller & Rajala，2007；等等）；三是技术创新理论的视角，基于该视角的研究关注技术创新的过程或结果，认为创新网络是在技术创新过程中不同的创新参与者之间形成的各种联系，这些参与者具有共同的目标——更好地实施技术创新并取得理想的创新绩效（Lundvall & Rampersad，1988；Quester & Troshani，2010；王大洲，2001；等等）。从整合的视角来看，创新网络就是不同创新者之间形成的网络，它可能是正式的经济网络，也可能是非正式的社会网络。这些关系网络的形成不仅有利于知识的创造、传递和整合以及技术创新目标的实现，而且有利于降低创新成本（提高创新效率）。从本质上讲，创新网络应是创新者围绕创新活动而构建的关系网络，否则它将难以与其他关系网络区分开来，进而会抹杀这一概念存在的价值。

基于以上学者的研究，本研究把集群创新网络定义为：产业集群内各个行为主体围绕创新活动而构建的正式与非正式的关系网络，目的是为了通过知识的转移、整合与创造等，提高企业创新的效率和效果。

3. 组织同构。

组织生态学（population ecology）强调环境选择企业组织的机制，其以生物学的"族群生态"与"物竞天择"的观点，类比组织群体宛似大自然环境中的物种生物一样，必须依赖外部环境的资源以维持生存；然而，资源的供给，决定了环境资源的丰富性程度、环境的动态程度、环境的复杂性等因素，当资源呈现稀少与匮乏现象时，将会提高环境的不确定性程度（Jones，2001）。与此同时，资源依赖观点（Salancik & Pfeffer，1978），认为组织经常依赖提供关键资源的环境，但为降低环境所产生的不确定性问题，组织会努力获取资源控制权，以增强组织未来的生存机会。环境既然是主宰企业族群的影响力量，因此，生存在相同环境下而彼此条件类似的企业族群，在面临着相同环境的压力与限制时，自然会采取相似的生存手段。学者将这种企业组织趋向与环境契合的过程称为组织同构化现象（Ashworth，Boyne & Delbridge，2005）。为什么许多组织会存在着同构的经营形式与活动？制度理论（institutional theory）的同构化观点，正是描述组织间出现同构化的概念（Mizruchi & Fein，1999；Baker & Nelson，2005；Andrew，2004）。迪马乔和鲍威尔（DiMaggio & Powell，1983）研究指出影响组织同构化的力量，分别是强制同构（coercive isomorphism）、模仿同构（mimetic isomorphism）、规范同构（normative isomorphism）。其中，强制同构化是指当组织所依赖的客户、企业或社会大众，对组织有许多期待、规范与压力时，组织为遵守特定规范，并配合上下游的要求必须逐渐同构。模仿同构化是指组织在面对环境高度不确定性时，会出现模仿的行为。这是因为高层管理者在面对环境不确定条件时，其无法确定什么是合适的经营策略，企业组织往往会模仿表现杰出的同业组织的做法，一方面可以降低成本，规避解决环境模糊不确定性所造成的经营风险，另一方面还能避免竞争对手建立优势。规范同构是指同处相同产业环境的企业组织会参考引用同业组织的经营规范与价值观，随着时间流逝，而形成同业组织成员间出现经营行动的一致性现象（Jones，2001；Mizruchi & Fein，1999；Ashworth，Boyne & Delbridge，2005；Hayagreeva，Gerald & Andrew，2000）。

结合学者们的研究，本研究把组织同构的概念界定如下：生存在相同环境条件下而彼此条件相似的企业或组织，在面临相同的环境限制与压力时会采取相似的生存策略，致使彼此的组织或形式逐渐趋于一致，这种为适应环境而致使结构形态同质化的过程，称为组织同构。

4. 协同创新。

协同创新一词已被使用多年，但对协同创新的概念国内外还没有达成一致，除了使用"协同创新"这一术语外，还有其他多种表述，如"合作创新""合作研发""技术联盟""创新网络"等。这些概念在内涵和外延上都存在一定的差异，但研究核心还是一致的。从这些概念比较分析来看，诸多研究者在研究中从不同的角度出发来界定和论述企业协同创新（兰建平，2008），如从战略管理角度出发，主要强调企业合作之间合作的战略性，认为企业之间为了获得技术竞争优势和核心能力而构建技术战略联盟（Inkpen，1995）；从技术学习、能力获取角度出发，认为合作创新是企业技术学习的有效途径，有利于利用企业外部资源（Jones & Macpherson，2006）；从创新价值链角度出发，认为在创新从创意的产生到新产品的商业化过程中，始于技术研发终于产品市场实现，其中技术创新最为重要，而合作创新是企业技术创新的最有效方式（Teece，1992）；从社会网络效应出发，强调企业间关系的非经济性相互依赖，认为合作企业通过跨越企业自身边界，可以实现资源共享、优势互补（Cooke & Braczyk et al，2004）。

虽然协同创新的概念还没有得到统一界定，但是企业参与和组织协同创新行为的动机和由此获得的优势是非常明显的：降低产品与技术的开发周期与成本、获取关键的知识和资源、提升产品质量及企业效益等。结合学者们的研究，本书把集群企业的协同创新界定为集群企业为了降低成本、改善产品品质及提高创新成功率，与其他创新企业实现合作的组织安排。

5. 知识搜寻。

知识搜寻综合众多学者（如 Nelson & Winter，1982；Martin & Mitchell，1998；Katila & Ahuja，2002；Laursen & Salter，2004；Laursen & Salter，2006；吴晓波、彭新敏和丁树全，2008）的相关理论研究观点，知识搜寻（knowledge search）通常被定义为组织对外部知识源的知识进行搜寻、获取、整合、利用的整个活动过程。以上他们所界定的知识搜寻为一种广义概念，在此概念中，作为知识搜寻主体的组织往往包括企事业单位、高等院校、科研究院所以及政府研究机构等；作为知识搜寻客体的知识包含不同划分方式的各类知识，如显性知识与隐性知识、管理知识与技术知识、原有知识与新知识等；知识搜寻主要包括知识的搜寻、获取，以及将所搜索到的知识整合转化为组织所需知识并将其加以综合利用等基本活动。

在知识经济时代，搜寻对企业的创新具有极其重要的作用。集群网络从另一视角可视为知识网络，知识搜寻是其网络成员的一个重要而基本的知识学习活动（高忠仕，2008）。本书借鉴了以上学者对知识搜寻界定的相关观点，采用了知识搜寻的广义概念，即集群企业对外部知识进行搜寻、获取、整合与利用的整个活动过程。

6. 制度环境。

在战略管理研究领域中，关于制度的定义，主要包括两个学派。一个是以诺斯为代表的制度经济学派，诺斯（North，1990）认为，制度是人为设计的、构造人与人之间互动关系的约束，即人与人交往过程中的博弈规则。这个定义范围广泛，避免了过于局限在某一功能（如市场）体系的缺点。另一个是以组织社会学者们的定义，他们认为制度不仅包括法律、规则程序、规范、传统和习俗，而且还"包括为人的行为提供'意义框架'的象征系统、认知模式和道德模板等"（Scott，1995）。他们的定义比制度经济学派的观点更广泛，但是，这样广泛的定义也存在缺点："制度"的边界变得非常模糊，不利于设计相应的研究变量开展实证研究。斯科特（Scott，1995）在综合不同学科对制度的定义基础上，提出了制度三系统的理论模型，即管制支柱（regulative pillar）、规范支柱（normative pillar）与认知支柱（cognitive pillar）。管制制度支柱集中于正式制度系统和政府授权的保障机制；规范制度支柱定义了实现价值目的的合法手段；认知制度支柱是指组织（包括政府、社会机构等）固有的信念和价值，它们可能是内部滋生的，也可能是外部社会角色赋予的（DiMaggio & Powell，1983）。目前，这个体系已经成为企业战略研究工作者观察和测量制度变量的基准模版（吕源，2009），本书采纳斯科特（1995）的制度定义。

　　制度理论将外部环境看作一个系统，即制度环境。制度理论的核心命题是处在这个系统内的个体，不管是个人、集体还是企业，其行为或行动都受到来自这个系统的影响（刘忠明，2009）。因此本研究对制度环境的定义是以斯科特和迈耶（Scott & Meyer，1983）合并两种环境在产业里共存的概念以及迪马乔和鲍威尔（DiMaggio & Powell，1983）所提出"组织场域"的主张来探讨，此场域包含了技术环境里的关键供货商、配销商及其他生产相同服务或产品的组织与制度环境的政治、法律、社会等。

第 2 章　集群企业组织同构与
协同创新的理论基础

2.1 产业集群创新网络

2.1.1 产业集群的内涵

集群这个专有名词来源于英文中的 cluster，美国商学院波特教授在 1990 年《国家竞争优势》书中正式提出产业集群（industrial clusters）的概念，根据他的定义，产业集群是一组在地理上靠近的相互联系的公司和关联的机构，它们同处或相关于一个特定的产业领域，由于具有共性和互补性而联系在一起。在国外的文献中，我们还常常看到一些与产业集群相关的概念，如产业区（industrial district）、新产业区（new industrial district）、产业综合体（industry complex）、创新环境（innovation milieux）等，实际上，这些概念反映的经济现象是大致相同的，只是各自关注的侧重点或研究方向有些不同。此外，对于产业集群这个概念，有些学者从企业的角度出发，还将它称为"企业集群"。

学者们从不同的视角、侧重点对产业集群内涵进行了具体化处理，在理解与解释上形成了一些略有差异但本质基本一致的概念表述（赵立龙和陈学光，2011）。巴卡蒂尼（Becattini，1991）将产业集群定义为产业区，即以同业工人及其企业簇群在特定地域内大规模自然地、历史地形成特征的地域性社会实体（范晓萍，2005）；派克（Pyke，1992）将产业集群定义为"再生产过程中相互关联的企业聚集，通常在一个产业内，并且根植于地方社区（黄健康，2005）。施密茨（Schmitz，1995）指出，产业集群是指企业在地理和部门的集中，彼此之间存在着范围广泛的劳动分工，并拥有参与本地市场外竞争所必须具备的、范围广泛的专业化创新的企业组群。斯科特（Scott，1992）和乌西（Uzzi，1997）认为，产业集群是指包含各种类型企业、支撑组织和地方劳动力市场所组成的网络，即是以网络行为主体各自为节点，以彼此之间紧密关系为连线而形成的一种网络组织，网络内各成员之间既存在纵向的劳动分工与协作，也存在横向上的竞争与合作。鲍威尔（Powell，1990）指出，产业集群是一种超越企业的网络组织，由众多密切关联、互动的组织构成，其组织结构具有明显的网状拓扑结构特征，是组织网络化的表现。戈登和麦卡恩（Gordon & McCann，2000）认为，产业集群是指在空间上邻近的、相互独立且关联的企业和机构围绕产业价值增值链所形成的垂直分工、水平竞争、弹性专精的网络组织。

国内学者曾忠禄（1997）将产业集群定义为同一产业的企业以及该产业的相关产业和支持产业的企业在地理上的集中。仇保兴（1999）将产业集群定义为克服市场失灵和内部组织失灵的一种制度性办法。具体地说，小企业集群就是一群自主独立又相互关联的小企业依据专业分工和协作建立起来的组织，这种组织的结构介于纯市场和层级组织之间，它比市场稳定，比层级组织灵活。借助于这种特殊的组织结构，小企业之间建立长久的交易关系不一定需要以契约来维持，而主要通过信任和承诺来进行协作。王缉慈（2001）认为产业集群是一组在地理上接近的相互联系的企业和关联的机构，它们同处在一个特定的产业领域中，由于具有共性和互补性而联系在一起。卢福财和胡大立（2004）指出，产业集群实际上是某产业以网络形式而落户于某地，形成了产业与区域的有机结合，表现为企业集团式网络组织、产业间和产业内的网络组织、盈利部门和非营利部门之间的网络组织，以及生产部门与服务部门之间形成的网络组织。黄建康（2005）认为产业集群是产业发展演化过程中的一种地缘现象，是某个产业领域内具有分工合作、竞争创新的企业与机构在一定地域内的集中，形成从原材料供应到销售渠道甚至最终用户的上、中、下游结构完整，外围支持产业体系健全，具有产业柔性集聚等特性的有机体系。王晓娟指出，产业集群是企业间基于血缘、地缘、亲缘等非正式关系在地理空间上的聚集，或是企业间基于同一价值链的正式的分工合作在地理空间上的聚集，使得集群内企业的一系列采购、生产和销售行为等都可在集群内完成。经济合作与发展组织（OECD，2002）提出，产业集群是相互依赖的企业、知识生产机构（大学、研究所、技术提供企业）、中介机构（技术或咨询服务提供者）和消费者联系的网络，与生产链的创造和增值有关。

从上述学者对产业集群的界定中可知，前向、后向、横向关联的产业活动是产业集群内涵的核心内容，集群内企业是产业集群主体中最主要的组成部分，企业网络则是集群网络体系的核心（魏江，2003；赵立龙和陈学光，2011）。产业集群具有明显的产业特性（即从事某一产业和相关产业的生产和服务）、地域特性（即在地理空间上聚集）与网络特性（即具有基于社会联系、信任、共享和互补资源等），集群内的企业表现出地理上的接近性与集中性，关系上的交互关联性，生产上的分工专业化与协作性，以及生存发展上的独立性、竞合性及共生性等特点。

2.1.2 产业集群理论的演进

经济全球化的迅速蔓延使得生产要素在世界范围内进行重新分布，世界日益呈现平坦结构。然而，全球化背景下企业的生产经营活动并未在空间上趋于均衡，反而更加突出了生产活动在地理空间上的集聚现象。这种以"嵌入性""地理集聚""弹性专精""集体学习"为特征的集群，无论在美国硅谷、意大利的东北部和中部地区（第三意大利）、德国的巴登符腾堡都表现出极强的竞争力和旺盛的生命力。正如波特（1990）所指出的，集群这种生产组织形式正在支配着当今世界的经济版图，它使得全球经济中持久性的竞争优势根植于本地化关系中。纵观产业集群的理论发展，在经历了以马歇尔（1920）为代表的产业区理论，到梅拉特（Maillat et al，1993）为代表的区域创新环境理论的演进过程，学者们分别从不同的研究视角出发，对产业集群进行了深入研究。尤其是 20 世纪 90 年代以来，研究焦点逐渐从对静态效率优势的关注，转变为更加关注集群本地网络之间的互动、知识扩散机制、学习行为以及集群企业创新行为的研究（吴晓冰，2009）。

1. 马歇尔的产业区理论。

马歇尔（1890）是最早关注工业集聚现象的经济学家。马歇尔将工业集聚的特定地区称为"产业区"，产业区内集中了大量相关的中小企业。在马歇尔看来，这些工业之所以能够在产业区内集聚最根本的原因在于获取外部规模经济。马歇尔认为外部经济十分重要。"这种经济往往能因许多性质相似的企业集中在特定的地方——即通常所说的工业地区分布而获得"（马歇尔，1964）。

马歇尔阐述了为什么集中在一起的企业比单个孤立的企业更有效率的三个主要原因：企业集中能促进专业化供应商队伍的形成；企业的地理集中分布有利于劳动力市场共享；企业的地理集中有助于知识外溢。大量工业企业在地理上集中完全可以提供一个足够大的市场使各种各样的专业化供应商得以生存。同时，工业企业在地理上的集中能为提供拥有高度专业化技术的工人形成一个较为完善的劳动力市场。更为重要的是，当同行业中的很多公司集中在一个地区时，"行业的秘密不再成为秘密，而似乎是公开了，孩子们不知不觉地也学到许多秘密。优良的工作受到正确地赏识，机械上以及制造方法和企业的一般组织上的发明和改良之成绩，得到迅速的研究：如果一个人有了一种新思想，就为别人所采纳，并与别人的意见结合起来，因此，它就成为更新的思想之源泉"（马歇尔，1964）。

马歇尔的研究无疑是具有开创性的，但他的这一部分思想因缺乏严格的数理表达方法，而长期被主流的新古典经济学所遗弃。马歇尔用外部经济的概念虽然在一定程度上解释了产业集聚的原因，但他却忽视了区位和运输成本等其他因素的影响，实际上不同的产业和区位，工业集聚的程度和持续性是不同的。正如谭劲松等（2007）所指出的，它是一种根据现有产业区特征所进行的静态分析，并没有探讨产业区最初形成的区位选择以及产业区动态发展的过程。

2. 经济地理学派的产业集群理论。

经济地理学是研究产业集群相关问题的一个重要分支，与古典及新古典经济学研究的视角不同，以韦伯、佩鲁、克鲁格曼等学者为代表的经济地理学派主要是从地理学的角度对产业集群展开研究。

韦伯是工业区位理论的创立者，他从微观企业的区位选择角度，阐述了众多企业的集中主要取决于集聚后的收益与集聚成本的对比，以此来寻求工业区位移动的规律。此后，许多学者对他的研究成果进行了补充、修正和完善，形成了产业集群区位理论的诸多延伸和扩展。

增长极理论最早由法国经济学家佩鲁提出，与韦伯等区位理论家只注意经济活动在地球表面的区位不同，佩鲁强调"经济空间"的概念，认为经济空间是"各种不同关系的集合"，是"抽象关系的构成体"。佩鲁认为，如果一个有支配效应发生的经济空间被定义为力场，那么位于这个力场中的推动单位就可以描述为增长极。增长极或者推动性单位可以是一个工厂、同部门内的一组工厂，或者是有共同合同关系的某些工厂的集合，当该经济单位增长或创新时，能诱导其他经济单位增长。因此，从佩鲁的相关论述可以看出，他最初提出的增长极概念主要是一种用于解释区域经济增长的理论。

继韦伯、佩鲁等古典经济地理学家之后，现代经济地理学的代表人物克鲁格曼成为异军突起的学者之一，他通过建立不完全竞争市场结构下的规模报酬递增模型，成功地把空间问题引入主流经济学的研究范围，由其开创的新经济地理学理论也迅速成为产业集群研究领域之中的一个重要分支（克鲁格曼，1991）。新经济地理学主要是整合了新古典经济理论与传统的区域经济理论，通过规模报酬递增和内生的集中经济解释产业的空间集聚问题。克鲁格曼通过其新贸易理论。发展了其集聚经济观点，理论基础仍然是收益递增。他的产业集聚模型假设一个国家有两个区位，有农业和制造业两种生产活动，在规模经济、低运输费用和高制造业投入的综合作用下，通过数学模型分析，证明了工业集聚将导致制造业中心区的形成。另外，他的垄断竞争模型在融合传统经济地理学理论的基础上，综合考虑多种影响因素：收益递增、自组织理论、向心力和离心力的作用，证明了低的运输成本、高制造业比例和规模有利于区域集聚的形成。克鲁格曼的新经济地理学理论将运输成本纳入到理论分析框架中，将因运输成本的减少引起的集聚经济、外部性、规模经济等要素放在企业区位选择、区域经济增长及其收敛和分散性问题的分析上，得出了比传统经济地理学理论更具科学的集聚理论。但新经济地理学理论同样面临现实经济问题的考验。克鲁格曼的集聚理论也为产业政策扶持提供了理论依据，产业政策有可能成为地方产业集聚诞生和发展的促进因素。不过产业政策只不过是影响产业集聚形成和演变的因素之一，并不能必然实现政策制定者的预期愿望。

3. 波特的产业集群竞争优势理论。

除了前述新古典经济学以及经济地理学对产业集群展开的研究之外，波特竞争战略的思想对产业集群理论也带来了深刻的影响。而且，正是波特关于国家竞争优势以及区位与竞争力关系的相关论述，使得产业集群的概念在理论研究和实践操作等领域迅速盛行开来。

波特教授在 20 世纪 90 年代系统地提出了以产业集群为主要研究目标的新竞争经济理论，把产业集群理论的研究引向了新的领域。他认为，集群是一组在地缘上接近的相关企业和相关机构，由共同性和互补性联系在一起。具体而言，集群还包括一批对企业竞争具有重要作用并且彼此相互联系的产业以及其他实体，如专业基础设施的供应商以及专业原材料的供应商；纵向则可以扩展至顾客、销售商，横向扩展至互补产品的生产企业；还包括政府、标准制定机构、商会等部门，以及提供专业培训、教育、研究和技术支持的大学等科研机构。

在通过对丹麦、德国、意大利、日本、英国和美国等 10 个重要贸易国的情况进行调查后，波特教授认为国家竞争优势主要不是体现在比较优势上而是体现在产业集群上，产业集群是国家竞争优势的主要来源，国与国在经济上的竞争主要表现在产业集群上的竞争。他认为，创新是企业竞争优势获得的根本途径，也是企业保持持续竞争能力和国家保持竞争优势的核心，而产业集群则正是企业实现创新的一种有效途径，因为产业集群本身就是一种良好的创新环境。这实际上是从竞争力的角度探讨产业集群概念，并指出"企业—产业—国家"三个层次之间竞争力的关系。对于如何培育一个国家的竞争力，波特提出了著名的企业集群钻石模型。他认为决定国家竞争力的关键因素主要有四个：要素条件，需求条件，相关支持产业和企业战略、结构和竞争状况。波特认为，对于企业竞争优势来说，企业内部的构成要素虽然至关重要，但是世界范围内的产业集群现象表明，企业外部的产业环境在经济全球化的今天也同样发挥着重要作用。虽然有相当多的证据表明，成功的创新和竞争在地理区位上是集中的，但是在以往的研究中，区位的作用却被长期忽视了。集群对竞争力的影响既可以存在于国家范围之内，同样也可以跨越国家边界。因此，产业集群代表着一种关于地理区位的新的思考方式，对于企业的管理者来说，产业集群将所有的企业带入了新的时代，而不仅仅是那些参与全球竞争的企业。从更深层的含义来说，产业集群在世界经济版图中的繁荣，对于当代企业的构建、相关机构在区域竞争应当发挥的作用，以及地方政府如何更好地促进区域经济发展和繁荣等诸多传统观点提出了挑战。

波特所研究的产业集群的主要特征是基于企业间长期稳定的竞争合作关系而带来的成本的降低和持续创新能力的提高。这对提高区域竞争力，推进区域发展具有很强的指导意义。但其理论也受到了一些批评，认为波特的理论解释了已经存在的产业集群是如何诞生和成长的，但是不能预测它们将如何发展以及什么是还未诞生的"成功中心"等。直到现在，这一理论也未得到主流经济学的普遍承认。

4. 创新环境与创新系统理论。

区域创新学派的理论渊源可以追溯到熊彼特（Schumpeter）1912 年在其《经济发展理论》一书中所提出的"创新"概念，他将经济发展视为"实施新的组合"，指出创新的成果具有在时间或空间上成群出现的特征，并将此现象称为创新集群。随着学习、创新在经济理论研究中的地位日益凸显，20 世纪 90 年代后期，以欧洲创新环境研究小组（GREMI）为代表的学者们在熊彼特创新理论的基础上提出了创新环境和区域创新系统的概念。

创新环境学派是由法国、意大利、瑞士等国区域科学家组成的 GREMI 小组。这个概念把产业的空间集聚现象与创新环境联系在一起（Brammanti & Maggion，1997），使该理论流派相当有影响力。该学派的主要概念是社会文化环境。他们认为环境是一种发展的基础或背景，它使得创新性的机构能够创新并且能够有效地协调创新机构和其他机构之间的关系。创新环境往往是指特定区域中有利于创新的制度、法规、实践等组成的系统。有些人也将创新环境等同于网络，他们认为环境本身是产、学、研、官等行为主体在区域中的网络。而这一网络存在于投入产出系统，同时又镶嵌于当地的社会文化环境中，网络的双重功效使得其能够有效协调网络中成员之间的关系，促进网络的进一步创新。创新环境研究强调产业区内创新主体的集体效率，强调创新行为的协同作用，并把创新网络和集体学习的概念应用到公共管理政策中去。

在创新系统的研究中，以尼尔森（Nelson，1993）为代表的国家创新系统理论在国际上产生了很大的影响。该理论认为，创新系统存在不同的尺度，包括国家创新系统、区域内、区域间及跨国多层面的创新系统，各种创新系统中正式的制度、机构与非正式的习俗、惯例，乃至社会文化等因素都发挥着重要的作用。由于各个地区的自然、经济和科学文化基础等作用因子不同，国家内的各个区域创新系统的形态和功能存在着较大的差异。所以必须依靠各具特色的区域创新系统积极发挥作用，才能实现国家层面上的创新系统的有效整合。区域创新系统理论则更加强调制度、环境的作用，认为企业的创新过程需要大量相关机构和制度的支持，除此之外，各种非正式的文化、习俗惯例等也在影响着知识的积累和扩散。由于各地的自然、经济和文化基础等都不相同，区域创新系统带有很强的本土化特征，进一步加强了对产业集群本地根植性的要求。

作为区域创新系统，对集群创新系统存在着多种界定，比较典型的有阿什海姆和艾斯肯（Asheim & Isaksen，2002）以及托特林和科菲南（Todtling &

Kaufinann，1999）等。其中阿什海姆和艾斯肯（2002）认为区域创新系统是由支撑机构所围绕的区域集群。一般地，集群创新系统主要由两种类型的主体以及这些主体间的互动构成。第一类主体是集群中的企业，以及其支撑企业。第二类主体是制度基础结构，如科研和教育机构、技术扩散代理机构、职业培训机构、行业协会、金融机构等，这些机构对集群创新起着重要的支撑作用。同时，阿什海姆和艾斯肯（2002）还界定了集群内部构建创新系统的必要条件：集群内部企业间较多的创新合作；强有力的制度基础结构，以及创新合作中较多的知识提供者。

上述两个流派的理论根源就在于，现在企业的创新过程需要大量的隐性知识的输入。隐性知识的获得及传播是有一定的地域范围要求的，随着距离的扩大，对于隐性知识获得和传播的有效性将会逐渐减弱。这就客观上要求创新主体在地理上的集中，而大量创新主体的集中又加强了隐性知识的交流，从而促进技术的创新、扩散。同时，这种连接区域内各个行为主体（企业、研究机构、大学、政府等）的环境和网络关系能够加强不同行为主体之间的信任关系，降低了行为主体之间的交易费用，因而又进一步加强了集中的凝聚力，有利于企业间进一步的学习和创新能力的提高。创新环境理论实际上重申了马歇尔产业区的一个主题，创新存在于某种无形的氛围中。由此可见，产业集群除了追求规模经济和范围经济，更是为了追求一种特殊的区域创新环境以增强企业的学习创新能力。

5. 小结。

19世纪末期，马歇尔从新古典经济学的视角首次比较系统地研究了产业集群现象，提出了以外部经济与规模经济为集聚动因的产业集群理论。马歇尔对外部经济性的描述和分析成为后来许多产业集群研究学者广为引用的经典学说，也正是由于其对技术、劳动力等外部性的开创性研究，引发了更多学者的深入分析。以此为理论基础和渊源，产业集群研究得到了长足的发展，并相继形成其他有关产业集群现象的理论学说（吴晓冰，2009）。由于每个理论的发展形成具有不同的时代背景，因此其理论观点也差别迥异，体现着各自所特有的研究视角。通过对上述产业集群理论要点的回顾，可以将集群理论的演进以及未来的发展趋势归结为以下三个特点：①从静态向动态研究视角的转变。伴随着"演化转向"，学者们不断在路径依赖、锁定以及产业生命周期等理论中寻求突破，对产业集群的演化阶段和影响因素进行了深入的研究。其中，产业集群发展的路径锁定、新路径形成以及形成要素之间的共同演化是研究的难点和热点问题（刘志高、尹贻梅、孙静，2011）。②分析层面由宏观区域向微观企业的转变。纵观产业集群理论的形成过程，基本遵循"地理集聚—区域发展—创新系统"的研究思路，分析范围越来越注重区域和企业层面，着重探讨产业环境、制度和文化对区域经济发展的影响机制，再往后是集群竞争优势的提升，进入 20 世纪 90 年代以后，集群理论研究学者开始强调从微观层面对集群内部企业进行研究，指出集群理论研究应该遵循企业主导的研究方法，加强对作为产业集群微观基础的集群企业的研究，分析集群企业如何依托产业集群来实现企业自身的成长（Maskell，2001）。③研究内容由地理集聚向创新网络转移（吴晓冰，2009）。结合新经济地理学关于社会嵌入性的讨论，主要关注产业区、产业集群以及创新型区域的空间性以及这些区域背后的特定的社会、政治和文化背景。学术界的研究结论基本类似：产业集群之所以具有竞争力，不仅源于集聚优势，更重要的是其网络优势，体现了产业集群的网络本质（Ian & Philip，2000）。与此同时，对传统封闭式的产业集群进行了反思，将外部通道纳入产业集群的研究范畴中，开始注重外部通道对于产业集群创新的作用（Bathelt，Malmberg & Maskell，2004）以及全球价值链视角下的产业集群升级等问题。斯托珀（Storper，1997）曾明确指出，在未来的产业集群研究中，一个重要的特点就是从以往对集群内部运输成本、企业间的投入产出关系的关注转向对集群内部网络、制度和社会文化环境的关注。也正是借助这种网络和系统的分析框架，对产业集群创新环境与集体学习理论的分析在研究中越来越受到重视（魏江，2003），成为产业集群研究的新趋势。

2.1.3 产业集群创新网络

1. 产业集群创新网络的内涵。

学术界对创新网络概念的集中探讨，最早起始于创新研究领域的重要期刊《研究政策》（*Research Policy*）在 1991 年关于"创新者网络"（networks of innovators）的专题讨论。在该期专题讨论的导论和总结部分，几位领域专家对"创新者网络"和"创新网络"进行了频繁的交替使用，来表示创新过程中企业的联网行为。最后，弗里曼（Freeman，1991）通过引证和接受多位学者有关创新网络的概念，提出创新网络是应付系统性创新的一种基本制度安排，网络构架的主要联结机制是企业间的创新合作关系。此后，创新网络概念成为创新领域的焦点词汇，受到众多研究者的广泛引用。同时，学者们对创新网络概念的界定也逐渐丰富起来（吴晓冰，2009）。

企业创新网络是一个相对松散的、非正式的、嵌入性的、重新整合的相互联系系统，该系统有利于学习和知识（尤其是缄默性知识）的交流（Koschatzky，1998）。企业创新网络是参与企业创新的其他企业、研发机构和创新导向服务供应者组成的协同群体（Harris，Coles & Dichson，2000）。作为一种特殊的组织形式和制度安排，企业创新网络是指在产品创新和工艺创新过程中一些自治而平等的组织通过有选择的持久商业联系构成的网络组织（Aken & Weggeman，2000；Powell，1990），它是通过契约关系或在反复交易的基础上以及应用互联网信息技术手段与外部组织机构建立的彼此信任、长期合作、互利互动的各种合作制度安排（董一哲，2000），其中包含着行为主体间复杂的交互、联结和交换过程。

国内学者王大洲（2001）将企业创新网络的定义总结为企业创新活动发生的网络，即在技术创新过程中围绕企业形成的各种正式与非正式合作关系的总体结构。同样，陈学光（2008）也认为，创新网络是指焦点企业在技术创新的过程中，与供应商、客户、同行、政府部门、金融机构、中介机构、科研机构和行为协会等外部组织进行交往，形成的互动协作的关系集合。而沈必扬和池仁勇（2005）则从区域经济学的视角，提出企业创新网络就是一定区域内的企业与各行为主体（大学、科研院所、地方政府、中介机构、金融机构等）在交互式的作用当中建立的相对稳定的、能够激发或促进创新的、具有本地根植性的、正式或非正式的关系总和。刘兰剑（2010）从管理过程的视角，指出创新网络是由多个企业及相关组织组成的，以产品或工艺创新及其产业化为目标的，以知识共享为基础的，以现代信息技术为支撑的，松散耦合的动态开放新型技术创新合作组织，参与者在新产品的开发、生产和商业化过程中，共同参与创新活动，实现创新的开发与扩散。

　　经济学、社会学以及产业组织学等许多学科均从不同角度对创新网络进行了研究。随着对企业集群研究的不断深入，学者们将其研究的视角开始从集聚的规模效应转移到企业集群内部创新活动中来。由于企业在进行技术创新的过程中会受许多因素的影响，因此，企业之间通过合作来交换各种知识、信息和其他资源。另外，企业间专业化地分工使得生产链上不同分工者更容易掌握各种新的知识和技术，从而使得他们能够进行协作创新。因此，创新网络的产生缘于创新的复杂性、创新的系统化和技术的复杂化。可将创新网络看作是不同参与者的协同群体，这些群体共同参加新产品的形成、开发、生产和销售等一系列过程，彼此之间通过各种正式契约或非正式安排形成联系。因此，企业集群创新网络是一个动态网络，各行为主体在交互作用和协同创新的过程中建立起一种相对稳定的关系，这种关系在企业创新过程中不断地发生变化（李星，2011）。郑小勇（2014）基于整合的视角，把集群创新网络定义为集群内各组织围绕创新活动而构筑的关系网络，其目的是提高技术创新的有效性和效率，实现目标的关键路径是知识的创造、传递和整合。洪茹燕（2012）从开放式创新视角界定了集群企业创新网络的定义，即指集群企业为了创新的目的，在产品创新和/或流程创新过程中，与集群内和集群外（区域外）其他相关创新主体（如供应商、客商、竞争对手、研究机构、政府组织、大学、中介服务机构等）之间通过技术合作、联合研发和信息沟通等多种创新合作形式所构成的正式与非正式关系的集合。

基于以上学者的研究，本研究把集群创新网络定义为：产业集群内各个行为主体围绕创新活动而构建的正式与非正式的关系网络，目的是为了通过知识的转移、整合与创造等，提高企业创新的效率和效果。

2. 产业集群创新网络的特征。

在开放环境中的集群企业创新网络具有如下主要特征：

（1）开放性。由于集群创新网络是一个松散连接的组织结构和分散化的系统，使其具有开放性特点，开放性在网络整体层面上表现为网络边界的扩展与收缩。为了获取创新所需的资源，网络接纳其他主体，网络边界便于工作自主扩张；而当某一网络联系变得无效时，网络关系便会中断，网络边界收缩。开放性在行为主体对网络联系的自主控制方面，表现为自主决定网络联系的建立与中断、加强与减弱。开放性在与外部连接方面，表现为集群内的企业不会满足于内部网络，而是在集群外寻找更多的合作伙伴，从而获得创新所需的资源。

（2）动态性。由于创新网络所依据的外部技术或市场环境本身具有不确定性和不可预测性的特点，因此网络中各创新主体及其相互之间的网络联系随时都可能发生变化，网络中流动的生产要素以及知识、信息等也会不断更新，创新网络的培育与形成始终处于一个动态变化的过程。创新网络的动态性不仅表现为新企业的衍生、亏损企业的破产，而且还表现为企业根据自身情况和对未来的预期而做出的自由进入和退出的相机抉择。

（3）协同性。在创新过程中基于正式和非正式关系的信息交换和知识共享具有协同的特征；参与创新网络的行为主体共同参与新产品的形成、开发、生产和销售过程，共同参与创新的开发与扩散，通过交互作用使知识在网络中流动，从而使网络形成的整体创新能力大于个体创新能力之和。

（4）根植性。集群创新网络的根植性是指网络中行为主体的经济行为深深地嵌入于当地社会关系之中。根植性实际上是一个集聚经济、社会、地理于一体的综合性概念，是共同的文化理念和制度环境，又是地理位置的接近。

企业通过根植允许享受创新网络中蕴涵的丰厚的社会资本，并以此构筑起企业之间交流与合作的平台，激发企业主体的创新潜力与竞争活力，进而使整个集群的创新活力都得到提高。

显然，这种集群创新网络的形成是集群本身的优势与外部因素共同作用的结果。从企业集群本身的优势来看，首先，它属于一种地方性的创新网络，集群内企业由于地理位置的接近性，使得各行为主体之间的交流与沟通更加的频繁，从而可以促进集群内各种资源如原材料、人力资源和信息资源等的共享，以及各种费用如运输成本和库存成本等的减少。另外，集群内各行为主体地理位置上的接近性也有利于企业集中学习与创新，从而可以增强企业之间的信任度，以及促进集群企业之间形成长期稳定的合作关系，而且也有利于利用集群本身的优势来吸引集群外部的企业、技术和资金、知识，从而可以为集群积累更多、更好的优势资源，为集群内企业的创新提供各种源泉与动力。其次，随着科学技术的飞速发展，技术复杂性程度不断地提高，技术创新对于中小企业来说显得更加困难，因此，中小企业只有通过与其他企业进行分工协作来实现。一方面，企业通过专业化的分工可以降低其运营成本，扩大生产规模，从而获得外部规模经济效益。另一方面，企业在参与协作分工后可以只专注于自己具有核心竞争优势的部分，而将其他的业务通过外包的方式转移给其他企业，从而可以提高企业自身的核心竞争力。最后，集群内部各行为主体之间的相互交流，有利于集群内企业间形成稳定的长期合作与信任，从而加速了群内各种资源的流动，提高了集群集体学习的效率。而且集群内部存在各种经济网络和社会网络，使得群内各企业的新思想或新的管理模式会迅速在整个集群内扩散与传播。

另外，集群外部环境也是促使集群创新网络形成的一个重要因素。首先，信息技术的迅速发展和全球知识网络的形成，集群内部企业之间原有的创新模式不断地被更新和变革，因此，集群内企业要想在这样的一个复杂环境下生存并持续发展，就必须改变其原有的组织形式。其次，随着科学技术的快速发展，集群内部企业间的竞争不断加剧，市场争夺也越来越激烈，中小企业由于自身能力的有限难以应付这种技术与市场的迅速变化，因此，对于中小企业而言，要避免技术创新所带来的巨大风险和提升自身的创新能力，就必须与其他企业进行分工和协作，加强企业间技术联系和融合，这就要求企业不仅要加强内部之间的沟通与合作，还要与集群外界进行合作发展。

3. 产业集群创新网络的经济效应。

集群创新网络的经济效应是相对于单个企业创新模式的经济效应来说的，集群创新网络模型的经济效应远远超过单个企业的创新模式，作为一种介于企业科层和市场的中间组织的制度安排，它不仅能够降低企业的创新成本、为企业带来更多样的互补性资源、降低企业创新风险并促进组织学习，从而较好地适应竞争环境，提高企业创新水平，并因此带动整个集群的发展和创新能力的提高。

（1）促使交易费用内部化，降低创新成本。从集群创新网络的模型来看，在内部核心网络（企业之间）和内部支撑网络中存在经济学中的两个交易费用内部化（夏永红，2013）：第一，核心网络中体现了创新主体间的交易费用内部化。主导产业企业、竞争企业、集群内供应商、相关产业企业和客户的聚集加强了创新的联合，促进了创新信息（包括知识技术信息、需求信息）的沟通，使得创新主体由单个企业变为企业与企业、企业与客户的综合体，从而将单个企业创新所需的交易成本内部化。第二，支撑网络体现了创新客体与主体间的交易费用内部化。支撑网络包围核心网络，与核心网络中的行为主体构成了创新的大联合体，使得企业所需的资源、基础设施、知识、技术、人力资源、信息等创新资源成为这个大联合体的一部分，从而降低了获取这些生产要素的成本，也使创新的交易费用进一步内部化。建立在长期重复创新合作基础上的合作双方的共同期望和信守承诺，不但可以抵消对合作伙伴进行逆向选择和机会主义行事担忧的预期，而且可以有效地减少或避免创新过程中的监督费用和违约成本（Jarillo，1988）。因此，企业创新网络既可以规避高额的市场交易费用，又可避免较高的组织成本，是解决不断变化市场环境下技术创新问题的一个最佳模式（沈必扬和池仁勇，2005）。

（2）获得规模经济，使创新更专业化。各种资源要素在集群所在区域走向了市场化，使整个产业的价值链的每个环节都产生了规模经济效应。在集群创新网络中，企业可以有效地使用原材料，利用人力资源、信息资源，共享制度资源和公共资源，沿着生产链进行深度分工，使每个中小企业都有可能获得单独生产无法获得的规模经济效应。从集群创新网络模型可以看出，内部核心网络和支撑网络中的行为主体涵盖了新产品研发整个价值链上的所有相关企业和机构，符合新产品研发的价值链规律，使新产品、新技术的研发更加专业化、分工更细化，从而更有利于研发周期的缩短和研发风险的降低。

（3）降低创新风险，促进组织学习。在全球化背景下，创新已成为集群企业获得生存与发展的关键所在，而市场需求的快速变化和技术变革的不断加速使得集群企业面临越来越高的环境不确定性和创新风险。而网络式创新不但为企业分散了创新风险而且提供了稳定可靠的创新资源。同时，与合作伙伴的互动交流，尤其是超越了合同与协议规定的信息交换和知识共享，会促使企业更快速更有效地进行学习（McEvily & Marcus，2005），大大提高其获取知识（尤其是隐性知识）的质量和效率，促进企业创新能力的提升和竞争优势的获取。此外，在创新过程中与合作伙伴共同解决问题的过程，不仅促进了知识转移和组织学习，而且大大减少了生产误差并缩短了研发周期，降低了创新风险，提高了企业创新效率（Gulati & Sytch，2007；洪茹燕，2012）。

2.1.4 小结

本小节对产业集群的内涵、产业集群理论的演进和产业集群创新网络国内外学者的相关研究进行了回顾与归纳：①产业集群的内涵。本研究采用波特的定义：产业集群是指在某一特殊领域中，相互联系的公司和研究机构在地理上的集聚形式。②产业集群理论的演进。按照产业集群理论的演进回顾了马歇尔的产业区理论、经济地理学派的产业集群理论、波特的产业集群竞争优势理论和创新环境与创新系统理论，通过对上述产业集群理论要点的回顾，可以将集群理论的演进以及未来的发展趋势归结为以下三个特点：从静态向动态研究视角的转变、分析层面由宏观区域向微观企业的转变、研究内容由地理集聚向创新网络转移。③产业集群创新网络。创新网络的产生缘于创新的复杂性、创新的系统化和技术的复杂化。可将创新网络看作是不同参与者的协同群体，这些群体共同参加新产品的形成、开发、生产和销售等一系列过程，彼此之间通过各种正式契约或非正式安排形成联系。而集群创新网络是指产业集群内各个行为主体围绕创新活动而构建的正式与非正式的关系网络，目的是为了通过知识的转移、整合与创造等，提高企业创新的效率和效果。产业集群创新网络的经济效应包括：促使交易费用内部化，降低创新成本；获得规模经济，使创新更专业化；降低创新风险，促进组织学习。

2.2 组织同构

2.2.1 组织同构的内涵与构成

在组织理论中，组织同构是一个相当重要的概念。组织同构是描述同一战略群组中的组织彼此所呈现出来同质的现象，许多学者对此现象有所探讨（Messner，Clegg & Kornberger，2008；Carolan，2008；Tuttle & Dillard，2006；Bager，1994；Dimaggio & Powell，1983；Scott，1987）。

所谓同构是指一种限制程序，迫使一个群体中的个体相似于其他相同环境条件下的其他单位（Aiken & Hage，1968；Hawley，1968；Thompson，1967）。组织是嵌入于外在环境，在制度环境的压力之下，组织为响应其所处的外在环境，会驱使组织一开始就产生同构的结构（Berger & Luckmann，

1967）。而迈耶和罗恩（Meyer & Rowan，1977）则主张在合理化情况下、其他大型组织扩展其领域到更多社会生活领域时，组织结构会快速反映制度化规则以及合法性，导致组织在既有的领域之下增加更多同构型与遵循制度的仪式。在此环境之下，组织会使用典礼、仪式来控制；在受到技术活动、产出的约束和限制，组织结构的形态也会日趋减少，产生趋同现象。哈夫曼（Haveman，1993）表示一个组织会跟着相似或成功的组织进入新市场；彭斯和赫勒（Burns & Wholey，1993）认为组织所采用的新结构是因受到模仿力量与规范压力的影响。达钦（Dacin，1997）研究发现制度规范的力量，会影响组织在一段时间后产生变化，组织在受到制度环境压力的作用之下，同环境中的成员们最后往往会彼此相像，这就是组织同构的现象。新制度理论学者（Scott，1987）提出制度同构（institutional isomorphism）的概念，认为同构是一种同质化的过程，描述同一环境内组织之间所呈现出的同质现象。即组织会改变其结构，使其符合一系列制度化的期望与要求。而迪普赫斯（Deephouse，1996）则认为同构是组织在一定的环境内，采取相同的结构、策略、程序的过程。

最能捕捉"同质化过程"的精神为"同构"，而一般在进行组织同构的讨论时，也多采用制度理论观点的假设（DiMaggio & Powell，1983）。在组织理论中，虽然制度理论常以各种不同的形式出现（Scott，1987），但一般而言，它仍被认为最适合用于解释组织同构与制度规范的建立等现象，这方面的文献及理论最为完善（赖靖雯，2003）。迪马乔和鲍威尔（DiMaggio & Powell，1983）认为组织形态趋于同构是受到来自于国家或其他规范性机构的制度压力所影响，组织会顺应这些外部环境的压力，改变其结构以符合制度环境的期望，而此行为的产生主要是为了增加组织的合法性、资源及生存能力（Scott，1995；Meyer & Rowan，1977）。而同构则是具体化这些在外部合法性的要素，而非为了竞争或是追求组织最大效率，这是因为组织依赖从其所处环境中得到资源。迈耶和罗恩（1977）认为组织间的关系是决定同构的显著因子，组织是制度化嵌入在环境里的结果，因此，来自制度环境中的压力，才是迫使组织同构的主因。组织生态学理论认为环境是主宰生物群落命运的绝对力量，因此生存在相同环境下而彼此条件类似的生物群落，在面临着相同的环境限制与压力时，自然会采取相似的生存手段，致使彼此的形式趋于相同。这种现象在企业组织中同样存在，一般学者将这种组织趋向与环境契合的过程称为"同构"（王发明和蔡宁，2009）。组织同构的概念总结详见表2-1。

表 2-1　　　　　　　　　　　　组织同构的概念

学者	定义
Aiken & Hage，1968；Hawley，1968；Thompson，1967	强调结构要素的扩散，组织会相互依赖并与环境同构，组织决策者也会学习做出适当的回应并依此以调整其行为
Berger & Luckmann，1967	组织与其环境的对应，即组织会在其结构上表现出其存在于社会构成之中
Hannan & Freeman，1977	同构的产生是因为环境中所造成的竞争压力，并由竞争当中将非最适的组织淘汰，余下的必是相互类似与符合环境要求的组织
Meyer & Rowan，1977	组织的同构是正式组织通过技术与交易的相互依赖性，而使组织变得更相配其环境
DiMaggio & Powell，1983	主要是受到由国家或专业组织所驱动的压力所影响，顺应其压力，变得同构以符合其要求与期望
Scott，1987	同构是一种同质化过程的概念，描述同一环境内组织之间所呈现出的同质现象
Deephouse，1996	组织在同一环境中，采取相同的结构、策略、程序的过程
Jonsson & Regner，2009	在共同基金的市场中，制度化的模仿性力量，有助于组织维持竞争优势
王发明和蔡宁，2009	组织趋向与环境契合的过程称为"同构"

结合学者们的研究，本研究把组织同构的概念界定如下：生存在相同环境条件下而彼此条件相似的企业或组织，在面临相同的环境限制与压力时会

采取相似的生存策略，致使彼此的组织或形式逐渐趋于一致，这种为适应环境而致使结构形态同质化的过程，称为组织同构。

迪马乔和鲍威尔（1983）提出了导致组织形式和行为趋同的三个机制或三种形式：①强制同构，比如政府的规制与文化方面的期待。由于组织对它们有较强的依赖性，因此这些因素把标准化强加于组织。②模仿同构，在面临不确定问题时（他们把这种不确定性归结为三个来源：对组织技术的把握不够全面，目标模糊以及环境造成的象征性不确定性），组织往往采取同一组织领域中其他组织在面对类似不确定时所采用的解决方式。③规范同构，来源于专业培训、组织领域内专业网络的发展和复杂化。在组织成员，尤其是管理人员朝着专业化方向发展时，这种机制的作用力不断增强。在这种制度下，同一组织领域管理人员之间甚至没有什么区别。通过对三种机制的揭示，迪马乔和鲍威尔明确指出了无形制度环境的影响形式和渠道。虽然迪马乔和鲍威尔组织同构三机制的划分方法被大家广为采用，但却很少有详细的实证研究，尤其是针对集群企业组织同构现象的探讨和实证分析。本研究将上述三种组织同构概念的类型整理如表 2-2 所示。

表 2-2　　　　　　　　　　　组织同构机制

机制	强制同构	模仿同构	规范同构
适应因素	依赖性	不确定性、竞争	义务、责任
媒介	法规、政策	创新性、可见性	专业化、证照
社会基础	合法性	文化支持、正当性	道德观念

资料来源：Richard L. Daft, Organization Theory and Design（Cincinnati, Ohio：South - Western College Publishing, 1998）。

2.2.2　组织同构的理论基础

目前国际学术界主要有种群生态学（Hannan & Freeman, 1986）、制度理论（DiMaggio & Powell，1983；Scott，1995；DiMaggio，1991）、战略选择（Henderson，1989）、网络理论观点四种理论解释组织同构的现象。种群生态学认为同构来自于竞争的压力，制度理论则认为是来自于组织之间的互动及合作，网络观点则是从位置的视角解释组织同构现象的存在虽然在同构的来源上三种观点持有不同的看法，但他们都同意组织的外部环境对组织同构的形成有重要的影响。与之相比，战略选择理论却认为，环境压力会减少组织之间同构的程度，组织和环境的联结关系是一种"弱联结"，因而决策者在进行决策时，战略选择的自由空间比较大，能够容许不同于环境要求的条件的各种战略决策，因而降低了组织同构及制度化的现象。现有组织同构的文献和研究大都采用了制度理论观点。

1. 种群生态学观点。

人类的社会组织和自然的生态系统相似，都是由众多因素所构成，具有多层次结构及关联复杂的动态系统。在人类的社会体系中也存在各式各样的形态及性质的组织，这些组织之间的互动关系同样是关联密切、相互依存、竞争，共同构成一个可以满足彼此需求的社会网络系统。组织生态学则是以企业组织为分析单元，其认为"产业"可类比为"物种"，而不同产业的企业组织种群，集合起来就构成了"企业聚群"（Hannan & Freeman，1989）。早期一些学者均认为，相似的外在环境会创造出相似的组织，所以环境对组织形态的塑造过程具有关键作用（Hawley，1981；Hannan & Freeman，1977；等等）。在种群生态学的观点下，描述组织同构的现象，则可以解释为当处于同一场域内的组织，为了争取稀缺性资源而相互竞争，此时存在于环境中的"优胜劣汰"机制，会淘汰掉那些较无竞争力的以及不适应环境的结构变化组织，使得留存下来的组织会逐渐趋于同构的现象（Hannan & Freeman，1986）。简言之，种群生态学观点认为，在环境"优胜劣汰"选择机制下，当组织彼此之间必须竞争稀缺性资源时，因为组织被迫符合环境的要求才得以生存，因而最后存活下来的组织之间必然拥有相类似的特质，致使组织之间趋向于同构的结果（宋铁波等，2012）。

由上述可知，在同一战略群组内的组织由于面对相类似的环境限制，加上为争取环境中稀缺性的资源，所以会在集群内产生竞争压力，此竞争压力将迫使组织必须采取和场域成员相类似的特征及活动来达到存活的目的，最后使得组织彼此逐渐趋于同质。因此，以种群生态观点来解释组织之间同构的现象，其实显示出组织的变异及多样性只不过是环境在起始时，决定何种形式的组织最适于生存的基本要件而已，组织为求生存，将会通过其内部的某些结构或特性的调整以适应环境的要求及限制（戴志瓒，2007）。

这样的组织演化过程如图 2－1 所示。

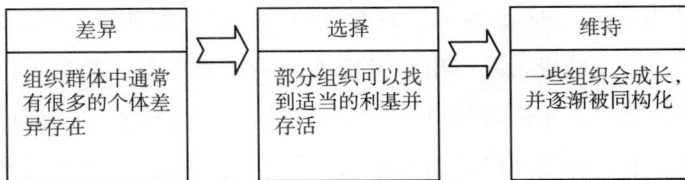

图 2－1　组织生态学中组织演化的过程

对于新生组织，企业为了追求自身的成长，必须对外界环境改变有所反应，以争取更多的有限资源，应付不断的竞争。组织生态学者认为环境的变动会打破原有利基市场的秩序，促使现有资源进行重新分配，给予新生组织崛起的机会（Swaninathan，1996）。当组织面对市场的不确定性或技术风险提高时，会通过模仿或复制其他成功或较具正当性的组织结构与行为，以降低不确定。换言之，不确定性会造成组织间的同质行为，当组织面临某一新技术不容易被理解、组织目标具有高度模糊性或者市场具有高度不可预测性时，组织所欲建构的行为及战略因此面临较大的不确定性和风险，此时可能会通过其他典范组织的既有成功运作模式作为参考依据，以此降低决策判断的错误，进而通过学习模仿而自然地使组织彼此产生同构的现象（林健智，2012）。

2. 制度理论观点。

相对于种群生态学观点，制度理论学者迪马乔和鲍威尔（1983）以及霍利（Hawley，1986）等都认为，组织同构的现象应该是在相同情景下，限制并迫使在同一群体内的某一组织与其他成员产生相似特征的过程，所以组织之间的同构应该是来自环境中制度化的作用而非竞争资源的结果。在环境中，制度一旦形成，就成为个人、组织、社会团体的参考标准与限制，这些制度条件形成制度环境，势必会约束与规范个体和组织的行为，因此制度理论的最核心的论点，为环境中的实体如个人、组织、社会团体以及其他群体参与者在制度环境中生存与发展所必须拥有的正统性或合法性。

由于组织会对"由其他组织对环境所做出的响应而组成的环境"做出回应，而就组织所面对的外部环境而言，大致可以分为技术环境与制度环境两类（Scott & Meyer，1983；Scott，1987，1992；薛晓源和陈家刚，2007）。技术环境是指与组织的投入及产出有直接关联的环境集合，置身于此环境中的组织必须通过其产量来进行估量，并密切监控生产并保护它们的核心技术以免受环境的影响；制度环境是由各种组织所组成，相较于处在技术环境中的组织，这些组织多是通过形式的适当性，此环境中的组织关心的是社会的适当性而非经济效率，并期望从环境中获得支持。

制度理论强调制度会影响组织的决策和行为，企业嵌入于过去自身所建立，由结构、标准、经营方式构成的内部环境（Meyer & Rowan，1977），以及其他群体和组织，例如供货商、竞争者、顾客、民众、政府等的外部环境（DiMaggio & Powell，1983；Granovetter，1985）。在环境中，制度一旦形成，就成为个人、组织等环境实体的参考标的，这些制度环境势必会限制与规范个体和组织的行为（Meyer & Rowan，1977；Zucker，1987）。同时奥利弗（Oliver，1991）也主张外部环境的压力会影响组织策略选择行为。迪马乔和鲍威尔（1983）提出组织的生存与发展必须顺从制度环境的要求，在组织制度化的过程中通过强制、模仿、规范等制度化机制，使组织的形式趋向同构，以满足环境的要求并取得正当性，同时，外国企业在制度环境不成熟的情况下，通常必须通过模仿现有企业的经营模式和其他相较成功的企业组织结构以获得正当性（Yiu & Makino，2002；Chan & Makino，2007）。此外，陈

（Chen et al，2009）的研究将制度环境区分为正式和非正式两个面向，他们将法规类制度项目视为正式的制度面向；文化、认知、规范类制度项目视为非正式面向，并通过不同变量的衡量以代表制度环境的内涵。因此，近年来一些学者以制度观点探讨企业海外进入模式的选择会受到当地国制度环境所影响（Meyer，2001；Brouthers，2002；Yiu & Makino，2002；Meyer & Nguyen，2005；Chen et al，2009）。

迪马乔和鲍威尔认为组织间的同构是来自于社会制度化的力量，其中一个重要的概念为"组织场域"（organizational field），场域是指构成一个制度生命的组织集合，包括关键的供应者、资源、产品消费者、法定机关与其他生产相似产品服务的组织所共同组成，身处于场域中的组织，构成了一个被认同的制度生活（Lune & Martinez，1999；Berrone et al，2010）。迪马乔和鲍威尔主张在组织场域形成的初期，存在着许多不同的形式与路径，一旦组织场域被完整建构，就会有许多外部力量促使组织朝向同构化。当处于同一商业市场的不同组织被建构为同一实质的场域时，就会有权威性的力量出现引导它们朝向更为相似的过程，组织间可能会改变既有的目标，发展新的惯例以进入此场域，但长期来看，场域中的组织会受限于场域环境的限制，能做的改变有限，采用新惯例并非为了提升组织表现与效能，而是要达成组织在场域中的正当性，因为此惯例已被场域中多数组织所采用，已经被规范式的同意（Dunn & Jones，2010）；组织将更倾向于将主要的管理重点从提升效率转移到确立组织运作的正当性，让组织间变得更为相似（DiMaggio & Powell，1983；Scott，2001；薛晓源和陈家刚，2007），进而提高制度化压力使组织趋于同构现象。

3. 战略选择理论观点。

不论是种群生态学还是制度理论，二者都强调同构是通过来自组织外部环境力量所形塑而成的，但是以战略选择观点来解释组织同构现象时，学者们却持相反的看法。例如，有学者（Child，1972）认为，组织本身应有能力判断何种组织结构、设计或是决策才能对环境变化产生适当反应，由于解决来自环境问题的方法，有多元化的方式加以应对，所以组织的这种判断力会让处于同一战略群组内的组织间拥有不同的特征。这种观点本质上隐含了组织与其所处的环境之间并不存在强联结的假设（Pfeffer & Salancik，1978），因此从战略选择的观点来看，外在环境力量反而会增加组织之间的多样性及差异而非同构。正如"高斯竞争性互斥原理"所言，"两个生存方式完全相同的物种不可能同时共存"（Henderson，1990）。在同质化的竞争博弈中，与采用同样战略的竞争对手（同类物种）争斗到死实际上是主动自杀，因此，一个组织必须寻求其可以赖以生存和延续的利基，发现和发挥其独特性及其带来的竞争优势（马浩，2008）。

4. 网络理论观点。

近年来，网络理论与分析的运用已是组织理论重要的研究方向之一。网络理论缘起于社会学，其目的在探讨人际互动关系的社会结构对特定个体所产生的影响。所谓网络是指一群具备网络节点与联结关系的集合。其中网络节点是指网络的个体成员，可能的对象包括个人、团体或组织、社群乃至于国家社会（任庆宗，2003）。而联结关系则包含以人际互动为出发点的情感性网络联结、或是以经济理性为出发点的工具性网络（Burt，1992；Coleman，1990；Fukuiyama，1995）。伯特（Burt，1982）指出社会网络分析与传统社会科学最大的不同点，在于特别强调社会结构行为的影响。而社会学家在探讨社会网络分析时，主要以"结构相等"（structural equivalence）的概念，找出与其他同群个体互动关系类似的集群，将网络的行为者切割成许多互斥的位置，同一位置行为者与其他同一群行为者有类似关系；意即结构相等要求两个行为者必须和其他相同的行为者有相同的关系。多数学者已一致认为结构相等的行动者间的距离为零（White，Boorman & Breiger，1976；Winship & Mandel，1983；Burt，1987；等等）。有学者（Galaskiewicz & Krohn，1984）则认为两个网络若在组织网络中属同一结构相等位置，则他们输入及输出的资源相关的组织均是相同的（熊瑞梅，1995）。因此，从网络观点的角度思考，视每一家集群或网络企业为同一个网络里的一个节点，若网络节点间的距离为零，就企业组织层面而言，即有组织结构同构的概念。

5. 小结。

由以上的讨论可知，在组织理论文献中，组织的同构现象可由这四种不同的观点来加以解释。简言之，种群生态学观点认为在环境的汰选机制的运作下，当组织间必须为了稀少的资源相互竞争时，最后趋向同构的结果是可以被预期的，因为组织被迫必须合于环境的要求才得以生存，故最后存活下来的组织间必然拥有类似的特质；而制度观点则主张同构是因为组织受到加诸它们的制度压力影响，这些压力多半来自国家或是其他的典范的机构，顺应这些压力使得组织改变结构安排，变得同构以符合制度期望；网络观点则是从位置的视角解释组织同构现象的存在；前者认为同构是来自于竞争的压力，而后面两种观点则认为是来自于组织间的互动及合作，虽然在同构的来源上，三种观点各持不同的看法，但他们均同意组织的外部环境对于同构的形成有重要的影响。相较于此，战略观点却认为环境的压力只会减少组织间同构的程度，组织和环境间的链接关系被认为是微弱的，故决策者在进行决策时自由度较大，能够容许不同于环境要求的条件来进行决策，因此而减低了同质及制度化的现象。即使有四种不同的论点，但一般在进行组织同构的讨论时，多仍采用制度观点的假设。制度理论虽然常以各种不同的形式被使用于组织理论中（DiMaggio，1988；DiMaggio & Powell，1991；Scott，1987），但一般而言，它仍被认为最适合用于解释组织同构与制度规范的建立等现象，这方面的文献及理论最为完善，因此本研究所欲探讨的同构现象及组织间的互动关系，也都将在制度观点的假设下进行。参见表 2 – 3。

表 2 – 3　　　　　　　　　　　　同构观点的比较

	种族生态学	制度理论	战略选择	网络理论
代表学者	Hawley，1968；Hannan & Freeman，1977	Meyer & Rowan，1977；DiMaggio & Powell，1983	Henderson，1989	Galaskiewicz & Krohn，1984

续表

	种族生态学	制度理论	战略选择	网络理论
同构的代表	竞争性同构	体制同构	组织多样性	结构相等
强调的环境	任务环境	制度环境	竞争环境	社会网络
组织	具有自主性，面对环境压力，会主动调整，朝着适应环境的方向去修正	不具自主性，必须顺从制度环境中来自于政府法令、社会规范及文化认知的同构压力，取得正当性与合法地位才得以生存	组织具有判断能力，组织的这种判断力会让处于同一战略群组内的组织间拥有不同的特征	组织网络中属同一结构相等位置，则他们输入及输出的资源相关的组织均是相同的
目的	获取资源以及降低环境的不确定性	增加合法性及生存的机会	提高竞争优势	维持社会网络关系

2.2.3 组织同构与绩效关系

制度理论认为组织顺从制度规范是为了提高本身的正当性、获取资源、增加生存的能力，而非为了效率（DiMaggio & Powell，1983；Mayer & Rowan 1977）。虽然牺牲了效率，但组织却可以通过顺应制度规范来增加他们存活下来的机会，将组织死亡的风险降到最低，对这些组织来说，它们仍然处于"最适"状态（Baum & Oliver，1991）。对于多数以市场导向为主的组织而言，在其既有环境中生存下来往往比达到最佳效率还要来的重要（Powell，1991），也因此，有了"可接受的绩效"（acceptable performance）。虽然不同的场域对效率的定义有所不同，但"绩效"是一种相对的概念，而非绝对的标准（Bowman，1985；Hinings & Greenwood，1988；March & Simon，1958）。也就是说，一个企业的绩效好坏与否，并非根据某一个绝对的标准来判断，而是和同场域中其他的组织相比较而来的。举例来说，某组织的绩效在某年只达到平均的水平，但由于当时整个产业都在衰退，使得该组织的绩效和同产业内的其他组织比较起来却被视为表现优异；同样的，有些组织的绩效虽然总是低于市场标准，但由于在其产业的定义下仍属合理，因此仍然生存下来。这样的现象让组织愿意牺牲效率来模仿场域内的典范组织以降低风险，虽然较好的效率会带来较佳的绩效表现，但是承担的风险也相对较大，因此，由于风险规避的趋势和制度化的力量，同场域内的组织绩效将会往该场域内的平均水平收敛。

斯科特（1995）对场域做出以下的定义：场域是一种组织社群的概念，在其内的组织共享相似的价值系统，彼此间的互动比与场域外的组织间的互动更为频繁。在制度理论下，若高度同构化的环境真的存在，则能够合理推测其内的组织绩效偏离会很小。因此，对于组织同构与企业绩效的关系而言，可以合理推测在现实生活中原则上并没有任何组织会完全相同，但是若以同一集群网络内的组织来进行观察时，则可以发现彼此差异不大的组织原则上应该会有差不多的绩效表现，而这样的现象与米勒和弗里森（Miller & Friesen，1982）的研究发现一致。他们指出，若想要观察到组织与其他区域中的成员相当程度的绩效偏离，则必须要先具备彼此同构程度很低的组织。而假设高度同构的制度环境真的存在的话，则区域内的组织绩效差异应该会很小，也因此让多数组织愿意牺牲暂时的效率来模仿区域内的多数组织，以通过典范的推移作用来降低自身风险。

以往研究多指出，组织之间若越趋于同构时，往往会因为效率不佳以至于对绩效产生负面的影响，因此组织应该致力于追求差异化以寻求竞争优势（Kondra & Hinnings，1998；Oliver，1992；Granovetter，1985；Scott，1987）。然而，近来的研究趋势却显示出，组织采取适应及顺从的态度来调和环境所造成的压力以获取存在的正当性，不但可以降低不确定性以避免失败的风险，同时也可以通过与其他制度成员的同构过程，迅速学习及累积所需要的知识及技术来提升自身创新能力（赖勇成和洪明洲，2006；Hargrave & Van de Van，2006；Shiller，2005；Mathews，2002；Bergh，2002）。例如，Liao（1996）以技术密集型产业为研究对象，学者们发现组织同构对信息技术投资具有正向影响（Liao，1996）；以匈牙利出版业为研究对象，学者们通过案例分析发现组织同构对企业技术、产品及流程创新都具有正向影响（Inzelt，

1996）；以美国和西班牙中小企业为研究对象，学者们通过深度访谈方式提出组织同构对于中小企业发展及创新具有正向影响的研究假设（Hausman，2005）；以美国中小企业集群为例，学者们发现组织同构对信息技术的制度扩散具有正向影响（Salmeron & Bueno，2006）。依据现有的研究结果，参考戴志璁（2007）的研究，可把组织同构与绩效关系的特点总结如下：

（1）组织愿意遵从制度规范可能是基于风险规避的考虑。虽然在同构效果的影响下，同场域内的组织之间会有类似的绩效表现，但这也代表了这些组织可能正在无效率的方式下运营。但是为何有些组织具备改善绩效的方法与机会，却不愿意实行呢？制度理论给予的解释是"风险规避"。由于风险规避，有些在短期看起来无效率的行为，在长期看来却是最适的策略或是有效率的策略。例如莫克尔等（Morck et al，1984）曾提及，当一个企业的绩效明显低于产业标准时，会促使该组织的高层经营团队离职率提高，这样的结果显示出董事会的绩效判定标准是与同产业内的其他组织进行比较而来的，当企业绩效的表现不如产业标准时，组织便有可能更换经理人。这样的结果导致了即使经理人的报酬和组织绩效有高度的正相关，但是风险规避的态度也会使得他们宁可追求稳定的绩效，而非不确定性高的绩效表现（Amit & Wernerfelt，1990）。

（2）组织会选择较为稳当的经营方式来模仿体系内的典范以保住既有的绩效，以强化组织的同构现象并进一步巩固制度规范（Salancik & Pfeffer，1980）。对于场域中典范机构的标准而言，多数组织的同构现象正好符合其需求（Boeker & Goodstein，1991）。由于在场域内的多数组织都是风险规避者（如为数众多的中小企业），即便其中有组织发现了能于短时间内创造出高绩效的方法，但是过高的风险也会促使其不敢轻易尝试，因为在不确定性极高的状况下，即使获得成功也无法保证在长期能够加以维持，最终场域内绩效表现的优劣将被局限在某个范围之内。因此让组织绩效和同场域内的平均绩效维持高度关系，将是多数组织所共同认可的策略观点（Lopes，1990）。

（3）基于制度理论的视角来探讨组织同构与绩效变化的关系时，研究者的焦点正在从大企业逐渐向中小企业转移。中小企业在企业体质上与大企业具有明显的差异，他们在既有的场域中不但受到来自于自身资源的限制，同时也由于高度的不确定性以及缺乏前瞻性的视野，迫使他们必须选择适应及顺从制度规范来寻求生存和发展（Cragg et al，2002；Levy & Powell，2000；Salmeron & Bueno，2006）。并且中小企业在产业领域中往往隐身在大企业之后，在其联动性并不高的状况下，反而能够在组织的同构之下具有较高的弹性，使组织不但可以多元化地迅速吸收来自于网络成员的知识及技术，同时也由于组织较低的僵固性，使知识得以在组织的利害关系人之间快速传播以利于商业行为的应用，因此在竞争激烈的环境中往往会具有较佳的绩效表现（Hausman，2005）。

2.2.4 组织同构与绩效偏离

在组织趋向同构的动态过程中，不管制度环境的限制多么的严格，环境中仍然会有离散于制度规范之外的组织出现。相对于同构，多样性（diversity）的高低可以用来区分组织间特质的差异（Grant，Jammine & Thomas，1998）。由前面的讨论可知，场域中的组织绩效表现范围受到制度规范的限制，因此，若有组织离散于制度规范的限制之外，我们便可以预期这些组织的绩效可能会和那些已高度同构的组织不同。虽然制度的力量越强，就越难以观察到这些偏离于制度外的组织，但这些组织的确是存在的（Oliver，1991），如果从来都没有任何的离散组织被观察到（或者是从来没有存在过），那么改变将永远不会发生、组织将永远冻结在某一状态。即使是在制度化最强的场域中，仍然会有一些离散状态和维持多样性的组织形式存在，这样"改变"才有可能发生。

那么在多样化的环境中，组织间将如何互动？他们的同构程度及绩效间的关系又将发生何种变化？我们以康德拉和赫宁（Kondra & Hinings，1998）

所提出的组织分类法为基础，分析组织多样化、同构与绩效偏离的关系。

1. 组织多样性分类。

康德拉和赫宁（1998）以制度匹配（institutional fit）和绩效（performance）为两轴所构成的 2×3 空格（见图 2 -2），横轴的制度匹配可以视为组织在结构、日常的营运行为及系统上遵从制度规范的程度，匹配度越高，表示同构程度越高；纵轴则为绩效表现。企业集群的竞争互动行为中，分别有不同的组织形态（Scott，1991）。如前所述，这些高度同构的组织，其绩效将会被限制在制度平均值范围内，我们把这群组织称作"制度典范机构"（institutional operators）；而制度匹配度较低的组织则是我们关心的重点，因为这些组织的绩效有可能出现偏离。和制度的匹配程度低，表示这些组织并未遵从制度环境的规定，但即使如此，仍然有部分组织得到和制度典范者同样程度的绩效，这是因为得到相同产出的方法并非只有一个，我们把这类组织称作"行动背离者"（equifinalists）；另两群匹配度低的组织则分别拥有两种异于制度平均绩效的产出，我们把高于平均值者称作"背离者"（renegades），低于平均值者则称作"狗类"（dogs）。以下我们将对制度匹配度较低（组织同构者之外的组织）的这三种类型的组织加以讨论。

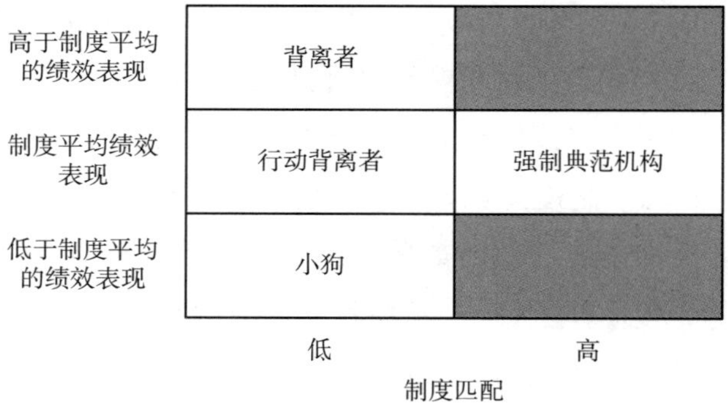

图 2 - 2　组织配适及绩效表现关系

资料来源：Kondra & Hinings，1998。

（1）狗类（dogs）。

在制度理论中，低于制度标准绩效的组织常被用于解释组织的死亡，汉南和弗里曼（Hannan & Freeman，1977）指出，未达最适状态的组织会被淘汰，而紧追着制度平均绩效及维持与制度的高匹配度的组织将可提高存活下来的概率。而制度匹配度既低、绩效表现又低于平均水平的组织，自然最有可能被淘汰，这些被称作狗类的组织，不仅没有好的绩效，组织正当性也低，它们的死亡率自然比行动背离者和制度典范机构还要高。

狗类组织可能有三个来源：①来自特意设计不同组织形式的组织；②来自那些不自觉偏离组织规范的组织；③来自那些无法配合制度规范改变的组织。狗类组织对制度规范是没有任何影响力的，因为它们的绩效太差，没有人愿意模仿它们，所以制度规范会维持不变。曾有争议指出，狗类组织应该要被留下来，如此才能维持制度中的"平均水平"，但事实上，制度理论认为同构的压力只能容许微小的变异存在，将这些高风险的小狗类组织淘汰出局有助于维持制度规范和平均绩效表现水平。一个绩效低于标准的组织，若拥有足够的资源，则可能会尝试模仿行为，试着将自己改变到制度规范的标准并提升本身的绩效，失去工作的风险会驱使经理人采用这样的行动；此外，狗类组织若拥有足够的知识和资源，也可能会尝试其他非制度标准的形式或行为来提高绩效、增加自己生存的机会。若它们无法做到上述的任何一件事，则必然面对被淘汰的命运。受到生存压力的驱使，这类组织较倾向模仿或是转化成制度典范机构而非场域中绩效表现较佳的那群组织——"背离者"。由于次等的绩效表现，可能会使它们面对资源匮乏的困境，但想要尝试新的改变却是非常耗费成本并且很危险（Baum & Oliver，1991；DiMaggio，1988；Hannan & Freeman，1984，1986；Miller & Friesen，1982；Oliver，1991），在短期，狗类组织较偏好试着重回稳定状态而非维持外在的制度规范，并且将试着采用模仿转化的方法而非尝试那些新的、未经测试且风险很高的组织行为和形式。

（2）行动背离者（equifinalists）。

某些组织即使和同场域内的其他组织采用不同的行为或方法，仍有可能得到类似的绩效表现，我们称这些组织为行动背离者，它们虽然使用不同的方法或组织形式，却仍然表现得和制度典范机构一样。倘若这样的组织持续地存在于场域之中，不会对制度规范产生任何的影响，因为它们的绩效表现与制度典范机构相同，制度典范机构便没有任何的动力去模仿这些组织，模仿它们反而会增加自身的风险；此外，正在场域中寻找模仿对象的组织，也会选择模仿制度典范者而非行动背离者，因为后者面对比较大的风险（Baum & Oliver，1991；DiMaggio & Powell，1983）。所以，这些组织的存在并不会使制度规范发生改变，也不会影响制度的平均绩效范围。但是，随着时间的流逝，行动背离者的绩效并不会完美地和制度典范者保持高度的相关，它们有可能变成背离者也有可能变成狗类组织，因为它们毕竟偏离制度规范。当环境改变的时候，这些之前采用和制度典范机构不同的组织形式及做法的组织，并不保证还能得到和典范机构一致的产出。这样的不确定性将会激励行动背离者模仿制度典范机构来限制可能的产出，正如迪马乔（1988）所指，减少不确定性仍为制度理论的基本目标。

（3）背离者（renegades）。

背离者是指那些有意无意背离制度规范，但却拥有高于制度平均绩效的组织，它们可能来自于：①新进入场域的组织；②从前的典范的机构，但这些典范机构之所以遵从制度并非由于静态范式（paradigm stasis），而是为了其他实际上的理由（pragmatic reasons），前者是受到规范同构的压力，而后者则是主动的行为；③故意偏离制度规范的前制度典范者。

虽然有些组织受到静态范式的影响而无法察觉环境中的机会（Drucker，1985；Miller，1991；Starbuck，Arent & Bo，1978），但那些受限没有那么严格的组织仍然可以发现环境中潜藏的机会（Fligstein，1991；Powell，1991）。蔡尔德（Child，1972）认为为了达成某种成就即为"变化"的动力，而奥利弗（Oliver，1992）也指出，制度理论仍保有经济考虑的空间；虽然制度规范的限制使组织在无效率的行为下运作，但对那些不受规范制度同构力量约束的组织而言，机会仍然是存在的。这些组织或许会：①试着转化组织场域的本质；②冒着违反制度规范的风险，采用可以改进绩效表现的行为；③对外来的冲击做出独特且成功的反应。外部的冲击会带来改变的动力（Fligstein，1991；Hannan & Freeman，1984），为了回应或利用这些冲击，新进入的组织或既存的组织会察觉这些机会或是威胁，它们将会对此做出一些响应，而这些响应则可能违背了制度规范。在这种情况下，制度环境会如何回应这些背离制度规范的组织？制度典范者的反应可能有三种：①试着利用强制力量要求背离者遵从制度规范；②模仿背离者；③由于典范静态的作用而忽略背离者或是在无意中忽略掉它们；由于背离者会使原本的制度典范者的绩效在相对上看起来较差，所以若非由于典范静态，则最后一个反应不太可能发生。为了不让自己的绩效持续看起来比背离者差，制度典范者会试着模仿背离者来提升自己的绩效，否则就是想办法避免让背离者继续获利，即使这么做可能会使自己付出某些代价。若选择无视这些绩效表现较佳的组织，则现存的制度典范者将面临减少的命运（Drucker，1985；Fligstein，1991；Miles，Snow，Meyer & Coleman，1978；Miller，1991），在制度中的典范地位出现被替代的危险，这些都使得制度典范机构无法忽视背离者的存在。若制度典范机构既无法模仿背离者又无法强制他们遵从制度压力，则制度典范机构将发现自己处于相对的劣势且其典范地位被替代的风险随之而来，由于相对绩效的萎缩，高层经理人的离职率升高（Boeker & Goodstein，1991；Morck et al，1989；Osborn，Jauch，Martin & Glueck，1981；Salancik & Pfeffer，1980；Schwartz & Menon，1985），组织死亡的机会也增加。

2. 组织场域对多样性的回应（绩效偏离与组织同构的变化）。

如前所述，若在同场域内的组织间彼此高度同构，在制度力量的作用下，它们会采用类似的方法来经营组织以最小化风险，避免让其绩效和同场域内的其他组织进行比较时出现较差的结果。如果制度化力量能够在场域中顺利运行的话，则处于其中的组织将很难有较突出的绩效表现，遂使得场域内的绩效偏离程度非常微小（Oliver，1988）。另外，对于制度成员而言，正当性考虑是不可忽视的动机。不管组织是因为需符合政府法令规范、为追求成功而采取模仿行为，甚至因为受到专业团体与专业社群的影响，这些正当性来源都是影响组织生存的重要因素（Neil，1991）。由以上讨论我们可以知道，组织同构基本上是组织为求取得正当性所采取的策略性作为，而组织的绩效偏离和场域成员的同构程度也在这些动态的脉络中持续不断地进行调整（Kondra & Hinings，1998）。通过对汉南和弗里曼（1998）的组织多样性分类分析可知，上述所讨论到的三类组织都会对环境内的偏离行为做出不同的响应。

（1）强制式的回应（coercive Responses）。

迪马乔和鲍威尔（1983）及奥利弗（1991）指出，组织在知觉到背离者的威胁时，若拥有足够的力量，他们便会试着使用强制的压力来迫使背离者遵守制度规范。至于那些游离在制度规范外的组织也会感受到制度压力（强制力）的威胁，在这种情况下，即使必须放弃短期的绩效，但为了极大化本身的稳定性，他们仍然愿意遵从。当偏离制度规范的行为是在法律、道德，特别是在经济的层面上时，强制力会特别强烈。例如，当组织无法遵守环境保护法的规定时，将可能引发法律上的问题，严重的话可能会导致营业执照失效，使组织面临死亡的威胁；经济上的偏离则包含为了短期利益而以低于成本的方式削价竞争、破坏卡特尔或联盟的协议等，这些行为都会受到外部团体施加的制度压力，使背离者变成狗类组织，甚至导致组织死亡。

强制力有时会被用来阻止新组织进入场域或迫使他们遵从制度规范，迈尔斯等（Miles et al，1978）称这种行为为"保卫者策略"（defender strategy），这些被称作保卫者的组织会使用一些积极的手段来防止竞争者进入它们的领地。经济学者对企业的这种掠夺式做法也有讨论，企业发觉仅需使用简单的价格掠夺即可防止其他组织进入其场域或是强化制度规范（Easterbrook，1981；Tirole，1988；Williamson，1977），而反托拉斯法这类的法案即是政府用以防止组织使用经济强制力来减少竞争者或者联合定价的行为。这些例子都和制度强制力确实存在的事实相一致，如果强制力发生作用，则组织绩效将跌回制度平均水平，同构现象得以维持。

然而，有些组织并非一开始即有意成为背离者。这些组织原本只想成为制度典范机构，但却在模仿的过程中产生了"基因突变"（genetic distortion）（Hannan & Freeman，1986，1989；Powell，1991），或是不小心脱离到制度规范之外，基因突变是指组织在模仿过程中，组织形式或行为的转化并不完全，因此，在既有的资源和确保未来成功的预期下，这些组织也许会希望采用模仿行为好让自己回到制度标准；相反的，另一群一开始即有意成为背离者的组织则会刻意让自己和制度规范区分开来。对前者而言，即使遵从制度规范必须牺牲短期的绩效，但却可以确保长期的绩效符合制度要求，背离者并不能保证能够永远维持下去，长期而言，由于偏离制度规范的行为仍有可能使他们变成行动背离者甚至是狗类组织，因此，若组织为风险趋避者，则采用模仿行为将会是他们的最佳策略。

（2）模仿式的回应（mimetic responses）。

倘若一个制度典范机构没有受到典范静态的影响，当它面对场域中的变异时，除了采取前述的强制力响应外，另一个可能就是采取模仿行为。当一个制度典范组织受到背离者的挑战时，一方面可能没有足够的力量使用强制力量将背离者拉回制度标准，另一方面则是觉得可以借着模仿那些使背离者拥有出色表现的组织形式或行为来提升本身的绩效或长期的潜力。因此，当场域内的其他组织也想做出不同于以往的回应时，模仿行为便会发生。优于制度规范的绩效表现提供了新的组织形式在制度化的过程中所需要的正当性（Fligstein，1991）。当越来越多的组织开始模仿背离者，最后终会达到一个临界点，超过这一临界点就再也无法提供任何相对上的优势（DiMaggio & Powell，1983；Meyer & Rowan，1977；Powell，1991），此时，追随的组织达到一个关键的数量，提供新的组织形式或行为足够的正当性，形成新的制度规范。正当性是会扩散的（Zucker，1988），而且整合越紧密的组织场域，正当性的扩散就越快（Hernes，1976；Hinings & Greenwood，1988），当达到临界点时，新的组织形式及行为变成新的、最适的制度规范，此时，所有组织都在新的规范下运作、绩效也回到新的制度平均范围之中。当然，这种改变也许只是一种趋势，在长期而言并不一定有利，有时甚至会对这些已改变的组织造成不利的影响；改变是时时在发生的，但长期而言则不一定会朝着有利的方向发展。

关于模仿性力量的研究中，例如弗里格斯坦（Fligstein，1985）曾经在检视企业采用 M 型组织结构（multi-divisional structure）的研究中发现，当组织多角化程度越高时，越会采取 M 型的结构；同时当产业内其他组织也采取 M 型结构时，组织也会采取 M 型结构以求与其他组织保有结构上的一致性。另外，韦斯特法等（Westpha et al，1997）也针对 1985～1993 年，美国公私立医院采用 TQM（total quality management）计划的过程进行研究，他们认为影响医院采用 TQM 计划的主要因素之一，在于该医院和其他已施行 TQM 计划医院的网络关系，当网络关系越密切时，即使 TQM 计划实际上无助于医院提升病人的满意度，但多数医院实行 TQM 计划的意愿仍旧很明显。上述研究的结果显示，组织彼此之间采取相类似的作为是因为所处环境的不确定，即当组织所处环境不确定程度越高时，将无法对于自身策略作为做出正确预测，因此为求降低风险，便会通过模仿成功组织的做法以使组织能够有效降低处理环境不确定所耗费的成本（Covaleski & Dirsmith，1988），所以当同一场域内的成功组织有较为标杆的作为之际，有可能会无形地鼓励其他组织进行学习模仿，致使多数组织逐渐趋于同构（DiMaggio & Powell，1983）。另外，典范组织的标杆行为也许已经成为广为传颂的一种管理时尚，也因此赋予个别组织必须具备跟得上流行管理趋势的正当化效果（Abrahamson，1996；Galaskiewicz & Wasserman，1989）。

由上述讨论可知，对于组织而言，学习及模仿是一种有效降低环境不确定的方式，由于组织的经济活动必须嵌入在整个社会结构当中，在无法区分出是因为追求成功或是寻求正当性的情况下，组织必须致力于利用风险评估来决定是否采取模仿性的行为以吻合在场域中利基（Granovetter，1985；Roberts & Greenwood，1997；Meyer & Rowan，1977；Scott & Meyer，1983）。组织无法明确判断所采取的行为究竟是基于观察到其他组织成功的经验，而觉得这类成功组织的运作方式是成为一种获取正当性来源的有效方式，还是因为组织察觉到自身需求而兴起模仿的念头（Donaldson，1995；Martinez & Dacin，1999）。不论结果如何，可以确定的是，当组织面临绩效偏离时，模仿性的驱动力将促使组织与其网络成员进行学习（戴志璁，2007）。

（3）规范式的回应。

由于在组织进行同构的场域当中，在风险规避的考虑下会使组织遵循既有的制度规范，而这些看似无效率的行为在环境不确定下却有可能是最适当的行为，因此最终成为多数组织进行学习模仿的理由。而在组织同构的过程中，越高程度的制度同构将造成越小的绩效偏离，若组织出现绩效偏离的情形时，模仿的学习行为及专业化参照群体的作为便在组织演化的过程中扮演着积极且重要的角色（Child & Smith，1987；Greenwood & Hinings，1996；Hinings & Greenwood，1988a，1988b），以至于组织在风险规避的影响下会以模仿制度典范机构及参考专业规范来增加自己和制度的匹配度（Miller & Friesen，1984）。对组织而言，专业团体代表的是创新、专业知识以及处理问题的能力，当专业团体陆续加入组织时，会将该团体的规则与专业知识带入组织内，以求解决组织所面临的问题（Abbott，1988；DiMaggio & Powell，1983）。当专业人员进入不同组织后，由于他们对于所遇到的问题可能会有类似的经验及解决方案，因此使得组织彼此之间会有相似的作为或安排，而使得专业团体所形成的规范对于组织实行特定行为之际具有一定程度的影响（DiMaggio & Powell，1983）。

上述来自于模仿成功组织以及通过强制力量或专业团体引进的同构过程，说明了制度环境对于组织的影响足以反映出组织彼此之间由不稳定、松散联结或差异化的活动，逐渐产生转变而调整为具有秩序、稳定以及社会化的整合过程（Hernes，1976；Tushman & Romanelli，1985；Selznick，1996）。

3. 组织如何回应冲突的制度规范。

制度理论认为环境中被普遍信任的信仰和规则将会影响组织的结构和行为，但这样的论点却忽略了组织本身的技术和资源交换行为（Scott，1987；

Zucker，1987），当组织处于拥有强烈信仰系统及规则的制度环境中时，能够生存下来与否及效率的好坏，其实是取决于遵从制度规范所得来的正当性（legitimacy），而非生产上的效率（DiMaggio & Powell，1983，Meyer & Rowan，1977），但是，对许多组织来说，想要遵从制度规范却是困难的，因为它们并非面对单一的制度环境，而是分裂的环境（fragmented environments），在其中存在着许多个自独立的团体和组织、分别对组织个体产生不一致的需求（Meyer，Scott & Strang，1987；Powell，1987）。迈耶和罗恩（1977）认为，制度环境其实常是多元的，组织所面对的并非单纯的单一制度环境和制度规范，更多的时候，它们可能必须面对复数的、彼此不一致的制度规范，而这要视组织所跨越的领域或产业而定。例如，当一个组织由于多角化的关系而必须由稳定的环境转移至动态的环境时会有何反应呢？迈耶和罗恩（1977）认为，组织若能同构于制度环境，则环境会报予来自组织外部的支持当成奖励，使组织能够在获得外部支持下稳定地持续寻求发展。其他学者（如D'Aunno，Sutton & Price，1991）也同意这样的看法，他认为组织响应环境需求的能力及方式其实是有限的，因此组织将会从原来所属的制度环境和改变后的环境中，同时折中选取部分做法和信仰来加以遵从，而组织要能够适应复杂环境下分歧的价值和冲突的信念并非易事，因此会采取下列两项准则来对制度的冲突做出回应：

（1）首先，组织会把新规范按照制度发展需求的重要程度进行排列。并不是所有来自制度的压力都一样重要，所以组织会按照对于增加本身正当性的重要性来加以响应，组织不仅会采用那些有助于让组织在新环境中获得最小限度正当性的规范，同时也会保持那些让他们在旧制度中维持正当性的关键做法。换言之，组织在面对环境转变时，会采取对旧制度造成的破坏最小，且同时满足另一个制度新环境的重要需求的做法及行为，以此取得新平衡。

（2）组织的行为有些是难以被外部团体探测到的，而有些则很容易被观测到，面对环境转变的组织，会把那些易于被观察到的行为或表现当成优先采用的目标。仅仅满足环境的需求是不够，他们遵从制度规范的行为还要能够易于被外部团体观测到才行，这样才能强化其他成员对于组织遵从制度规范的印象获得认可，进而寻求新制度环境中的正当性（Zucker，1988）。

总结来说，制度理论认为当组织处于拥有强烈信仰系统及有关系网络的制度环境中时，环境中普遍为多数组织所接受的规范将会对于组织的结构和行为产生具体影响（Scott，1987；Zucker，1987），组织能否在既有场域中生存下来，其实是取决于遵从制度规范所得来的正当性而非生产上的效率（DiMaggio & Powell，1983；Meyer & Rowan，1977）。另外，对于处于同一场域中的个别组织而言，由于彼此面对相类似的关系形态，因此在响应外在环境的方式上将呈现出越来越一致的现象。然而对于许多组织而言，要想遵从制度规范却是困难的，因为在环境脉络中往往存在着许多对于个别组织产生不一致要求的焦点团体，更何况它们所面对的是越趋复杂的制度环境（Meyer et al，1983；Powell，1987）。在新旧制度规范的要求呈现出不一致的状况下，组织唯有适度地调整自身的战略作为，以折中的方式来适应新旧制度的环境压力，才能够在维持基本生存条件下积极寻求发展的机会。

2.2.5　小结

本部分对组织同构的内涵、组织同构的理论基础、组织同构与绩效的关系以及组织同构与绩效偏离的相关研究进行了回顾，结合学者们的研究，本研究把组织同构的概念界定为：生存在相同环境条件下而彼此条件相似的企业或组织，在面临相同的环境限制与压力时会采取相似的生存策略，致使彼此的组织或形式逐渐趋于一致，这种为适应环境而致使结构形态同质化的过程，称为组织同构。

虽然对于组织同构的现象包括了种群生态学观点、制度理论的观点、战略选择观点以及网络理论等几种不同的论点，但一般在进行组织同构的讨论时，仍多采用制度观点的假设。制度理论虽然常以各种不同型式而被使用于组织理论中，但是它仍被认为是最适合用来解释组织同构与制度规范的建立现象，且这方面的文献及理论最为完善（DiMaggio，1988；DiMaggio & Powell，1991；Scott，1987）。另外，制度理论较偏向于组织之间互动及关系的建构，在现今亟须强调动态链接的社会体系下，较能够适当反映出组织与环境、组织与其他个体的系统关系，故本研究对于组织同构现象的解释，将采用制度理论的观点。

许多文献都提及组织改变的议题，而不良的绩效表现正是使组织重新改变方向的重要因素之一。正如汉南和弗里曼（1977）及霍利（1968）等早期学者的看法，他们认为同构可能是因为组织间彼此妥协而产生，或可能因为决策者在学习过程中所得到的正向回馈所演化出来的结果。虽然组织最终是希望追求较高的效率，然而较高的效率虽然会带来较佳的绩效表现，但是相对的所需承担的风险也较大。而由于风险规避的趋势和制度化的力量，使得同场域内的多数组织绩效往往会较该场域内的平均水平呈现出较为收敛的现象。另一方面，尽管组织顺应不同制度压力是为了追求正当性，但是此过程不一定纯然是非理性的（Meyer & Rowan，1977）。例如，外在资源条件会变、政府介入组织运作的程度会变、专业化主导的应然性力量会变、成功典范会移转等，由此看来，组织彼此之间制度化的过程永远只是一种程度的问题。因为对于组织而言，在不同发展阶段会遇到不同程度、不同内涵，甚至相互冲突的制度化作用，因此制度化作用不一定会使得组织越来越相似，或是只能用来解释组织越来越相似，然而对于组织越来越不一样现象的讨论，一样可以用制度化程度来加以解释（Powell，1991）。换言之，组织在适应与顺从的抉择中，会因为遭受到制度压力的影响，致使某种适合环境的组织形态产生。组织选择顺应，并不一定表示组织是在非理性下所做的决定，而只是为寻求正当性目的所做的安排，与纯然要求经济效率的考虑在目的出发点上是具有差异的（D'Aunno & Price，1985）。此种目的上的差异，会反映出组织在特定结构设计是否具有理性角色或仅是具备象征性的角色而已。

2.3 协 同 创 新

2.3.1 协同

协同合作在企业经营策略上，很早就被广泛运用，在 20 世纪 90 年代中期，一些学者提出在产业供应链中，企业间的协同合作存在着不可或缺的地位。

很多学者给出了协同的定义。协同为各自独立又具有相关性的企业，通过合作获得资源共享和满足供应链中顾客特殊需求的能力（Narus & Anderson，1996）。协同为供应链体系中，顾客与供货商之间通过联合行动进行产品与制作过程的发展（Heide & John，1990；Corsten & Felde，2005）。协同合作为两个或多个部门，基于互相的了解、共同的愿景，通过资源分享以达成集体的目标（Stank et al，2001）。分享加强了对其他企业如何运作及制订决策的了解，使彼此能够更深入合作；协同合作是在书面合约之外，企业相互制订共同的目标（Mentzer，2001）。协同为两个或更多的独立企业，联合规划及执行供应链相关营运，以求得比单独经营更大的成功性（Simatupang & Sridharn，2002）。协同是指，因应时代变化，供应链伙伴将会积极合作并重新思考组织架构，尽可能提供以前无法做到的好、快、便宜的产品或服务。其成功要素即是供应链伙伴间自由地交换重要信息并保证达成共同目标。供应链协同作业可以增加供应链体系成员营运上的弹性，制造商能预先知道零售商的需求，并生产提供满足原先预期的供应量（Stank et al，1999）。

史密斯（Smith et al，1995）指出供货商与买方彼此间的关系必须建立在交换与互惠的基础下，通过合作关系的建立，各取所需的资源，因此，部分供货商与买方会在长期合作关系的基础上，建立互惠和信任的关系；芬利和斯瑞克斯（Finley & Srikanth，2005）则指出供应链协同合作为多家企业联合运作、分享制程、技术及资料，以求整体供应链价值最大化及其所服务的顾客价值最大化；协同合作在供应链中所占的重要性不言而喻，当企业想要发展迎合客户需求且降低成本的产品或技术时，往往可以通过协同合作来达成目标，合作是促使供应链管理发挥影响力的关键因素，在企业拟定的策略着重于少数几项关键技术时，供应链中外部成员技术与能力上的协助就变得更为重要，然而，随着科技的进步，为供应链协同合作提升到另一个新的层次，科技日新月异，使信息的创造、扩散、累积、移转更为简便，供应链成员通过协同合作及高程度信息分享的机制及订定标准化信息分享的类型与格式，彼此间的关系变得更为紧密，也更仰赖彼此核心能力的交流互动，有别于以往必须浪费许多人力、物力和时间成本的合作方式。协同的定义汇总见表 2 - 4。

表 2 - 4 协同的定义

学者	定义
Heide & Joho，1990	供应链体系中，顾客与供应商之间联合活动集中于合作产品与制程发展过程
Narus & Anderson，1996	各自独立但具相关性的企业，以求得资源分享和满足供应链中的顾客大部分的特殊需求的能力
Stank et al，2001	两个或多个部门，基于互相的了解、共同的愿景，分享资源以达成集体的目标
Mentzer，2001	供应链中的所有企业，具有分享信息、知识、风险及利润的特性，主动地合作完成集体的目标
Simatupang & Sridarn，2002	两个或多个独立企业联合规划及执行供应链相关运营，以求得比单独经营更大的成功性
Finley & Srikanth，2005	多家企业联合运作、分享制程、技术及资料，以求整体供应链价值最大化及其所服务顾客价值最大化

广义而言，协同合作不一定局限在供应商与采购商，而是广泛包含供应商、合作伙伴、配销商、服务提供商、客户等，一般来说可将供应链协同合作依据合作结构形式分为三种形类型：垂直式协同合作、水平式协同合作以及斜向式协同合作（郑春木，1997；Simatupang & Sridharan，2002），垂直型式的协同合作，涵盖对象往往是买方与卖方之间的关系，也就是供应链中的上游与下游携手并进，通过合作以突破单独营运时所面对的瓶颈，下游企业可得到较便宜价格的产品，上游企业则有稳定的下游客户来源，且公司能彼此分享发展计划与技术交流，以达到降低成本，提高营运效率；水平式的协同合作涵盖对象则为买方与买方，或是卖方与卖方之间的关系，从另一个层面来看，水平式的合作对象彼此间可能存在着竞争的关系，企业间通过协议契约，彼此间利益交换，各取所需，企业通过水平合作，也可间接比较对方的营运模式，以发现和消除自身在产品设计、外包、制造及物流活动上的隐藏成本；完全的协同合作是垂直式与水平式协同合作的动态结合，也是最有效率的协同合作方式，借着完全的协同合作，合作企业能获得效益最大化的优点，但往往由于合作伙伴间不易协调，所以此项合作方式困难度极高，最难以实现。随着全球化市场的来临以及网络所带来的便利性，现今的企业所面临的挑战与日俱增，以往企业单打独斗的现象已很少见到，取而代之的是跨越组织疆界的协同合作，通过协同合作，所带来的优势包含有效改善企业流程效率，降低成本浪费，提高顾客满意度，更重要的是，加速产品与技术创新的程度，以便企业能够迅速应对日新月异的市场。

综合国内外有关协同研究可知，协同学是一门跨学科发展的新理论，目前已经广泛地应用到社会科学中，而且开始在管理科学和创新研究中发挥重要作用。协同的定义可以总结为：系统内部各要素间、要素和系统整体间、系统与系统间的一种相互作用模式或者是机制，协同通常通过系统结构的构建作用，其最终目的是实现一种"2 + 2 > 5"的整体和部分效应。协同的具体特征见表 2 - 5（王方瑞，2003）。

表 2 - 5   协同的特征

特征维度	联系机制	
	协同机制	其他机制（如整合、协作等）
分析层次	要素和整体	要素
作用基点	系统结构重构	现有结构基础上的信息联系
效应	强调要素和整体的价值增加和创造，以及系统整体属性的质的变化，即 2 + 2 > 5	强调要素的价值增加和整体效率的提高，即 1 + 1 > 2
管理重点	最小控制和自我管理	最大控制
进化	强调有序的非平衡态，内部要素联系促进系统的不断进化，对环境有效适应	短期性，不涉及进化；或者是固化的流程，很难改变
内在机理	讲求系统的冲突和一致并存，通过一致取得效率，通过冲突取得发展和创新	系统取得一致性努力的过程，讲求和谐和相互匹配，因此有路径依赖性

2.3.2 创新

1. 创新的定义。

当企业在面对变幻莫测的市场及各种形式的消费者时，单靠一成不变的经营手法，是难以长久生存的，因此，企业突破困境的方法就是创新，企业在进行创新活动时，必须高度依赖内部资源，通过内部资源整合，才能创造出新的产品与技术来满足市场与消费者的需求，进而从中获取高额报酬，唯有持续创新，才能将企业推向高峰，所以创新策略适用于各行各业，从以往的传统产业到目前热门的电子信息产业及贴近我们生活的服务业，都必须依靠创新来吸引源源不绝的顾客。

创新的概念最早是由古典学派经济学者熊彼特（Schumpeter，1934）所提出的，他认为创新是驱动经济成长的主要动力，创新可以产生创造性破坏的效果，驱动产业技术的更新（Narayanan，2004）。创新包括五种情况：引入一种新产品，引入一种新的生产方法，开辟一个新的市场，获得原材料或半成品的一种新的供应来源，新的组织形式。熊彼特的创新概念包含的范围很广，如涉及技术性变化的创新及非技术性变化的组织创新。创新为一种从模糊到具体的过程，即把无法估计测量的不确定因素，转换成可以量化风险的过程（Schon，1967）；创新是创业家的特定工具，能够将改变当作机会，开发成为不同的事业，或提供不同的事业，或提供不同的服务；而创新也是一种组织化、系统化、理性化的工作，必须依靠严谨的分析，而非直觉性的（Drucker，1985）创新对于企业而言，乃是一种新鲜、高风险的创意，且需具备高度利润潜力，整体而言，企业在产品、制程或服务上的任何改变皆可视为一种创新（Souder，1988）；创新是企业创造一个独特竞争优势的方法，同时也是指开创一个具有潜力的新产品、方法或一套系统，或是创造一个新市场，或者改变竞争者或顾客的行为模式（Brown，1992）；创新是指一个新的想法，并可以将其应用到新的产品、过程或服务的开发或改善上，同时，也认为创新的层面应包含产品创新、新的生产过程技术、新的结构及管理系统、新的计划及管理方案（Robbins，2001）。创新是反映环境的改变或在组织中带来有关改变的方法，他们认为组织水平的创新可能包含新技术概念或新管理概念的完成（Damanpour & Evan，1984）。

创新是指公司内部任何生产或制造新产品的方法，包括产品样式的增加，生产过程的管理系统，组织结构与策略发展（Hill & Jones，1998）。创新是企业将其所提供的产品、服务及方法予以重新设计或改良，包含了产品的改善（产品的质量或是效益的改善）、新产品的改造（具备前所未有的产品属性）、生产成本的降低等活动（Ulusoy，2003；Tidd et al，2001）。由上述可知，创新是企业经营的关键成功因素，而创新不仅是指新产品、新技术或新概念的推出，也可以是一项新的流程或新的管理方法的实行，创新不只是企业在科技性上的成就，凡是使现存资源创造价值的方式有所改变，便可称之为创新（Drucker，1998）。

2. 创新的类型。

创新的类型也依照各种观点而有不同的分类方式。在分类观点上，有些学者以单一角度定义产品创新：如依创造性程度，将产品创新分为渐进型

（incremental）、综合型（synthetic）与突破型（discontinuous）三类（Tush-man & Nadler，1986）。渐进型创新是将标准生产线所生产的现有产品加以延伸，或附加一些特性；综合型创新是以创造性的方式结合现有观念或技术，对现有产品的部分制造流程重新设计或改造，保留传统流程的优点，去除不足，进而创造出具有特色的新产品。突破式创新则是运用或开发新的技术与创意，发展出全新的产品设计技术与流程。以技术变革程度将新产品分为原创型创新、采用型创新及产品改良三类（Holt，1983）。原创型创新包含产品基本形式在技术上的突破，以及微变型的技术改良创新；采用型创新包含纯粹模仿采用型的创新，以及适应性采用型的产品改良；产品改良则包含重大的与轻微的产品改良两类。

除单一观点外，许多学者以复数构面定义产品创新，如产品创新可依产品发展目标不同，以市场新颖度和技术新颖度两个构面把创新分为八类（Johnson & Jones，1956）：重新组合（reformulation）、再定位（replacement）、再销售（remerchandising）、产品改良（improved product）、产品线扩充（product line extension）、新消费者（new use）、市场扩充（market extension）和新事业（diversification）。约翰逊和琼斯（Johnson & Jones，1956）的分类使企业在进行产品创新时，可明确厘清该产品进行创新的目的与在企业内的产品策略定位。具体分类见图2－3。

此外，以对企业的新颖程度和对市场的新颖程度为两构面，将产品创新分为以下六类（Booz，Allen & Hamilton，1982）（见图2－4）：①全新产品（new-to-the-world），创造全新市场的产品；②新产品线的推出（new-to-the-company），公司首次推出已存在现有市场的产品；③增加现有产品项目（add to exiting lines），在既有的产品生产能力条件下，补充企业的产品项目；④改良更新（product improvements），增加产能或扩大认知价值而取代现有产品的新产品；⑤重新定位（repositioning）：现有产品目标转向全新或市场区隔；⑥降低成本（cost reduction），提供相同效用但更具成本效率的新产品。

产品开发目的	技术新颖度增加		
	技术无变化	技术改进	新技术
市场无变化		reformulation 重新组合	replacement 再定位
市场强化	remerchandising 再销售	improved product 产品改善	product line extension 产品线扩充
新市场	new use 新消费者	market extension 市场扩充	diversification 新事业

（左侧纵轴：市场新颖度增加）

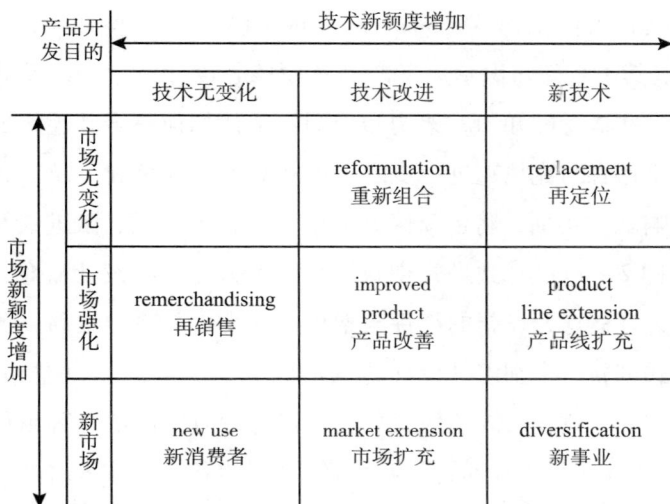

图 2 - 3 产品创新矩阵图

资料来源：Johnson & Jones，1956。

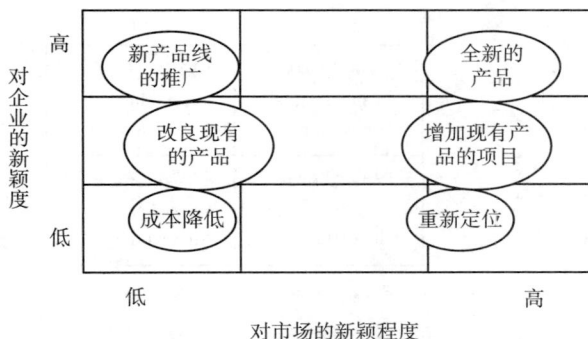

图 2 - 4 产品创新矩阵图

资料来源：Booz，Allen & Hamilton，1982。

亨德森与克拉克（Henderson & Clark，1990）则以产品结构的观点探讨创新，他们认为将技术变革区分为渐进式与激进式两类并不完整，有些既有企业在发展类似渐进式创新时，虽然既有技术面临的改变幅度不大，但却发展困难。由于产品由许多零件所组成，因此亨德森与克拉克主张在开发产品时，需同时具备组件知识（component knowledge）与架构知识（architectural knowledge）。其中组件知识是关于产品各项核心设计概念，以及如何于特定组件中实现这些概念的知识；架构知识则指组件如何整合并连结成一完整系统的知识。亨德森与克拉克进一步以"创新对组件的影响"及"创新对组件间联结的影响"两构面，将创新区分为模块式、渐进式、激进式及架构式四类创新（见图2-5）：①激进式创新，创造出新的核心设计概念，同时，也因应新核心设计概念开发新的组件与架构，此类创新将导致新主流设计的产生。②渐进式创新，个别组件设计的强化与延伸。至于组件的核心设计概念与联结方式则并未改变。③模块式创新，针对现有产品的几种组件及核心设计做摧毁式创新改变，但产品架构及组件之间的联结则并未改变。④架构式创新，以新方式联结既有组件，而每项组件的核心设计概念及相关科学、工程等知识则并未改变。组件在规格大小或附属设计参数等方面的改变将导致新的交互作用与联结方式，架构创新一般由此而生。

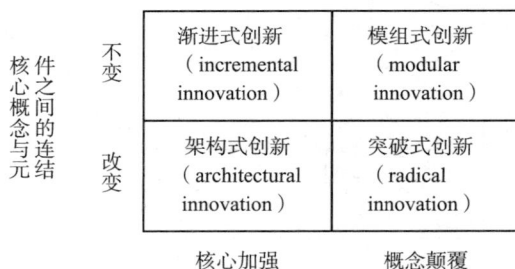

		核心加强	概念颠覆
核心概念与元件之间的连结	不变	渐进式创新 （incremental innovation）	模组式创新 （modular innovation）
	改变	架构式创新 （architectural innovation）	突破式创新 （radical innovation）

图2-5 创新活动的类型

资料来源：Henderson & Clark，1990。

创新主要来源于两股力量，一种是市场拉力，另一种是科技推力（Narayanan，2004）。市场拉力驱动的创新主要是针对某些特定市场需求，其次在于改善技术，而科技推力则主要在于改善技术，降低生产成本，次要目地才是满足市场需求。奥佛尔（Afuah，1998）提出创新来自五个方面：①公司内部价值链功能；②外部价值链中的供货商、顾客、互补创新者；③大学、政府及私人实验室；④竞争者与相关行业；⑤其他国家或地区。由此看来，创新和企业本身及供应链成员是息息相关的。

2.3.3 协同创新

目前理论界和实践界都在积极推动协同合作创新活动，进而带动整个产业的升级。在整个协同创新网络中，企业通过彼此技术与信息的交流，在产品与技术创新上均有进一步的提升。在学术上，也有许多研究指出通过协同合作创新网络，能使参与企业的效益有显著的进步，在古普塔和索德（Gupta & Souder，1999）的研究中，通过分析新产品开发项目的资料后，指出在产品协同创新研发的过程中，协同企业参与的程度越高，越能降低新产品开发周期；凯斯勒（Kessler，2000）研究不同产业的产品开发项目后，指出一些能妥善运用外部意见与技术的企业，其开发成本会相对较低；艾森哈特和大不里士（Eisenhardt & Tabrizi，1994）在研究计算机产业时发现，通过协同合作创新机制开发新产品与技术可以有效地缩短产品与技术的开发周期；芬尼（Finn et al，2001）等人指出在许多产业的协同创新过程中，产业领导者会赋予参与的合作企业设计、开发及制造的责任，主要目的在于善加利用合作企业专业的核心技术能力，以改善产品开发的效率与效能。产业领导者也能分散部分开发成本与责任；拉加茨（Ragatz，1997）通过对 60 家企业的分析，也发现在产品与技术协同创新的过程中，由于有协同企业的参与，对于原材料的质量、技术提供与运用、开发成本及周期皆有正面的帮助。而通过提升参与企业在创新开发过程中的角色，协同创新网络的领导者能更有效地纳入其余参与企业的意见，以有利于产品的改善；整合上述学者观点可知，通过协同创新网络的建构，整个网络的参与企业，无论是网络领导者抑或是合作企业，皆可获得以下优势：①产品与技术的开发周期与成本能有效降低；②通过协同创新，参与企业能获取新产品、新技术的信息，并在协同创新过程中，共同承担产品与技术的开发责任与风险；③协同创新对于产品质量的提升及其所产生的效益会带来正面的影响。

科瑞指出，协同是指组织间的相互配合和合作，协同作用可以实现单个组织难以实现的"1＋1＞2"的效果。协同创新是指企业自身主动的与其他组织合作成立研发和科技创新项目工作（Tether，2002）。协同创新是指企业为了开发新产品和新技术，通过网络架构并利用合作伙伴与自身竞争优势的结合来进行产品与技术服务的研发（Walters & Rainbird，2007）。协同（合作）创新是合作双方基于关系资本并依赖于双方吸收能力构建的合作现象（王雎和罗珉，2008）。从广义角度来讲，协同创新是指企业为了实现提高创新成功率、降低创新风险、增强技术或资源积累，在创新全过程中与其他创新行为主体实现合作的组织安排（兰建平，2008）。虽然协同创新的概念还没有得到统一界定，但是企业参与和组织协同创新行为的动机和由此获得的优势是非常明显的：降低产品与技术的开发周期与成本、获取关键的知识和资源、提升产品质量及企业效益等。结合学者们的研究，本书把集群企业的协同创新界定为集群企业为了降低成本、改善产品品质及提高创新成功率，与其他创新企业实现合作的组织安排。

沃尔特和雷恩伯德（Walters & Rainbird，2007）将协同创新的形式区分成流程协同创新与产品协同创新，流程协同创新指的是在新产品与服务的生产过程中导入协同企业的创新技术，产品协同创新指的是在现有或即将开发出的产品与服务中导入协同企业的创新技术。林泰成（2002）在探讨模具产品协同创新的研究中，将其划分为开放式与封闭式两种类型，开放式协同创新强调利用新合作伙伴的资源进行产品创新，封闭式协同创新强调利用原合作伙伴的资源进行产品创新。谢芳（2006）等学者对协同创新模式的划分采用了波特的价值链分析法，把协同创新模式划分为了采购协同、基础设施协同、技术协同、生产协同和市场协同。现有文献关于协同创新分类的研究较少，且大都简单地采用了创新的分类方法。而技术创新分类研究的文献比较多且已成熟，尤其是亨德森与克拉克的分类方法，被广泛效仿和采用。亨德森与克拉克（1990）将技术创新分为渐进式与根本式创新两类。并以创新对元件的影响和创新对元件间联结的影响两个维度，进一步将技术创新分为模组式创新、渐进式创新、架构式创新和突破式创新四种类型。受亨德森与克拉克分类方法的启发，本研究将按照协同创新所要达到的目标和程度，且同时采用两维度的方法划分协同创新的类型。

谢邬等（Sheu et al, 2006）认为互动、信任等社会因素以及科技因素如信息科技能力、信息分享等会影响供应链协同合作的程度，协同合作则能改善供应链绩效。西马图庞和斯里达兰（Simatupang & Sridharan, 2004）提出信息分享、决策同步化与动机一致性可以促进供应链协同合作，而协同合作则能改善供应链整体绩效。并且在西马图庞和斯里达兰（Simatupang & Sridharan, 2005）后来的研究中，还以信息分享、决策同步化及动机一致性作为衡量供应链协同程度的指标。王琛和王效俐（2007）认为产业集群的技术创新是一个协同创新的过程，促进集群技术的协同创造是提升集群创新能力和技术能级的关键。集群创新活动是由点（企业）及线（关联企业链条）到面（集群整体）的过程。沟通、选择、学习和搜寻机制会促进集群技术创新协同。田中伟（2003）认为创新技术在集群内具有公共产品的特性，因此容易滋生"搭便车"的行为，而合作性的技术创新能较好地解决这一问题，并能充分发挥集群创新优势。从以上文献可以看出，学者们都强调了信息分享和学习机制对于协同创新的作用。目前集群企业之间协同创新的研究尚少，尤其是实证研究，而集群企业协同创新是国外产业集群重要的创新战略。

2.3.4 小结

本小节对相关研究进行回顾与归纳，主要分为三个方面：①协同的内涵，协同的定义可以总结为：系统内部各要素间、要素和系统整体间、系统与系统间的一种相互作用模式或者是机制，协同通常通过系统结构的构建作用，其最终目的是实现一种"2＋2＞5"的整体和部分效应。②创新及创新的分类。创新是企业经营的关键成功要素，而创新不仅是指新产品、新技术或新概念的推出，也可以是一项新的流程或新的管理方式的实行，创新不只是企业在科技性上的成就，凡是使现存资源创造价值的方式有所改变，便可称之为创新。创新的分类有很多种，亨德森与克拉克以"创新对组件的影响"及"创新对组件间联结的影响"两构面，将创新区分为模块式、渐进式、激进式及架构式四类创新，该种创新分类方法被普遍运用，本文的协同创新分类也是在此基础上修订而成。③协同创新。企业参与和组织协同创新行为的动机和由此获得的优势是非常明显的：降低产品与技术的开发周期与成本、获取关键的知识和资源、提升产品质量及企业效益等。结合学者们的研究，本书把集群企业的协同创新界定为集群企业为了降低成本、改善产品品质及提高创新成功率，与其他创新企业实现合作的组织安排。受亨德森与克拉克分类方法的启发，本研究将按照协同创新所要达到的目标和程度，且同时采用两维度的方法划分协同创新的类型。

2.4　知　识　搜　寻

2.4.1　知识搜寻的内涵

搜寻（search）的概念可追溯到希尔特与马奇合著的《企业行为理论》，指通过搜寻不同的知识基础或利用外部知识获取新的创意与知识，以促进组织创新（Cyert & March，1963；熊伟等，2011）。搜寻是一个问题解决过程，是组织通过重构、迁移和操作原有知识来创造新的知识（Katila & Chen，2008；March，1991）。知识搜寻是组织科学、行为科学、演化经济学与决策理论等诸多学科的核心概念。知识搜寻是其网络成员的一个重要而基本的知识学习活动。关于知识搜寻的界定，早期学者将其简单地定义为：从外界对知识的搜寻和获取（Nelson & Winter，1977），之后赫伯（Hubber，1991）将其看成组织学习的一部分，进一步丰富了知识搜寻的内涵边界。在学习的过程中，知识搜寻往往受其他知识活动如知识转移的影响，同时也会对组织的知识学习绩效产生影响。

随着研究的不断深入，很多学者进一步拓展了知识搜寻概念的外延，他们的研究指出（Stuart & Podolny，1996；Koput，1997；Katila，2002；Katila & Ahuja，2002；Mahdi，2003；Laursen & Salter，2006），知识搜寻不是狭义上的仅仅指对知识进行寻找与获取的活动与过程，而是已被界定为广义概念，即知识搜寻的过程除了知识寻找、获取外，还包括知识整合、知识利用等基本活动与流程。这一定义使得知识搜寻的定义更加宽泛，研究者可以从一个更加动态的、更加系统的角度对知识搜寻进行剖析和探索。鉴于研究的需要，学者们还提出与知识搜寻密切关联的概念，如创新搜索（为提升现有知识和产品技术而从事的问题解决活动）（Nelson & Winter，1982），跨界搜索（跨越组织与技术边界而进行搜索解决方案的行为）（Rosenkopf & Nerkar，2001）与组织搜索（组织为了解决问题或尝试新想法而进行的信息搜集过程）（Wu & Shanley，2009）等。从上述概念界定可知，虽然各概念定义视角不一，但其本质皆为组织通过搜索、获取与利用外部通道知识解决不确定世界中的问题。

在知识经济时代，搜寻对企业的创新具有极其重要的作用。集群网络从另一视角可视为知识网络，知识搜寻是其网络成员的一个重要而基本的知识学习活动（高忠仕，2008）。本书借鉴了以上学者对知识搜寻界定的相关观点，采用了知识搜寻的广义概念，即集群企业对外部知识进行搜寻、获取、整合与利用的整个活动过程。

2.4.2 知识搜寻的分类

基于多元理论构建需要，学者们从不同的视角对知识搜寻构念维度进行划分，总体上，主流文献依循搜寻涉及的领域、搜索行为特征、搜索距离、资源异质性与搜索知识的新旧程度等细分知识搜寻的维度。

按照搜索知识涉及的领域，一些学者将知识搜寻分为产品知识搜寻（product knowledge search）和工艺知识搜寻（process knowledge search）（Katila，2002；Katila & Ahuja，2002）。产品知识搜寻涉及产品技术思想创造与重新整合的一系列产品问题解决的活动，主要指组织对与产品开发相关知识的搜寻与获取，并把这些知识整合运用到解决组织现有产品问题与新产品开发中，不断推出新产品以提升组织绩效。而工艺知识搜寻重点指组织对其产品生产的工艺、流程、技术与方法等方面的知识进行搜寻与获取，并将这些知识加以整合并运用到工艺优化与生产技术改进上，最终提升组织绩效。

按照知识搜寻的行为特征，一些学者将知识搜寻划分为搜索宽度（breadth）和搜索深度（depth）两个经典维度（Katila & Ahuja，2002；Laursen & Salter，2006；Hwang & Lee，2010；等等）。知识搜寻宽度指组织搜寻、获取、整合与利用外部知识的幅度与范围，即组织在知识搜寻中，所搜索外部知识领域的广阔程度、所搜索外部知识的数量水平以及所使用外部知识搜寻通道的数量水平。而知识搜寻深度指组织搜寻、获取、整合和利用外部知识的纵深程度，即组织在知识搜寻过程中，所搜索外部知识的提取强度、所搜索外部知识的利用强度以及所使用外部知识搜寻通道的密集程度（高忠仕，2008）。

按照搜索知识的地域距离可将知识搜寻分为本地知识搜寻（Nelson & Winter，1982；Helfat，1994；Stuart & Podolny，1996；Martin & Mitchell，1998）和远程知识搜寻（March，1991；Miner，Bassoff & Moorman，2001；Katila & Ahuja，2002；Ahuja & Katila，2004），这两类知识搜寻的目标源都为组织外部的知识源。其中，本地知识搜寻（local knowledge search）指的是搜索熟悉、成熟或临近的知识活动，搜寻到的知识与组织原有知识基相关联。本地搜索比远程搜索风险小，成本低，而且能够加深搜索的深度和专业性，但本地搜索通常只能引发渐进性创新（Rosenkopf & Nerkar，2001）。而远程知识搜寻（distant knowledge search）是指搜索陌生与远距离的知识活动，通常跨越了组织原有惯例、知识基、科技、区域及国家边界，搜寻到的知识与原有知识基相关程度低。远程搜索有助于企业发现异质性知识，进而可能带来颠覆式创新，但同时也伴随着搜索和整合成本高昂的风险（Phene et al，2006）。

此外，从资源异质性来源这个视角，有学者将知识搜寻分为科学搜索（science research）与地理搜索（geography research）（Ahuja & Katila，2004）。科学搜索是指组织为防止其技术枯竭、突破其技术基础限制而进行的技术与知识的搜寻与获取活动。而地理搜索是指组织为了解决当地的技术问题、进一步拓展其技术与知识基础，以及进行跨地区与国家的市场扩张而开展的技术与知识搜寻。他们深入地解释了资源异质性源自两种特殊情形：技术枯竭与跨国市场扩张，即一种为未预期的问题，另一种为未预见的机会，这两种情形致使新的知识搜寻路径的产生，通过科学搜索与地理搜索使组织获取了不同的技术与知识资源，从而在不同组织中产生了资源异质性（高忠仕，2008）。

按照搜索知识的新旧程度，即知识搜寻是利用原有知识还是探索新知识，知识搜寻可划分为利用式知识搜寻和探索式知识搜寻（March，1991；Miner，Bassoff & Moorman，2001；Katila & Ahuja，2002；Laursen & Salter，2006；Koc & Ceylan，2006）。利用式知识搜寻（exploitation knowledge search）指组织侧重于对原有知识进行搜寻、获取并加以整合与利用，通常表现为组织按照已知的、试验证明效果良好的常规方向对现有技术、知识以及解决方法进行搜寻与获取，并通过整合产生新的技术、知识与解决方法的组合。而探索式知识搜寻（exploration knowledge search）注重搜寻与探索新知识，组织往往按照未知的、不确定的新方向对新技术、知识以及全新的问题解决方法进行搜寻与获取，并将它们加以运用以提升组织绩效。探索与利用的相关研究，详见表 2 -6。

表 2 - 6 探索与利用的相关研究概要

代表作者	研究概要/主要观点
Ahuja & Katila, 2004	创造路径性搜索（path-creating search）是探索；更多样化的搜索往往意味着更大程度的探索（衡量搜索多样性）；对科学以及不同市场的知识搜寻
Ahuja & Lampert, 2001	用知识距离界定探索和利用，而不只是将搜索分为本地和遥远搜索（distant search）；定义了三种水平的遥远搜索，即将企业的新知识分为"对本企业来说是新的""对本行业来说是新的""对世界来说是新的"；仅讨论了技术方面的知识搜寻
Benner & Tushman, 2002	据技术搜索活动来定义探索和利用；本地搜索是利用，跨界搜索是探索
Bierly & Daly, 2007	探索是用尝试着用全新的想法或方式做事；利用是涉及完善和挖掘现有的知识，注重现有活动的效率
Cantwel & Mudambi, 2005	能力创造型下属单位代表探索；能力开发型下属单位代表利用。不同性质和水平的研发
Cesaroni, Minin & Piccaluga, 2005	投资于企业主要业务，通过建立联盟获取互补性资产是利用；投资于新技术的研发是探索
Danneels, 2002	由产品创新所使用能力的两个维度（技术和市场）来定义探索和利用。探索是指开发新技术服务新客户；利用是指加强现有技术为现有客户提供服务
Dowell & Swaminathan, 2006	探索被界定为一个企业技术轨迹的多样性
Faems, VanLooy & Debackere, 2005	探索合作是去创造新的能力，如与大学和研究机构的合作；利用合作则更侧重于技术和产品的互补性，如与顾客和供应商的合作
Greve, 2007	搜索新技术是探索（外在）；寻找新市场是利用（内隐）
Hagedoom & Duysters, 2002	探索性联盟的设立通常是为了探索新的技术机会；利用性联盟帮助企业商业化通过探索所获得的技术
He & Wong, 2004	针对新兴产品市场的技术创新活动是探索；针对改善现有产品市场的技术创新活动是利用
Jansen, VanDenBosch & Volberda, 2006	将探索和利用定义为在顾客/市场方面对现有的或是新的知识的搜索
Jayanthi & Sinha, 1998	探索是为了满足未来的市场需求进行的技术搜索；利用是为了满足目前的市场需求的技术搜索

续表

代表作者	研究概要/主要观点
Katila & Ahuja，2002	搜索广度的定义是一个企业的知识搜寻的范围，反映企业的探索程度；搜索深度描述了企业对现有知识的利用程度，反映企业的利用程度
Morn，Van DenBosch & Volberda，2007	管理者的探索活动包括：寻找关于产品、服务、过程或市场的新的可能性，这需要学习新的技能和知识。管理者的利用活动包括：为现有客户提供现有的产品/服务，这需要已有知识和经验的积累
Nerkar，2003	对于技术搜索而言，时间近的是利用，时间远的是探索
Nerkar & Roberts，2004	利用了技术和市场搜索来定义探索和利用。距离远的关于技术和市场的经验是探索，距离近的关于技术和市场的经验是利用
Perretti & Negro，2007	重组旧的、重用现有的、利用已有的知识是利用；将旧的和新的重组起来（雇用新员工）是探索
Rosenkopf & Nerkar，2001	将探索和利用定义为关于跨越组织边界（空间）和跨越技术边界（技术）的搜索的组合
Van Looy，Martens & Debaekere，2005	利用是投资于该技术的生命周期利润丰厚的一部分；探索是投资于该技术生命周期的不同阶段

资料来源：根据 Li，Vanhaverbeke & Schoenmakers，2008；马如飞（2009）整理。

尽管不同的学者采用不同的维度划分，但本质上反映了组织既需要利用熟悉知识，也需要探索新知识这一根本问题。因此，本研究将企业的知识搜寻策略划分为探索式搜寻和利用式搜寻两种类型。探索式知识搜寻是指尝试全新的知识，或实现知识之间的全新组合；利用式知识搜寻是指重构熟悉的知识，或改进以往曾使用的知识组合。

2.4.3　知识搜寻与创新绩效的关系

学者们从宽度和深度二分法视角实证检验了不同国家不同行业情境下，

知识搜寻水平对创新绩效的影响，大都得到了知识搜寻宽度及知识搜寻深度与创新绩效呈现倒"U"型关系这一结论。例如有研究（Katila & Ahuja，2002）以欧洲、日本与北美机器人行业为例，研究了企业知识搜寻水平对新产品开发绩效的影响，通过对行业专利数据的引用分析表明，搜索深度与新产品开发绩效呈倒"U"型相关。沿循以上两位学者的研究思路，有学者（Laursen & Salter，2006）以英国 2707 家制造业创新调查数据为基础，通过对 16 种外部知识源使用数量和程度测度企业知识搜寻水平，回归结果发现知识搜寻宽度、深度与创新绩效均呈倒"U"型关系。他们的研究结果激发了同行的兴致和关注，学者们基于不同的国别情境展开跨文化对比研究。有学者（Wu & Shanley，2009）通过对美国电子医疗设备行业 10 年（1990 ~ 2000年）专利引用数据分析表明，探索性知识搜寻宽度与创新绩效之间也存在倒"U"型关系。还有学者（Hwang & Lee，2010）立足于韩国创新调查，通过对 123 个信息与通信企业样本统计分析发现，知识搜寻宽度与渐进式创新绩效同样呈倒"U"型相关。针对实证研究结果，学者们深入探析了知识搜寻对创新绩效产生倒"U"型影响的内隐机理。

学者们（Katila & Ahuja，2002）对这种现象的内在机理进行了分析，他们认为增加搜索宽度使得知识来源更加丰富，异质性知识的重组导致了组织创新绩效的提升。然而，当搜索宽度超过一定水平就会增加异质知识的整合成本和困难，从而降低企业创新绩效，因而知识搜寻宽度对创新绩效的影响呈现先升后降的倒"U"型关系。同样，增加搜索深度可促进惯例的形成，使得搜索更迅捷，从而正面影响组织创新绩效。但是，过深的搜索也会导致搜索的边际收益递减，以及使组织陷入"能力陷阱"等问题，从而负面影响组织创新绩效，因而知识搜寻深度对创新绩效的影响也表现为倒"U"型相关。

学者们还从组织边界和技术边界两个维度对搜寻行为开展广泛研究。例如，有学者（Rosenkopf & Nerkar，2001）发现仅跨越组织边界的搜寻行为显著影响行业内技术演化，而组织、技术双跨界搜寻行为还显著影响行业外的技术演化；有学者（Ahuja & Lampert，2001）则发现搜寻行为除了影响创新绩效还有利于组织实现突破性发展；更多的发现还包括跨组织边界搜寻会引发更多的跨技术边界搜寻，通过整合跨界知识能提升组织创造新知识的能力。实证研究还得出了搜寻战略对创新倾向的结论。还有学者（Laursen & Salter，2004）发现搜寻战略的开放性正向影响企业深度利用大学知识的倾向。知识搜寻行为有利于新创企业的国际化进程（Grimpe et al，2009）。

知识搜寻对创新绩效的影响一直是组织搜索理论研究的焦点。一些代表性学者的研究成果（Katila & Ahuja，2002；Laursen & Salter，2006）引出当前搜索理论一个前沿研究议题，即知识搜寻的平衡问题。未来研究应关注组织如何确定搜索平衡策略以获取最优创新绩效。

2.4.4 小结

国内外学者对知识搜寻已有较多的研究，本小节对这些相关研究进行回顾与归纳，主要分为三个方面：①知识搜寻的内涵，在现有学者研究基础上，本研究采用了知识搜寻的广义概念，把知识搜寻定义为集群企业对外部知识进行搜寻、获取、整合与利用的整个活动过程。②知识搜寻的分类（即按知识搜寻不同分类方式，可划分为本地与远程知识搜寻、利用式与探索式知识搜寻、产品与工艺知识搜寻等不同类型）。尽管不同学者采用不同的分类方法，但本质上反映了组织既需要利用熟悉知识，也需要探索新知识这一根本问题。因此，本研究将企业的知识搜寻策略划分为探索式搜寻和利用式搜寻两种类型。探索式知识搜寻是指尝试全新的知识，或实现知识之间的全新组合；利用式知识搜寻是指重构熟悉的知识，或改进以往曾使用的知识组合。③知识搜寻与创新绩效之间的关系。在探讨知识搜寻对创新绩效的影响作用方面，多为一些实证研究，对于两者之间的关系还没有一致性的结论。

2.5　本章小结

以往组织同构、知识搜寻及协同创新相关研究虽然取得了一定的成果，但综观这些研究，在下列方面有待于进一步拓展和深化：

（1）集群企业协同创新的研究尚少，其构念有待开发。目前国内外协同创新方面的研究主要集中在三个方面：一是技术创新过程各环节的协同；二是技术创新各要素之间的协同；三是技术创新主体间的协同。关于供应链企业之间的协同创新研究较少，而集群企业协同创新是国外产业集群重要的创新战略，且集群企业协同创新的界定、构成和测量也没有一致性意见。现有协同创新的分类研究大都简单地采用了创新的分类方法，且采用的都是单维度的划分方法。而这种体现概念差异的类型研究，不利于概念的收敛和理论的进一步发展（Teece，2010）。本书受亨德森与克拉克产品创新分类方法的启发，将同时考虑集群创新的目标（或程度）和协同企业的作用，采用双维度的方法分析协同创新的结构组成，这种分类方法将有助于集群企业进行产品／服务创新时的规划与执行。

（2）集群企业组织同构现象与协同创新的关系有待探究。虽然迪马乔和鲍威尔组织同构三机制的划分方法被大家广为使用，但其是否适合集群情景中的企业尚不能确定，因此，集群企业组织同构现象概念的构成还需进一步探索和验证。且现有文献对于组织同构与企业创新两者的关系还存在不一致的意见，一些学者认为组织同构现象会促进企业创新，另外一些学者认为组织同构现象会阻碍企业创新。结合文献和调研，本研究认为二者之间很可能存在倒"U"型关系，且集群企业组织同构对不同类型的协同创新影响也是不一样的。另外，集群企业组织同构对协同创新的影响还会受到外部环境因素和组织情境因素的调节作用。

（3）集群企业组织同构现象对协同创新作用过程的黑箱有待打开。现有关于集群企业组织同构与创新绩效关系的研究都是探讨二者之间的直接影响关系，虽然一些学者在讨论两者关系时都假定组织同构想象会通过影响知识的获取影响企业创新（Liao，1996；Inzelt，1996；Hausman，2005；Salmeron & Bueno，2006），但对这一作用过程缺乏深入的探讨和验证。本研究认为知识搜寻策略是集群企业组织同构现象对协同创新作用过程的非常重要的中介变量，集群企业组织同构现象是通过影响企业的知识搜寻策略影响协同创新的，且三者的关系还会受到外部环境因素和组织情境因素的调节作用。

（4）集群企业组织同构现象的形成机制有待探讨。现有文献对于组织同构现象的形成机制主要有种群生态学、制度理论和战略选择观点三种观点，在进行组织同构的讨论时大多采用制度观点。制度理论虽然常以不同构式被使用于组织理论中，但它仍被认为是最适合用来解释组织同构与制度规范的建立现象，且此类文献及理论最为完善（DiMaggio & Powell，1988；Scott，1987）。种群生态学和制度理论对组织同构的理解不尽相同，但二者并不冲突矛盾，结合两种学派的观点，可以更加全面地认识和理解组织同构。大多数组织同构的实证研究都是基于制度理论展开的，且针对不同的研究问题重点研究了某一个或几个因素的影响，研究视角较为单一。本书将以制度理论为基础，结合种群生态学理论，提出一个较为全面综合的集群企业组织同构现象形成机制的理论框架，且会考虑组织因素与外部环境的匹配对组织同构现象形成的影响，构建权变视角下集群企业组织同构现象的形成机制。

第3章　集群企业组织同构的构成与测量

3.1　引　　言

集群企业组织同构现象的结构维度是整个研究要解决的首要问题。本书把集群企业组织同构现象的结构维度划分为强制同构、规范同构和模仿同构三个维度，在相关文献和案例研究基础上，编制组织同构现象结构维度的研究问卷；然后通过探索性因素分析和验证性因素分析技术，进一步探索并验证组织同构现象结构维度的结构模型。

3.2　集群企业组织同构的结构分析

关于组织同构的划分方法，学者们根据研究对象的不同采用了不同的划分方法（详见表 3 - 1）。迪马乔和鲍威尔（1983）提出了因制度环境力量所导致的三种同构类型：强制同构、模仿同构和规范同构，并强调结构性同构为一种竞争与制度化过程的重要结果。以上三种同构机制都是为了企业的资源与顾客、政治权力和制度的合法性以及适应社会与文化（王信贤，2002）。大部分学者都是以迪马乔和鲍威尔提出的三种同构机制为基准，针对一种（Galaskiewicz & Burt，1991）或两种（Galaskiewicz & Wasserman1989；Haveman，1993；Deephouse，1996；Dacin，1997；Davis，Deasi & Francis，2000；Henisz & Delios，2001；Yiu & Makino，2002；Lu，2002）同构的机制或压力进行探讨，因此，本书也采用迪马乔和鲍威尔（1983）组织同构的划分方法，把组织同构分为强制同构、模仿同构和规范同构三种类型，并通过实证分析进行验证。

表 3 – 1   组织同构类型的划分

学者	同构压力的来源	同构的类型
DiMaggio & Powell, 1983	• 政治的力量 • 不确定性的力量 • 专业机构的力量	强制性同构 模仿性同构 规范性同构
Galaskiewicz & Wasserman, 1989	• 不确定性 • 网络关系（结构对等性）	模仿性同构
Mezias, 1990	• 国家政府 • 专业机构 • 个人组织	与制度环境同构
Oliver, 1991	• 战略性选择	组织同构
Galaskiewicz & Burt, 1991	• 结构对等性	模仿性同构
Haveman, 1993	• 组织间网络特性 • 不确定性的程度 • 组织典范	模仿性同构
Deephouse, 1996	• 政府管制者 • 大众意见（媒体）	模仿性同构 规范性同构
Dacin, 1997	• 制度规范的力量 • （国家、其他主导企业、专业机构） • 任务需求的不确定性	规范性同构 模仿性同构
Davis, Deasi, Francis, 2000	• 当地国的制度环境 • 母国公司的内部制度环境	进入模式之同构
Henisz & Delios, 2001	• 市场环境的不确定性	模仿性同构
Yiu & Makino, 2002	• 当地环境 • 组织内子单位间的同构模式 • 当地人民的规范压力	进入模式之同构
Haunschild & Miner, 1997 Lu, 2002	• 从众式模仿 • 从型式模仿 • 从效式模仿	模仿性同构

学者	同构压力的来源	同构的类型
陈慧芳，1997	• 政治性压力 • 竞争性压力 • 法规性压力 • 规范性压力	实务同构 结构同构
庄正民、朱文义、黄延聪，2001	• 制度环境—制度理论观点 • 任务环境—资源依赖、 • 交易成本、社会网络观点	组织形态 协调机制

3.2.1　强制同构

强制同构是指组织间相互依赖所产生正式或非正式压力的结果，场域内居于核心地位的个体，往往会凭借着自身强大的力量试图去影响其他个体行为（Teo，Wei & Benbasat，2003）。另外它也有可能通过源自于组织所处社会中的期望压力，使得个体依靠运用直接的权威关系来迫使其他组织产生同构（Meyer & Rowan，1977）。

强制性的压力会迫使企业改变自身的结构以符合要求，特别是当企业高度依赖另一外部组织时，该企业会在组织结构、气候和行为上与其所依赖的组织更为相像。在某些情况下，组织改变可能来自于政府管制规范，合法管制机关会影响组织的行为与结构，强制它们顺从这些压力以获得在场域中存在的合法性。场域内居于核心地位的个体往往会凭借着自身强大的力量试图去影响其他个体。其中，最具代表性的莫过于国家所制定的政策及法规（Zhu & Sarkis，2006；Chien & Shih，2007）。

在强制同构的情况下，不同方向的环境压力可以转化为说服力或是参与能力，组织为求生存则必须对这些强制性的力量加以响应并服从。过去研究发现，联合企业增加其规模与营业范畴并非只为了提升组织表现，主要是受到其他同行也采用多样化策略，迫使它们必须采取相似的决策。此外，强制同构并非只来自直接压力的影响，组织也有可能受到间接的影响，例如场域内其他组织若采用较自由的经营结构，亦会影响组织采用平等开放的经营结构，以获得在环境中的支持与正当性。

迈耶和罗恩（Meyer & Rowan，1977）指出国家政府等大型的组织，皆会不断扩张其支配地位以及试图跨越社会各个领域，如此一来，组织的结构便渐渐反映出国家合法化后的制度特征，遵行社会制度的典礼、仪式也会增加，在此强制性力量下，将限制及迫使组织遵循其规定，因而产生一系列组织同构的现象。

有学者认为组织之间的权力具有强制同构的力量，使得组织的行动会受制于其他更有权力组织（Mizruchi & Fein，1999）。赫斯（Henisz，2000）研究跨国公司投资的制度环境也发现，当公司知觉到政治风险、压力时，会采取一系列缓和的行动，此行动会导致成本上升、利益递减，并非是以追求最大效率为考虑；此行动很明显地是为了追求合法性。也有学者的研究发现工作场所的合法性，主要是受到强制性压力的影响，为了响应内部压力或任务环境的需求所引起，即受到政府关注工作场所的合法性、正当性所影响（Sutton，Dobbin，Meyer & Scott，1999）。

本研究将强制同构相关研究文献整理见表 3 – 2。

表 3 – 2　　　　　　　　　　　强制同构相关研究

学者	研究发现	对象	方法
Mizruchi & Fein，1999	组织之间的权力具有强制同构的力量，使得组织的行动会受制于其他更有权力的组织	公共部门	量化
Sutton et al，1994	强制同构主要是受到强制性压力的影响，为了响应内部压力或任务环境的需求所引起，即受到政府关注工作场所的合法性、正当性所影响	公务人员	量化

学者	研究发现	对象	方法
Henisz，2000	当公司知觉到政治风险、压力时，会采取一系列缓和的行动，此行动会导致成本上升、利益递减，并非是以追求最大效率为考虑，此行动很明显的是为了追求合法性	跨国投资企业	量化
Teo et al，2003	强制压力会迫使企业改变自身的结构以符合要求，特别是当企业高度依赖另一外部组织时，该企业会在组织结构、气候和行为上与其所依赖的组织更为相像	企业高层人员	量化
毛秀云，2006	政府法规的强制力量与组织同构的过程呈正向的关系	食品渠道	量化
Liang et al，2007	由外部环境所造成的压力会间接通过组织内部高层主管的态度影响组织的同质化程度	企业高层人员	量化
Shi et al，2008	来自于外部的强制压力会强烈影响企业采用网络银行的决策同构行为	银行业	量化

3.2.2　模仿同构

模仿同构是指组织面对不确定的环境时，为了降低失败风险，通过模仿其他典范组织或标杆组织而产生的学习结果。由于受到环境不确定性和风险的影响，企业会通过借鉴其他典范组织的既有成功运作模式，作为自身参考依据来降低决策判断错误的可能性，进而通过学习模仿而自然地使组织间彼此产生同构的现象（March & Olsen，1976）。

根据迪马乔和鲍威尔观点，模仿同构所带来的最大好处在于经济效益，通过模仿降低组织搜寻与决策错误的成本，而场域中的典范模式是组织用来降低不确定性的响应策略，被模式化的组织本身可能未知觉它们已被形塑为模仿的目标，事实上它们被其他组织用作是模仿的共通来源，而组织间的典范模式可能是无意间被散布的，例如通过员工的离职、相同顾问公司所提供的建议等关系网络所传递；哈夫曼（Haveman，1993）也认为当制度环境变动过大与信息不充分的情况下，组织为降低风险，会利用组织间的关系网络学习其他在同一制度环境下的成功者，以帮助组织完成预期的目标。

有学者的研究结果指出，当组织面临不确定性，决策制定者将会模仿在相同环境里其他行动者的行为（Galaskiewicz & Wasserman，1989）。即企业会因为主观性及不确定性，选择模仿周遭环境的群体（Fligstein，1987）。而网络关系对于模仿过程也很重要，决策者不只会模仿他们认为成功的组织，更有可能会去模仿在他们的网络里所认知以及信任的企业。有学者假设跨国公司会采取模仿的行为来选择进入模式，虽然采取跟随领导者的进入策略不保证一定会成功，但至少可以增加组织合法性与降低不确定性（Yiu & Makino，2002）。陆（Lu，2002）通过对日本企业海外子公司进入模式的研究发现，后期进入者倾向跟随早期进入者的进入模式，同时公司内部也存在同构策略；即公司在一段时间内皆运用一致的进入模式。迪普赫斯（Deephouse，1996）的实证研究发现，组织模仿产业内相同的结构、战略及惯例能获得政府管制者更高的认可，此模仿行为与合法性具有显著的正向关系。组织遵循政府管制者的期望能获得更多的合法性，而组织绩效与政府的认可程度也为正向关系。也有学者研究发现，当市场环境不确定性高时，组织较有可能模仿其他母国公司过去在当地的设厂决策，即模仿性同构（Henisz & Delios，2001）。

本研究将模仿同构相关研究文献整理如表 3-3 所示。

表 3-3　　　　　　　　　　　模仿同构相关研究

学者	研究发现	对象	方法
Scott，1987	主张在组织参与者在不确定的状况下会倾向去遵循一般普遍实务准则，模仿更现代化、更适当的组织或是专业机构	公务单位	量化

续表

学者	研究发现	对象	方法
Deephouse，1996	组织模仿产业内相同的结构、战略及惯例能获得政府管制者更高的认可，此模仿行为与合法性具有显著的正向关系	银行业	量化
Chwelos et al，2001	竞争压力会促使企业更加关注竞争者的行为，特别当竞争者已成功导入某信息系统，而自身尚未导入时，为了维持其竞争力，企业往往会模仿竞争者的行为	企业高层人员	量化
Henisz & Delios，2001	发现不确定性会影响到公司在国际设置的决策，但不确定性的来源是由于公司缺乏市场的经验，而非政治机构的不确定性。当市场制度环境不确定性高，组织较有可能模仿其他母国公司过去在当地的设厂决策	日本跨国企业	量化
Yiu & Makino，2002	跨国公司将会选择采取跟随领导者的进入策略，及跟随先前来自同一个母国竞争者进入当地国家所采取的进入策略。而国外进入模式的选择会受到当地环境的同构压力所影响	日本海外子公司	质化
王稚婷，2004	外部社会互动行为（对国外竞争者的关系嵌入、国内同业的相互模仿）。此外，政策、企业及产业面的不确定性，则均对于关系嵌入及业内模仿行为，具有正向强化作用	金融产业	量化
高新才、姜安印，2005	企业为了在转型经济中的环境下生存，受到制度环境的力量的影响，也会通过示范效应和模仿机制来实现	中小企业	量化
许书铭、林淑莲，2006	当制度环境不确定性越大时，利益相同的企业其战略同构程度越高	电信业	质性
毛秀云，2006	政府法规的强制力量与组织同构的过程呈正向的关系	食品渠道	量化

学者	研究发现	对象	方法
刘子琦、林桓伃，2007	产业间激烈的竞争下的组织同构现象不仅仅是外部的相似性，更是战略、组织以及文化的转化过程	食品产业	质性
朱秋萍，2009	在面对市场不确定性时，确实存有相互模仿的现象，且以从形式模仿表现最常被采用	媒体产业	质性

3.2.3 规范同构

规范同构的形成来源于组织场域内的各种专业性团体的各种要求。组织为了适应周围相关专业团体的各种要求，它们往往不得不通过内部调试机制，使得组织自身符合组织场域内的行为规范，以获得群体的认可和支持（Larson，1977；Collins & Moore，1964）。由于该力量来源于专业化的职业规范、专业本身的凝聚力、群体共识和专业团体对组织所带来的压力，所以组织外部的群体价值和信仰对组织规范的决定扮演了极为重要的角色，并让组织产生了同构现象。通过专业化的来源及参考，组织将能够通过内部调适机制，使得组织在场域内的行为规范获得群体的认可及支持（Larson，1977；Zhu & Sarkis，2007；Darnall et al，2008）。规范同构来自于专业化的两个面向：一个为通过相同的教育背景与专业化的训练，另一个为通过专业化网络的成长与扩张，使得专业化的训练规范快速地传播。

迪马乔和鲍威尔（1983）提到组织声誉和资源是吸引专业化的关键因素，这个过程促进了同质化，让组织可以确保他们可以和竞争者一样，提供相同的服务，在相似的组织场域，社会化的行动可视为一种同构的力量。制度规范主要是由认知因素所造成，组织受到制度的压力的影响，期望被判定是合法或适当的，故将制度化特性纳入制度内，进而形成同构的现象（Dacin，1997）。国家机构与专业机构对于制定一般普遍实务准则的制度具有重大影响（Mezias，1990）。迈耶和罗恩（1977）也主张有权力的组织行动者对于决定或改变制度有重要的影响。在组织网络内的实务出现后，一段时间后会被模仿，甚至最后变成一般公认的实务准则（Haveman，1993）。因此专业性机构准则的规范压力，会使组织其变得同质。迪普赫斯（1996）的实证研究发现战略同构与合法性具有显著的正相关，当组织遵循大众意见、期望，能获得更多的合法性。还有些学者的研究结果指出，在不确定的环境下，在网络里工作地位相似的管理者会有相同的观点（Galaskiewicz，1985）。因此，工作地位、专业机构与在专业网络内的相似性，对管理者的知识皆有很深的影响。专业机构通过网络的接触可以形成共识以及共享的规范，可帮助创造一个专业组织次文化的价值观，因此规范和专业机构的知识都会经由这些专家与同僚的关系、专业机构的会员关系产生很大的影响，经由组织的规范与价值移转、扩散到其他组织。

本研究将规范同构相关研究文献整理如表3-4所示。

表3-4 规范同构相关研究

学者	研究发现	对象	方法
Galaskiewicz，1985	在不确定的环境下，在组织里工作地位相似的管理者会有相同的观点。因此，工作地位、专业机构、与在专业组织内的相似性，对管理者的知识皆有很深的影响	学生	质化
Deephouse，1996	战略同构与合法性具有显著的正相关，当组织遵循大众意见、期望，能获得更多的合法性	银行业	量化
Brown & Dacin，1997	制度规范主要是由认知因素所造成，组织受到制度的压力的影响，期望被判定是合法或适当的，故将制度化特性纳入制度内，进而形成同构的现象	企业高层人员	质化

续表

学者	研究发现	对象	方法
Wang & Cheung, 2004	电子商务可以通过媒体业者及顾问公司的宣传，让企业感受到普及化所带来的规范压力	企业高层人员	质化
毛秀云, 2006	政府法规的强制力量与组织同构的过程呈正向的关系	食品渠道	量化
Ke et al, 2009	规范压力会促使组织导入电子化供应链管理系统的意愿的形成	企业高层人员	量化
Philippe & Durand, 2011	社会规范性力量会促使企业遵守其目标与承诺的程序规范，以增强企业的商誉	美国企业	量化

基于以上分析，本研究提出假设：

假设 1：集群企业的组织同构可划分为三个维度：强制同构、规范同构和模仿同构。

3.3 集群企业组织同构结构维度的测量

通过对组织同构概念的整理可以发现，目前学术界对组织同构作为对组织间的相似程度及趋同过程的描述日趋一致，但对组织同构的内容和表现形式却是存在较大争议。如组织同构的内容包括了组织行为、结构、战略、程序等多个方面。同时，影响组织同构的因素也来源于不同方面，如组织内部结构、组织所处的任务环境和制度环境。因而导致学术界对组织同构测量方面大相径庭，测量的途径大多采用二手数据以及问卷、访谈方法来获取相关信息。目前测量的角度主要有三种，分别是组织同构的内容、作用机制和内外部制度压力。

1. 从组织同构的内容上测量。

组织同构内容上的测量，主要来源于迪马乔和鲍威尔以及迪普赫斯（1996）所提出的组织同构的操作性定义，即认为组织同构是组织在相同的环境下，采取相同的结构、策略，所形成的一种同质现象。本质上看，这种测量方式是一种静态的测量观点。如迪普赫斯（Deephouse，1996）在研究商业银行的组织同构与合法性之间的关系时，作者将商业银行的战略同构作为组织同构的研究内容，战略同构采用战略一致性（strategic conformity）为测量对象，即在资产分配方面，银行相对于行业平均水平的差异程度。差异程度越小，意味着同构程度越高；相反，差异程度越大，同构程度越低。而哈夫曼（1993）以市场进入模式与先前进入者和竞争对手的进入模式之间是否一致作为组织同构的测量指标。如果市场进入模式相同，即为组织同构，记为 1；若市场进入模式不同，即为组织不同构，记为 0。

2. 从组织同构的作用机制上测量。

从组织同构的作用机制上测量是从引起组织同构的强制同构、规范同构和模仿同构的角度进行度量，即通过访谈的方式，列举出具有影响力的强制同构、规范同构和模仿同构的利益相关者对企业的影响程度，形成 5 级或 7 级李克特量表来度量，如政府、专业机构、重要客户、技术联盟、产学研合作以及相关社会网络等的相关政策和规范（Roberts & Greenwood，1997；Greenwood & Hinings，1996；戴志聪，2007）。本质而言，这种测量方式是一种动态的测量观点。

3. 从组织同构的内外部制度压力上测量。

从组织同构的内外部制度压力上测量仅仅局限在使用制度合法性理论对组织同构影响的研究中，如有些学者从组织同构压力的角度来研究组织国际化进程中采用的进入模式的选择受到组织内、外部同构压力的影响（Davis，Desai & Francis，2000）。其中内部组织同构压力，分解为资源依赖性和海外经营子单位的自主程度，资源依赖性通过对研发、厂房设备、广告促销、原材料、销售的共享程度进行测量，其中 1 代表共享程度很低，5 代表共享程度很高；海外经营子单位的自主程度则通过受访者的回答进行测量。外部环境同构压力的测量项目则包括市场风险程度、产品使用的不同、语言文化的差异、对国外进口制度的了解、产品细分的不同、扩张资本的不足以及运输成本高低，其中 1 表示最不重要，5 表示非常重要。

学者们根据不同的研究对象和情境选择了不同的组织同构测量方法，本书第 3 章、第 4 章和第 5 章采用了第二种测量方法，即采用 7 级李克特量表，从组织同构的作用机制上测量组织同构；本书第 6 章组织同构现象的形成机制采用了第一种测量方法，即从组织同构的内容上测量组织同构。

3.4 集群企业组织同构结构维度的实证分析

3.4.1 数据收集

本研究采用问卷调查的方式进行样本数据的收集，问卷的发放以浙江省产业集群为主。样本选取的原因如下：①这些企业表现出了明显的组织同构特征，因为浙江省的产业集群属于内生型集群，在这些集群里，大部分企业的规模都是相同的，产品差异化的程度很小，同质化程度非常明显。②这些企业表现出了明显的组织学习和知识搜寻特征，因为这些企业主要依靠同当地企业的联系关系获取企业成长和创新发展的知识。③本研究以浙江省集群为研究对象，可以减少地方经济和社会发展等级的影响。选择位于一个地理、文化、法律和政治等都相对同质的企业样本，使我们能够尽量减少实证研究中不能被控制的变量的影响（艾德勒，1983）。

本研究问卷的发放对象均为企业的中高层经理。这些中高层管理人员获得了大量来自不同部门的信息，因此具备足够的知识来评估他们的组织的不同变量（Lloréns，Ruiz & García，2005）。样本数据的收集主要采用四种方

法。第一种方法是在杭州几所高校的 MBA 课堂上进行现场发放；发放问卷
112 份，回收问卷 84 份，其中 19 份为无效问卷，65 份为有效问卷。第二种
方法是委托各地的经信委和其他地方政府所属事业机关代为发放；发放问卷
65 份，回收问卷 53 份，其中 11 份为无效问卷，42 份为有效问卷。第三种方
法是通过个人关系网络进行邮件发放；发放问卷 148 份，回收问卷 87 份，其
中 42 份为无效问卷，45 份为有效问卷。第四种方法是利用课题调研的机会
到企业进行现场发放；发放问卷 15 份，回收问卷 13 份，13 份均为有效问
卷。在发放问卷给受访者之前，有三位专家学者对问卷进行了修改。本次调
查共发放问卷 340 份，回收问卷 237 份，其中有效问卷 165 份，有效回收率
为 69.6%。

因为要进行探索性因素分析和验证性因素分析，本次样本分两部分进行，
样本一为探索性因素分析样本，采用其中的 100 个样本（见表 3 - 5）；样本
二为验证性因素分析样本，采用全部的 165 个样本（见表 3 - 6）。

表 3 - 5 样本一分布情况统计

企业特性	企业背景	样本数	百分比	累积百分比
	1 ~ 100 人	33	33.0	33.0
	100 ~ 500 人	22	22.0	55.0
企业规模	500 ~ 1000 人	10	10.0	65.0
	1000 ~ 3000 人	14	14.0	79.0
	3000 人以上	21	22.0	100.0
	0 ~ 5 年	34	34.0	34.0
	5 ~ 10 年	13	13.0	47.0
成立年限	10 ~ 20 年	39	39.0	86.0
	20 年以上	14	14.0	100.0

企业特性	企业背景	样本数	百分比	累积百分比
企业近两年 年均销售总额	小于 500 万	15	15.0	15.0
	500 万 ~ 1000 万	9	9.0	24.0
	1000 万 ~ 1 亿	22	22.0	46.0
	1 亿 ~ 10 亿	24	24.0	70.0
	10 亿以上	30	30.0	100.0
行业	机械和工程	15	15.0	15.0
	电子和信息	35	35.0	50.0
	化学和制药	19	19.0	69.0
	纺织业	22	22.0	91.0
	其他	9	9.0	100.0

表 3 - 6　　　　　　　　　　样本二分布情况统计

企业特性	企业背景	样本数	百分比	累积百分比
企业规模	1 ~ 100 人	52	31.5	31.5
	100 ~ 500 人	42	25.5	57.0
	500 ~ 1000 人	19	11.5	68.5
	1000 ~ 3000 人	19	11.5	80.0
	3000 人以上	33	20.0	100.0
成立年限	0 ~ 5 年	46	27.9	27.9
	5 ~ 10 年	23	13.9	41.8
	10 ~ 20 年	71	43.0	84.8
	20 年以上	25	15.2	100.0
企业近两年 年均销售总额	小于 500 万	20	12.1	12.1
	500 万 ~ 1000 万	18	10.9	23.0
	1000 万 ~ 1 亿	42	25.5	48.5
	1 亿 ~ 10 亿	40	24.2	72.7
	10 亿以上	45	27.3	100.0

续表

企业特性	企业背景	样本数	百分比	累积百分比
	机械和工程	29	17.6	17.6
	电子和信息	52	31.5	49.1
行业	化学和制药	30	18.2	67.3
	纺织业	38	23.0	90.3
	其他	16	9.7	100.0

全部样本的描述性统计分析结果显示，从企业规模来看，主要集中在中小型企业，其中规模在 100 ~ 500 人的企业最多，共 42 家，占总样本的 25.5%，规模在 500 人以下的企业占总样本的 57.0%；从企业年龄来看，成立年限在 10 ~ 20 年的企业最多，共 71 家，占总样本的 43%；成立年限小于 5 年的企业有 46 家，占总样本的 27.9%。从企业销售收入来看，年均销售收入方面在 10 亿元以下的企业比重占到 72.7%。样本的行业分布如下：机械和工程（N = 29），电子和信息（N = 52），化学和制药（N = 30），纺织业（N = 38），其他行业（N = 16，包括食品、服装和其他）。

本章的样本适用于本书的第 4 章和第 5 章。

3.4.2 变量测量

集群企业组织同构共有三个维度构成：强制同构、规范同构和模仿同构。这几个维度的测量主要借鉴了迪马乔和鲍威尔（1983）、迪普赫斯（1996）、王信贤（2001）和陆（2002）的研究，结合访谈修订而成。其中模仿同构从从众式模仿、从效式模仿和从型式模仿三方面测量，包括 4 个测量问项；强制同构从政策法规和权力关系方面测量，包括 3 个测量问项；规范同构从行业规范和专业化力量方面测量，包括 3 个测量问项。问题设置为 7 级李克特量表的形式，数字 1 ~ 7 依次表示完全不符合、基本不符合、有点不符合、不能确定、有点符合、基本符合和完全符合。如表所示，总共有 10 个问题，详见表 3 - 7。

表 3 - 7 组织同构的衡量问题

组织同构的衡量问题	依据或来源
企业需随时结合外在资源以利于运作	
企业的运营会受到政府相关政策或规范的影响	
企业的发展过程会因重要客户或供应商的要求而受到影响	
同行间的制约力量使贵公司的经营方式必须遵守行规	
企业愿意参与技术合作以获取新的行业知识和技术	DiMaggio & Powell，1983；Deephouse，1996；王信贤，2001；Lu，2002
企业愿意通过产学研官的合作获取新的行业知识和技术	
企业所属行业的从业者经常会出现彼此模仿的现象	
企业经常会模仿行业中标杆企业的做法	
企业经常会模仿行业中其他企业的创新性行为	
企业与行业内的其他企业经常有较一致的市场反应行为	

3.4.3 方法描述

1. 采用统计分析软件 SPSS 20.0 对集群企业组织同构的内容结构进行探索性因素分析。

本研究首先针对组织同构的量表进行探索性因素分析。通过探索性因素分析，了解测量结果的一致性和测量工具是否可正确测量出本研究所欲测量构念特质的程度，本研究将针对探索性因素分析结果进行信度分析和效度分析。

（1）信度分析。

信度即可靠性，它是指采用同样的方法对同一对象重复测量时所得结果的一致性程度。即测量结果的一致性或稳定性。本研究以 Cronbach's 系数分析、各题项与整体之相关系数（item-total correlation），并以删除题项后的

Cronbach's α 进行比较分析。其做法是将问卷当中不具内部一致性的题项予以删除，以求提升问卷的信度及衡量问项的质量。

（2）效度分析。

效度即有效性，它是指测量工具或手段能够准确测出所需测量的事物的程度（Cooper & Emory，1995）。本研究针对内容效度和构建效度进行探讨。①内容效度。内容效度主要是用来反映量表内容切合主题的程度。若测量内容涵盖所有研究计划所要探讨的构架及内容，就说明具有优良的内容效度。检验的方法需要采用专家判断法，由相关专家和专业人士就题项恰当与否进行评价。这方面可以通过访谈样本公司的高层管理者来提升问卷的内容效度。②构建效度。构建效度是指测量工具能够衡量所建构的理论概念或特质的程度，如此才可运用测量结果进行准确的解释与推论。主要用来检验量表是否可以真正度量出所要度量的变量，一般采用因素分析来验证。

2. 用结构方程建模软件 AMOS 21.0 对探索性因素分析结果进行验证性因素分析。

（1）信度分析。

在进行探索性因素分析后，欲了解测量结果的稳定性，要针对验证性因素分析结果进行信度分析。学者们提出三种信度类型（Bagozzi & Yi，1988）：①指标信度（indicator relibility），指欲衡量研究变项所解释的衡量变量间的变异比率，是衡量变量对潜在变量的因素负荷量的平方，意指个别衡量变量对潜在变量的解释能力，合理值须大于 0.5；②构念信度或组合信度（composite relibility），反映衡量同一构面的指标间的内部一致性，类似于 Cronbach's α，合理值须大于 0.6；③变异抽取估计（variance extracted estimate），相对于量测误差的变异，能为潜在变量所解释的变异量，合理值须大于 0.5。

（2）效度分析。

关于验证性因素分析的收敛效度，则是由验证性因素分析中，各研究变项的因素负荷量的 t 值加以判定。至于判别效度，可将两两研究变项的相关系数设定为 1，然后再进行限制模式与未限制模式的卡方差异度检定（Joreskog，1971），若限制模式的卡方值较未限制模式的卡方值为大且达统计上的显著水平时，则各研究变项间具有判别效度。

（3）结构方程拟合指标的选择。

为验证研究者构建的理论概念模型的合理性与有效性，相关文献中先后出现了大量各种拟合指数用于评价和选择模型。其中，被研究者较常使用的有 χ^2（chi-square test，卡方）、RMSEA（root mean square error of approximation，近似误差均方根）、SRMR（standardized root mean square residual，标准化残差均方根）、NFI（normed fit index，赋范拟合指数）、NNFI（non-normed fit index，非范拟合指数）或 TLI（Tucker–Lewis 指数）和 CFI（comparative fit index，比较拟合指数），还有以往常用的 GFI（goodnes-of-fit index，拟合优度指数）和 AGFI（adjusted goodness-of-fit index，调整拟合优度指数）。

由于 GFI 和 AGFI 两类指数常被批评受样本容量的影响，且在不同情况下，有各种程度的误差出现（Hu & Bentler，1995），故在近期的研究中较少使用；RMSEA 受 N 的影响较小，对错误模型比较敏感，而且惩罚了复杂模型，是比较理想的指数；Marsh 和 Balla（1994）发现 SRMR 对误设模型敏感，但受 N 的系统影响，建议不要使用它；Bentler（1989）的比较拟合指数（CFI），对于基于真模型的小样本（N = 50），CFI 的 SD（标准差）比 NFI、NNFI 和 IFI 都小，所以本特勒比较推崇它（侯杰泰、温忠磷、成子娟，2004）。但无论怎样，要保证基于拟合效果良好的模型来对理论假设进行验证，至少达到多于一个参数标准是必需的（Breckler，l990）。基于对以上因素的综合考量，研究使用了 χ^2/df、RMSEA、NFI、TLI 和 CFI 等几个指标。

参照大量相关文献，对使用这几种拟合指数的判别标准说明如下：χ^2/df 在 2.0 ~ 5.0 时可以接受模型，$\chi^2/df < 2$ 为拟合较好；RMSEA 低于 0.1 表示好的拟合，低于 0.5 表示非常好的拟合，低于 0.01 表示非常出色的拟合；NFI 的取值范围是 0 ~ 1，其中 NFI = 1 对应最好的拟合，NFI = 0 时对应最差的拟合；CFI 和 NNFI 的值在 0.90 以上表示模型拟合比较好。

3.5   统计分析与结果讨论

3.5.1   集群企业组织同构探索性因素分析

1. 样本检验。

本研究使用其中的 100 份问卷数据对集群企业组织同构进行探索性因素分析。一般认为 KMO 抽样适度测定值大于 0.50，并且 Bartlett 圆形检验值显著，即可进行因素分析。SPSS 结果显示，样本的 KMO 测度值为 0.746，样本分布的 Bartlett 球度检验 χ^2 为 431.538，显著性为 0.000，表明可以对数据进行探索性因素分析（见表 3 - 8）。

表 3 - 8   **集群企业组织同构的样本充分性和球度检验**

项目		
Kaiser - Meyer - Olkin 取样充分性测量		0.746
Bartlett's 球度检验	χ^2	431.538
	自由度	45
	显著性	0.000

2. 探索性因素分析结果。

探索性因素分析结果如表 3 - 9 所示，从集群企业组织同构衡量项目的因素分析结果看，10 个项目分别在载荷系数都大于或接近 0.50 的 3 个公因子上，根据组织同构理论相关文献，我们分别对其命名为：①强制同构（3 个项目），是指组织间相互依赖所产生正式或非正式压力的结果；②规范同构（3 个项目），来源于组织场域内的各种专业性团体的各种要求；③模仿同构

（4 个项目），是指组织面对不确定的环境时，为了降低失败风险，通过模仿其他典范组织或标杆组织而产生的学习结果。三个因素共解释 70.348% 的变异，其中，"模仿同构"解释 26.256% 的变异；"规范同构"解释 22.403% 的变异；"模仿同构"解释 21.689% 的变异。对样本数据进行信度检验，三个因素的内部一致性系数都在 0.700 以上，说明该量表具有较好的内部一致性。

表 3－9   集群企业组织同构探索性因素分析结果

测量项目	因素 1	因素 2	因素 3
因素 1：强制同构 α 系数＝0.791 公司需随时结合外在资源以利于运作	− 0.025	0.139	**0.925**
企业的运营会受到政府相关政策或规范的影响	0.122	0.269	**0.753**
企业的发展过程会因重要客户或供应商的要求而受到影响	0.139	**0.485**	**0.678**
因素 2：规范同构 α 系数＝0.775 同行间的制约力量使贵公司的经营方式必须遵守行规	0.153	**0.595**	0.360
企业愿意参与技术合作以获取新的行业知识和技术	0.053	**0.836**	0.252
企业愿意通过产学研官的合作获取新的行业知识和技术	0.045	**0.904**	0.128
因素 3：模仿同构 α 系数＝0.819 企业所属行业的从业者经常会出现彼此模仿的现象	**0.817**	0.129	− 0.007
企业经常会模仿行业中标杆企业的做法	**0.814**	0.006	− 0.089
企业经常会模仿行业中其他企业的创新性行为	**0.867**	− 0.010	0.162
企业与行业内的其他企业经常有较一致的市场反应行为	**0.695**	0.163	0.210
各因素解释变异的百分比	**26.256**	**22.403**	**21.689**

3.5.2　集群企业组织同构的验证性因素分析

本研究使用全部的 165 份问卷数据对集群企业组织同构变量进行验证性因素分析。我们通过 AMOS21.0 软件对组织同构变量进行了验证性因素分析

（CFA），用以评估组织同构变量的收敛效度和区别效度。图 3-1 和表 3-10
显示测量分析结果，包括负荷量、组合信度（CR），平均变异抽取（AVE）
和拟合指数。获得了一个合理的适合的数据 CFA 模型的结果（$\chi^2/df = 2.421$，
P = 0.000，RMSEA = 0.093，TLI = 0.926，CFI = 0.947，IFI = 0.948，GFI =
0.922）。组合效度（CR）采用了佛内尔和拉克尔（Fornell & Larcker，1981）
的计算方法。CR 值大于 0.7，表明是可以被接受的水平（Bagozzi，1988）。
所有项目的载荷在 0.01 的标准上具有显著性，表明具有收敛效度（Bagozzi &
Phillips，1991）。当所有变量的 AVE 的平方根大于任何两两结构之间的相关
性，就表明存在区别效度（Fornell & Larcker，1981）。结果表明，所有变量
AVE 的平方根都大于结构之间的相关性，表明具有显著的区别效度。因此，
假设 1 通过了验证，集群企业组织同构可以划分为三个维度：强制同构、规
范同构和模仿同构。

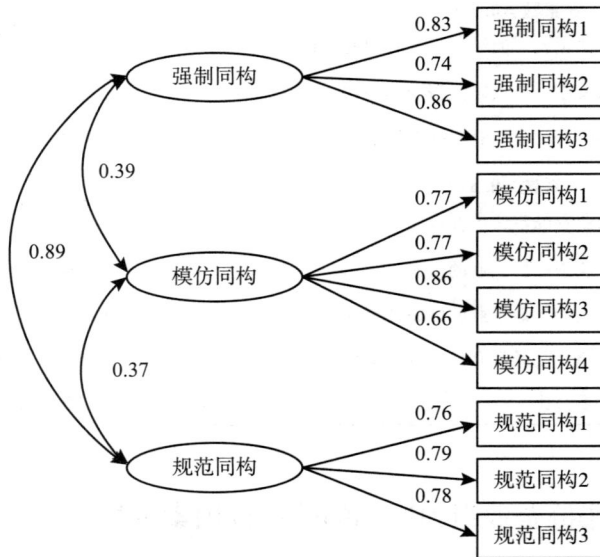

图 3-1　结构方程模型

表 3 – 10 组织同构的 CFA 表

变量	问项	负荷量	信度	平均萃取变异 AVE
强制同构	强制同构 1	0.827 ***	0.852	0.659
	强制同构 2	0.744 ***		
	强制同构 3	0.860 ***		
规范同构	规范同构 1	0.761 ***	0.823	0.607
	规范同构 2	0.791 ***		
	规范同构 3	0.785 ***		
模仿同构	模仿同构 1	0.773 ***	0.852	0.592
	模仿同构 2	0.768 ***		
	模仿同构 3	0.862 ***		
	模仿同构 4	0.662 ***		

注：*** p < 0.001。

3.6 本章小结

基于文献和访谈研究，本书编制了集群企业组织同构变量的调查问卷，初步问卷发展完成后，经过三位企业管理博士学者的详细审视与修改建议后，再经过几位集群企业中高层经理修改部分语意以适合集群企业经理人的填答情境，并经过三位专家修正，完成最后问卷。为了得到集群企业组织同构变量一个初步的结构维度，本书通过 100 个样本的问卷数据进行了探索性因素分析。探索性因素分析的结果表明，集群企业组织同构可以抽取三个因素，并根据项目反映出来的内涵将这三个因素命名为强制同构、规范同构、模仿同构。然后使用 165 个样本对集群企业组织同构进行了验证性因素分析，通过对 165 个样本的数据对集群企业组织同构进行结构方程建模，结果如下：$\chi^2/df = 1.376$，RMSEA $= 0.048$，TLI $= 0.948$，CFI 为 0.955，IFI $= 0.956$，假设 1 通过了验证，集群企业组织同构可以划分为三个维度：强制同构、规范同构和模仿同构。

虽然组织同构现象包括三种机制已经得到了大部分学者的认同，但大多数学者都只是针对其中一种或两种机制进行研究，很少有三种机制同时讨论的研究，且缺乏对组织同构结构维度组成的实证研究。本书采用了迪马乔和鲍威尔（1983）组织同构经典的划分方法，把集群企业组织同构分为强制同构、模仿同构和规范同构三种类型，并采用 7 级李克特量表法，从组织同构的作用机制上测量组织同构，通过探索性因素分析和验证性因素分析，证明了组织同构现象的三维度构成。强制同构是指组织间相互依赖所产生正式或非正式压力的结果，场域内居于核心地位的个体，往往会凭借着自身强大的力量试图去影响其他个体行为；模仿同构是指组织面对不确定的环境时，为了降低失败风险，通过模仿其他典范组织或标杆组织而产生的学习结果；规范同构的形成来源于组织场域内的各种专业性团体的各种要求。组织为了适应周围相关专业团体的各种要求，它们往往不得不通过内部调试机制，使得组织自身符合组织场域内的行为规范，以获得群体的认可和支持。集群企业组织同构现象的结构维度为后面的研究奠定了坚实的基础。

第 4 章　集群企业组织同构与协同创新的关联机制

4.1 引　言

　　创新是产业集群发展的动力源泉，是产业集群的生命线，创新能力的培育对产业集群竞争优势的长期保持具有重要意义，是贯穿其生命周期全过程的重要命题。波特（1998）认为如果一个集群在一段时间内不能在主要的新技术领域或需扶持的公司和机构方面构筑其创新能力，它就会丧失竞争力而导致失败。产业集群的升级问题，其本质就是集群的创新问题。从我国传统产业集群的发展轨迹来看，其发展过程实质就是企业模仿与自主创新的市场化过程，同时也是集群内企业由分步创新、独立创新到协同创新的一个复合创新过程。协同作用是"各种分散的作用在联合中使总效果优于单独的效果之和的相互作用"，也就是说通过系统主体间的协同作用，可以实现单独难以实现的"1 + 1 > 2"的效果。协同创新就是协同论与创新论的结合，产业集群协同创新可以帮助集群企业获得外部经济、降低研发成本、促进知识和技术的溢出、培育根植性、降低企业采用新技术风险、促进企业二次创新和专业的市场配套。因此，协同创新为集群企业的成长及集群的升级提供了有效的途径。同一要素在促进某一类型创新的同时可能会阻碍另一类型的创新（Koberg，2003）。但现有协同创新方面的实证研究都没有对其类型进行分类。并且由现有的研究发现，关于组织同构和企业创新的关系研究并没有得到一致的结论，并且相关的实证研究较少。集群企业协同创新可以划分为哪些类型？集群企业的组织同构现象对协同创新有何影响？本章将对以上内容进行详细的讨论。

4.2　协同创新的模式类型构思

4.2.1　产品创新过程与协同企业的关系

新产品开发的能力已逐渐成为产业竞争力关注的焦点。如何运用新科技快速地开发出符合市场需求的产品，是当前产业竞争的关键。有关企业协同合作参与新产品开发的相关研究很多，如有学者探讨日本制造企业运用协同企业协助进行新产品开发的潜在利益（Clark，1989；Clark & Fujimoto，1991）。有学者探讨日本企业在新产品开发时，第三方所扮演的各种角色（Kamath & Liker，1994）。还有学者则提出纳入协同企业的新产品开发已成为产品开发策略重要的一部分（Mabert et al，1992）。

学者们研究计算机产业时发现，在产品线渐趋成熟和明确制订出产品发展目标的前提下，纳入协同企业的新产品开发，可以有效地缩短产品开发周期（Eisenhardt & Tabrizi，1994）。

学者们在探讨影响协同企业早期参与新产品开发的因素时，发现制造企业若能给予第三方承诺，以及也经常实现承诺的话，协同企业会比较愿意在早期就参与新产品开发（LaBahn & Krapfel，1994）。

学者们提出长期的中心协力关系会对新产品开发产生正面的影响，协同企业熟悉中心企业的产品发展目标和既有的作业流程，有助于对其本身的产品发展进行规划，并能集中资源以符合中心厂的需求（Dyer & Ouchi，1993）。

学者们在研究中心企业的设计人员如何看待协同企业参与产品开发的贡献时发现，中心企业的设计人员在未来是否继续与协同企业进行新产品开发的考虑时，协同企业的合作态度比其技术能力更为重要（David，Rebecc & Janet，1997）。

在许多相关研究中已经证实，协同企业参与新产品开发项目有助于降低成本、缩短从产品概念到商品化的时间、改善质量，以及提供创新技术帮助确保市场占有率。当能够在正式的过程中，考虑协同企业能力、技术复杂度的水平和风险程度，能较成功地在新产品开发过程中整合协同企业。

因此，在罗伯特等学者（Robert et al.，1999）的研究中也指出，在新产品开发过程，不同关系、不同技术能力等级和不同重要程度的协同企业，应在不同阶段开始参与新产品开发（见图4-1）。

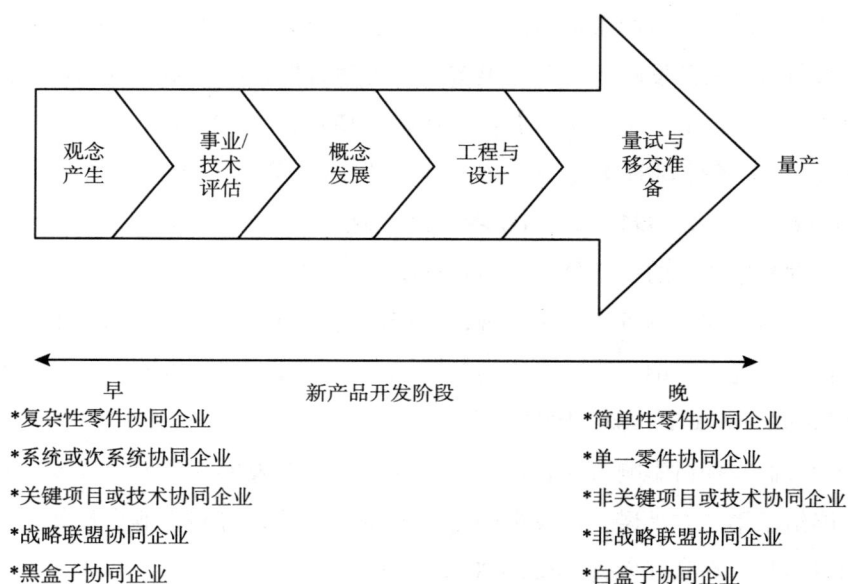

观念产生　事业/技术评估　概念发展　工程与设计　量试与移交准备　量产

早　新产品开发阶段　晚

*复杂性零件协同企业　　　　　　　　　　*简单性零件协同企业

*系统或次系统协同企业　　　　　　　　*单一零件协同企业

*关键项目或技术协同企业　　　　　　　*非关键项目或技术协同企业

*战略联盟协同企业　　　　　　　　　　*非战略联盟协同企业

*黑盒子协同企业　　　　　　　　　　　*白盒子协同企业

图4-1　新产品开发过程不同阶段的整合时间点

资料来源：Robert & Gray et al，1999。

4.2.2　产品创新过程协同企业参与的考量要素

1. 协同企业的参与程度。

在产品创新过程中，不同等级协同企业应有不同程度的参与。但是一般研究通常只讨论到应该尽早在开发过程纳入协同企业；或不同重要程度的协同企业，其参与的时间点不同，甚少清楚提出产品创新过程中的参与内涵。而较具体提出产品开发过程与协同企业互动的研究。

学者们（Finn & Eric，2000）在从事新产品开发过程的第三方管理研究时发现，依不同合作关系类型应有不同的管理方式。该研究以发展过程协同企业的分担作业程度和发展风险构成四种不同的合作关系类型。在不同的合作关系下，有不同的沟通方式、接口、内容和沟通量，且其主要的功能考虑亦不相同。其以"发展过程协同企业承担责任高低"和"中心厂发展的风险高低"等两个维度，建构出四种协同企业发展关系类型（见图 4-2）。

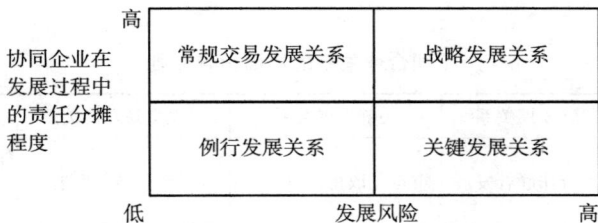

图 4-2　协同企业的组合关系

资料来源：Finn & Eric，2000。

协同企业在发展过程中分担的责任高及该零件发展风险低，构成常规交易发展关系。而一般所谓常规交易发展关系的协同企业，乃指与中心企业具有长期合作关系，且有相当专业的技术知识与能力。其之所以较战略发展关系的发展风险低，乃因其与中心厂已有较正式的互动方式与长期关系。协同企业在发展过程中分担的责任高及该零件发展风险高，构成战略发展关系。这类协同企业具备与常规交易发展关系的协同企业相同或更高技术能力，且其通常为新加入企业，及担任更重要的产品创新角色，如全球性产品标准零件的开发，因有时连中心企业尚无该产品的概念，故彼此互动关系更为紧密。协同企业在发展过程中分担的责任低及该零件发展风险高，构成关键发展关系。一般像是接口、连接用零件和传动结构等，接近于市场标准采购品的零件。虽并非重要，但是对整个产品设计有重大影响，故此类协同企业亦需在早期就参与产品开发。协同企业在发展过程中分担的责任低及该零件发展风险低，构成例行发展关系。此类通常为按图施工的协同企业，一切依中心企业的图面规范去制造零件，通常在晚期才参与产品开发。重点是在彼此通知变更部分即可。

依上述所言，学者们（Finn & Eric，2000）汇总其关系内涵如表 4－1 所示。在表中，是依不同合作关系，从合作类型、沟通方式、媒介、内容、架构和沟通量等，说明各类合作关系在进行产品开发时，信息沟通方面的指导原则。但亦可由其中了解产品开发过程中，彼此的分工关系和合作的重点。

表 4－1　　　　　　　　　不同合作关系的界面指导原则

	战略发展关系	关键发展关系	常规交易发展关系	例行发展关系
合作类型	繁密合作联合发展	重点在取得信息	协同企业独立发展	彼此通知变更部分
沟通方式	双向	单向由中心厂为主导	单向由协同企业为主导	双向
沟通媒介	丰富的媒介，如面对面会议	较贫乏的媒介，如电话和传真	丰富的媒介，如面对面会议	较贫乏的媒介，传真、信件、电子邮件
沟通量	高	中	中	低
主要功能所在	多样化	采购/销售（与发展）	发展（与采购/销售）	采购/销售
沟通内容	技术与商业资讯	市场（和技术）资讯	技术（和状况）资讯	状况资讯
沟通架构				

资料来源：Finn & Eric，2000。

2. 产品价值体系。

一般而言，产品价值高低可从其所需技术的高低与产品知识的复杂度来推断。如以一组装型产品为例，从低层次加工制程的提供、高层次加工制程的提供、模块（或单体）的组装服务、模块（或单体）的开发设计到生产，以及从模块（或单体）概念产生到生产提供，分别代表由低而高的产品价值提供。

对最终产品组装企业而言，协同企业所提供的产品（或服务）越是具备完整的功能性，其位于整体产品的价值比重越高。如单纯提供加工制程服务与能提供完整模块（或系统）功能产品，其价值重要性是有显著不同的。前面先以其所拥有技术能力高低和复杂度，做第三方的等级分类，而其背后所隐含的，即是其所提供给中心企业的产品（或服务）价值的高低会有不同。而这项要因的考虑，主要是以中心企业的角度来思考进行产品创新时，对构成产品的不同零组件，依其价值高低来做重要程度的考虑。这对中心企业来说，将有助于其在进行产品创新时的规划与执行。

3. 成功整合协同企业的关键要素。

一般新产品开发的挑战是更快、更好、更便宜。新产品开发团队必须缩短产品上市时间、改善产品质量和降低产品成本。而跨功能团队的运作，除了内部的资源整合和协调相当重要之外，对外部的协同企业整合及管理，亦对新产品开发成功与否有决定性的影响。

学者们（Gray，Robert & Thomas，1997）研究新产品开发过程中整合协同企业的成功关键因素，分为管理项目因素和项目环境因素两大部分：

（1）管理项目因素。

首先，在这方面最为重要的考虑便是彼此的合作关系。协同企业的参与程度与新产品开发项目的技术复杂度、战略重要性和项目规模有关。而通过周期性面对面会议、共同在同一地点工作，都是产品开发过程的重要管理作为。

其次，开放而直接的跨组织沟通，也是重要的管理项目。其他像是分享教育训练资源、进行信息系统的链接（EDI，CAD/CAM，E－MAIL）、人员共同作业、技术分享、正规化的信赖关系发展、顾客需求信息的分享、技术信息分享、实体资产（如设备）分享、正式的风险分摊和利润报酬机制和绩效衡量标准的协议等，均为重要的管理项目。

（2）项目环境因素。

针对项目环境因素部分，关切的重点在项目开始之前应有的作为。首先，第一要务当然是选择适当的协同企业。其次便是在整合协同企业之前，便已清楚了解其核心能力所在。接着，便是双方经营高层对彼此在新产品开发合作上的承诺。

最后，该研究提出成功整合协同企业的解释模型（见图4－3）。其分为关系架构差异因素和资源分配差异因素两大部分，从这个解释模型中，大致可以了解在进行协同企业整合时，有哪些成功关键项目必须要掌握。

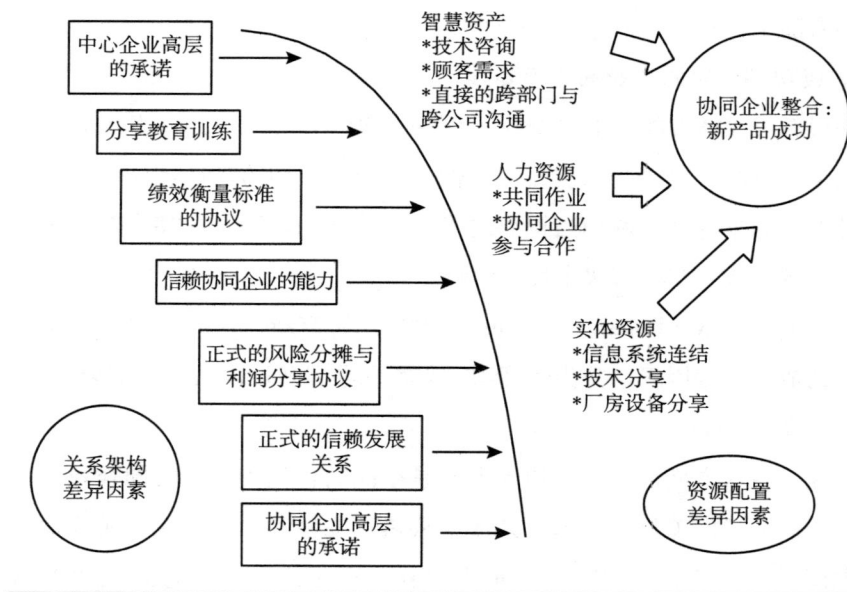

图4－3　新产品开发过程成功整合协同企业的解释模型

基于以上研究，本研究中协同创新的维度划分将按照协同企业的参与程度和协同企业提供的知识和资源价值两个维度构建集群企业的协同创新模式。

4.2.3 协同创新的模式类型构思

同一要素在促进某一类型创新的同时可能会阻碍另一类型的创新（Koberg，2003）。但现有协同创新方面的实证研究都没有对其类型进行分类。受学者们关于协同关系和创新分类相关研究的启发（Finn & Eric，2000；Henderson & Clerk，1990），本书将根据集群企业参与协同创新所达到的目标，按照协同企业的参与程度和协同企业提供的知识和资源价值两个维度构建集群企业的协同创新模式。原因如下：①协同企业参与程度维度选择原因。在协同创新过程中，不同等级合作企业会有不同程度的参与。学者们（Finn & Eric，2000）在研究产品开发过程中企业与协同企业关系时，按照参与程度（具体包括参与时间、参与地点和参与内涵等）把协同企业关系分为了四种类型：战略发展关系、关键发展关系、常规交易发展关系、例行发展关系，而这四种关系的协同企业对于中心企业产品/服务创新的贡献也是不一样的。②协同企业提供的知识与资源价值维度选择原因。根据协同企业所拥有的技术能力高低和复杂度，可以将协同企业的等级进行分类，这背后所隐含的，即是协同企业所提供给中心企业的知识与资源价值的高低会有不同。这个维度主要是从中心企业的角度考虑的，对于中心企业而言，将有助于其进行产品/服务创新时的规划与执行。在集群企业创新过程中，不同的合作企业对其创新的贡献是不一样的，针对不同合作企业做不同层次的创新合作，能更加有效且快速地进行企业创新。分类见图 4-4，本部分具体内容如下：

成本降低型：协同企业参与程度低和其所提供的产品（或服务）的价值也低，意即在产品创新过程中，协同企业之间的互动层次不是很高，且其所提供的产品（或服务）的价值亦低，参与此类型协同合作创新的企业，主要基于公司营运上的考虑，为了达成降低企业生产成本的目标，于是寻求协同

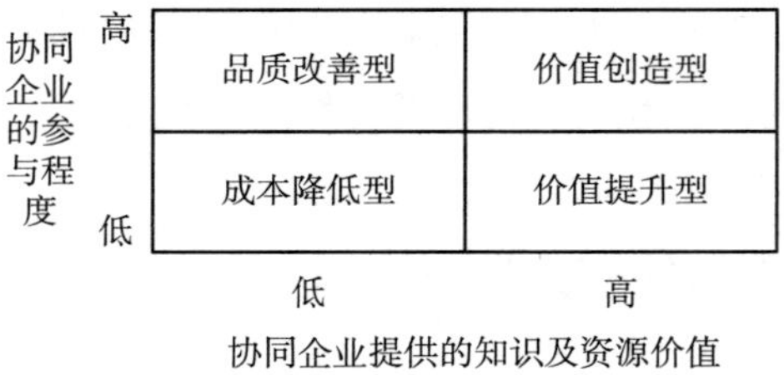

协同企业的参与程度		
高	品质改善型	价值创造型
低	成本降低型	价值提升型
	低	高

协同企业提供的知识及资源价值

图 4 - 4 集群企业协同创新的结构类型划分

创新活动，在既有产品与生产流程上，找寻导致成本浪费的关键，并以此改正过去生产上的错误流程。

品质改善型：协同企业参与程度高但其提供产品（或服务）的价值低，参与此类型协同合作创新的企业，主要目的是为了改善现有产品与生产流程上的缺陷，借着参与协同创新的机会，可以了解同业间的合作企业在这些产品与生产流程上所做的努力，并通过截长补短的方式，改善产品与生产流程上的缺点。

价值提升型：协同企业参与程度相对较低但其提供产品（或服务）的价值高，此类型协同创新是由业界中的标杆企业所主导，对于标杆企业而言，参与协同创新，能达到带动业界整体技术成长的目的，对于其他非标杆企业的合作伙伴，能达成吸收标杆企业核心技术的能力，进而增加自身企业内部核心能力的深度与广度，整体而言，若整个产业的技术与生产出的产品比起以往有达成价值提升的目标，则整个协同创新便是成功的。

价值创造型：协同企业参与程度相对较高且其提供产品（或服务）的价值亦高，此类型协同创新是由一群技术顶尖的标杆企业所共同主导，这些标杆企业参与协同创新之目的是希望能通过协同创新过程，以研发出前所未有的新产品与新技术，进而通过新产品与新技术，为企业创造更大的价值收益。

假设 1：集群企业协同创新的模式可以分为四种类型：成本降低型、质量改善型、价值提升型和价值创造型。

4.3　集群企业组织同构与协同创新的关联机制

4.3.1　集群企业组织同构对协同创新的影响

近来的研究趋势显示，当组织为了追求正当性而采取适应及顺从的态度来调和环境所造成的压力时，不但可以降低不确定性以避免失败的风险，同时也可以通过与其他制度成员的同构过程，迅速学习及累积所需要的知识来提升自身创新能力。赞同此论点的学者们以行为经济学的观点来加以解释，并且进一步指出，若网络体系中的成员必须通过不断地适应及顺应抉择以维持与环境之间的关系，致使一种新的制度结构出现，则此现象可视为制度的一种创新转变（Hargrave & Van de Van，2006；Shiller，2005；Powell，1996）。例如有学者通过案例分析发现组织同构对企业技术、产品及流程创新都具有正向影响（Inzelt，1996）；有学者以美国和西班牙中小企业为研究对象，通过深度访谈提出组织同构对中小企业发展及创新具有正向影响的研究假设（Hausman，2005）；有学者以美国中小企业集群为例，发现组织同构对信息技术的制度扩散具有正向影响（Salmeron & Bueno，2006）。有学者以制度理论的观点，通过个案分析来探讨荷兰的出版业导入企业资源规划（ERP）对于创新绩效的影响，结果显示通过制度力量的带动，促使整体产业中的从业者均能够在短时间内迅速实行 ERP，不但带动了整体产业的升级与发展，同时也提升了从业者的创新能力（Benders et al，2006）。而弗斯（Firth，1996）也在组织同构的观点下，对于中国企业与其国外的合资伙伴在导入管理会计技术上，对于知识扩散及创新效果的影响进行研究，其结果也验证了制度力量对于企业创新能力具有正向的直接影响。由以上研究可知，当外在环境的资源条件、制度规范、专业化主导的力量及成功典范出现移转时，也会促使网络体系中的组织为寻求在体系中的正当性，因而产生了学习及模仿的行为，并且进一步落实在自身产品、制程、技术及管理等方面的创新发展上（Inzelt，1996；Liao，1996；Levy & Samuels，1991）。

有些学者曾经对于中国台湾信息电子产业及光电产业在研发联盟方面所产生的制度创新进行研究。结果显示，有别于美国、欧洲以及日本企业在研发联盟时，是以保护自身核心能力以避免产生被其合作对象学习模仿的风险，在台湾的研发联盟由于受到来自于政府政策的鼓励、预算的支持、国家研究机构的参与及核心企业的带动，所以在网络中的成员得以在制度力量的驱使之下，通过彼此高度关系的建立及合作信任，而能够不断地在技术及营运管理等创新发展上有显著的提升，并且带动整体产业的升级（Mathews，2002；Roy & Seguin，2000；Linden et al，1997；Mathews & Poon，1995）。

有别于上述研究，以往许多研究也指出，制度力量所形成的压力对于企业创新和企业间协同创新并无显著提升，主要原因在于制度的同构现象是强调组织之间的同质，因此会与企业的创新活动及组织发展产生冲突，也因此，当组织之间同构的程度越高时，对于企业的创新能力便有可能产生负面的效果（Kondra & Hinnings，1998；Oliver，1992；Granovetter，1985；Powell，1991；Scott，1987）。此现象尤其是在组织彼此之间产生了过度同构时，将会因为组织在结构上或因应环境的方法及态度上出现了惯性，以至于无法响应环境的变化，并对企业的创新绩效产生负面影响。

综合以上论述，本研究认为组织同构一方面有助于企业在降低失败风险的状况下，能够迅速模仿及学习其网络成员的知识及技术，因此对于企业的协同创新会有正向的影响；而在另一方面，当组织之间同构的程度到达某一临界点时，组织间的协同创新有可能会随着同构程度的持续提高而产生组织惰性，致使企业间的协同创新出现下降的现象，因此，本研究认为集群企业的组织同构对于协同创新具有倒"U"型的影响效果。

假设2：集群企业组织同构对协同创新具有倒"U"型的影响；

假设2a：集群企业强制同构对协同创新具有倒"U"型的影响；

假设 2b：集群企业模仿同构对协同创新具有倒"U"型的影响；

假设 2c：集群企业规范同构对协同创新具有倒"U"型的影响。

4.3.2 环境动态性的调节作用

组织是一个开放系统，会随环境的变动而调整本身的目标、结构、功能与因应的战略，因而考量组织行为必须纳入外部环境因素。环境不是单一的整体而是由几个部分组成的，且每一部分可以显著地影响政策的制定和组织行为（Hambrick，1981）。环境动态性指的是环境变化的频率高低、是否有固定的模式可循，以及是否可预测性等特性，其主要的两个维度是环境变化的速度与环境变化的难以预测性（Priem，Rasheed & Kotulic 1995；Dess & Beard，1984）。不确定性是环境中不稳定因素带来的，这些不稳定因素带来了识别与理解因果关系所需信息的不足（Carpenter & Fredrickson，2001；Keats & Hitt，1988），而这种信息不足会影响企业用什么方式利用资源来创造价值（Sirmon，Hitt & Ireland，2007）。因此，动态的环境中，企业要面临很多的不确定性（Baum & Wally，2003），从而影响组织结构（Galibraith，1973）、给企业管理者带来挑战（Aldrich，1979），以及采用什么样的竞争战略（Miller，1986，1988）。

在资源依赖理论及种群生态理论当中隐含着这么一个假设，组织要存续所需的资源存在于组织所在环境中（Dess & Beard，1984），环境通过提供及保存资源影响组织，组织形态也可以通过获得资源的效率来排序，环境的不同可以影响组织资源获取及利用的不同，从而影响着组织行为及绩效（Dess & Beard，1984）。相关研究还表明，环境的动态性在相关因素影响组织行为或创新的关系中起重要的调节作用（Eisenhardt，1989；Priem，Rasheed & Kotulic，1995；Rowley，Behrens & Krackhardt，2001；刘雪峰，2007）。

创新与环境存在很强的关系，正如权变理论所认为的，环境能够而且应该影响战略（Dess & Beard，1984；Miller & Friesen，1984；Miller，1988）。

例如，在动态与不确定的环境中，创新与市场差异化是必然的（Burns & Stalker，1961；Porter，1980）。有学者（Benner & Tushman，2003；March，1991）提出企业存在两种创新导向，分别是探索与开发，探索指企业对新知识、资源的探索，而开发指企业对现有资源的利用与开发，企业长期的竞争优势不仅在于整合与构建现有的能力，而且在于同时发展新的能力（Teece，Pisano & Shuen，1997）。相关研究表明，环境动态性会影响企业的创新导向，在动态的环境中，企业的创新导向倾向于对新资源、新机会的探索；而在稳定的环境中，企业的创新导向倾向于对现有资源与能力的开发利用（Benner & Tushman，2003）。学者们的实证研究表明（Rowley，Behrens & Krackhardt，2001），在稳定的产业环境中，企业与外部实体的强联系会带来绩效的提高，因为这种强联系会提高企业对现有资源的利用；而在动态的产业环境中，企业与外部实体的弱联系会带来绩效的提高，因为弱联系会带给企业新的资源与机会，他们的研究也证明了环境动态性带来企业战略导向的不同，从而调节网络与企业战略行为之间的关系。基于以上研究，本研究提出如下假设（概念模型见图 4 - 5）。

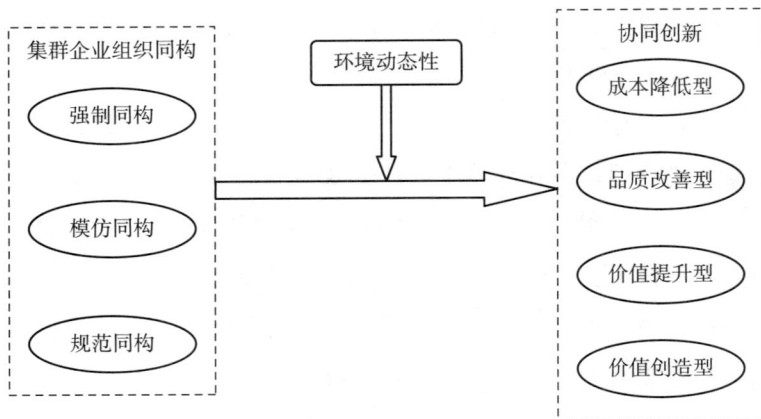

图 4 - 5　概念模型

假设 3：环境动态性在集群企业组织同构和协同创新之间具有调节作用；

假设 3a：环境动态性在集群企业强制同构和协同创新之间具有调节作用；

假设 3b：环境动态性在集群企业模仿同构和协同创新之间具有调节作用；

假设 3c：环境动态性在集群企业规范同构和协同创新之间具有调节作用。

4.4 集群企业组织同构与协同创新关联机制的实证分析

4.4.1 研究样本

由于基于同一份问卷进行数据采集工作，因此，本章的样本选取与数据获取途径均与第 3 章一致，这里不再赘述。需要说明的是，除了需要继续沿用第 3 章集群企业组织同构变量的设置外，本章新增了协同创新和产业环境动态性变量，这一点将在下面变量设置描述中具体说明。

4.4.2 变量测量

本章所涉及的变量除了集群企业组织同构外，又新增了协同创新和产业环境动态性变量，由于这两个变量难以量化测定，本章对变量的测量依旧采用 7 级李克特量表打分法处理，每个项目有 7 级选择，数字 1~7 依次表示完全不符合、基本不符合、有点不符合、不能确定、有点符合、基本符合和完全符合。对变量进行测度的具体问题设置如表 4-2 所示。

表 4 - 2　　　　　　　　　　集群企业协同创新的衡量问题

组织同构的衡量问题	依据或来源
合作企业帮助我们降低了产品的生产成本	Koberg & Detienne，2003；林春培，2012
合作企业帮助我们降低了产品的开发成本	
合作企业帮助我们降低了产品的市场开拓成本	
合作企业帮助我们有效提升了现有产品质量	
合作企业帮助我们提高了现有产品/服务的通用性	
合作企业帮助我们很好地巩固了现有的市场	
合作企业帮助我们扩展了产品的种类	
合作企业帮助我们改善了现有的产品/服务	
合作企业帮助我们改善了现有的工艺流程	
合作企业帮助我们开发了新产品	
合作企业帮助我们开发了新技术	
合作企业帮助我们开辟了新市场	
合作企业帮助我们拓展了全新的产品范围和技术领域	

1. 集群企业协同创新的衡量。

本书按照企业协同创新的目标和程度对集群企业协同创新进行测量，主要参考了学者们（Koberg & Detienne，2003）、林春培（2012）关于渐进性创新和根本性创新的测量方法，并在以上学者基础上修订而成，共有 13 个测量问项。

2. 环境动态性的衡量。

本书把环境因素当作组织同构与协同创新关系的重要调节变量和控制变量。环境动态性与公司环境中不可预测的变化速率相关（Duncan，1972；Tosi et al，1973；Child，1972），也可以把动态性看作市场中可以察觉的不稳定性，这些不稳定性来源于持续的变化（Keats & Hitt，1988）。在动态的环境中，要求企业要在快速反映市场和柔性能力方面比以往做得更加优秀，要求企业建立快速反应和创新机制。基于以往相关文献，本研究把环境动态性设置以下问项，如表 4 - 3 所示。

表 4 - 3 环境动态性的衡量问题

衡量问题	参考文献
本行业中产品/服务更新速度非常快	Jaworski & Kohli, 1993; 张慧, 2007
本行业中产品/服务的技术发展变化的速度非常快	
本行业中客户的需求变动性很高	
本行业中竞争对手的行动不可预测性很高	

3. 控制变量。

基于产业集群和协同创新的研究文献，本书对集群企业协同创新产生较大影响的其他变量进行控制。这些控制变量与集群企业组织同构无关，但其可能对集群企业协同创新产生影响，这些变量包括两类，一类是组织因素控制变量，包括企业年龄、企业规模和技术合作经验；另一类是环境因素控制变量，我们选取衡量环境因素中最常用到的一个变量：环境动态性。在本章中，环境动态性既是控制变量，也是调节变量。环境动态性的测量详见上文。企业年龄和企业规模的测量都采用代理变量。企业年龄采用四级量表（1 = 0 ~ 5 年；2 = 5 ~ 10 年；3 = 10 ~ 20 年；4 = 20 年以上），企业规模采用五级量表（1 = 0 ~ 100 人；2 = 100 ~ 500 人；3 = 500 ~ 1000 人；4 = 1000 ~ 3000 人；5 = 3000 人以上）。技术合作经验用关键技术合作方式的合作年数来测量。

4.4.3 方法描述

本研究采用统计分析软件 SPSS 20.0 对主要变量进行因素分析，用结构方程建模软件 AMOS 21.0 对协同创新变量的探索性因素分析结果进行验证性因素分析，使用 Person 相关分析、多元回归分析和逐步回归分析验证集群企业组织同构现象与协同创新之间的关联机制。

4.5 统计分析与结果讨论

4.5.1 探索性因素分析

1. 协同创新的探索性因素分析。

本研究使用其中的 100 份问卷数据对协同创新进行探索性因素分析。通过 KMO 样本充分性测度和 Bartlett 球体检验后（见表 4 - 4），探索性因素分析结果如表 4 - 5 所示，13 个项目分别在载荷系数都大于 0.50 的四个公因子上。根据协同创新相关文献，我们分别对其命名为：成本降低型协同创新、品质改善型协同创新、价值提升型协同创新和价值创造型协同创新，这四个因素的总解释率为 69.79%。对样本数据进行信度检验，发现各变量的 Cronbach's α 系数均大于 0.7，说明该量表具有较好的内部一致性。

表 4 - 4　　　　　　　　　　协同创新的样本充分性和球度检验

项目		
Kaiser - Meyer - Olkin 取样充分性测量		0.811
Bartlett's 球度检验	χ^2	568.214
	自由度	78
	显著性	0.000

表 4 - 5　　　　　　　　　　　协同创新的因素分析结果

测量项目	负荷			
因素 1：成本降低型　α 系数 = 0.760				
合作企业帮助我们降低了产品的生产成本	0.381	0.081	0.272	**0.727**

续表

测量项目	负荷			
合作企业帮助我们降低了产品的开发成本	0.087	0.390	0.062	**0.682**
合作企业帮助我们降低了产品的市场开拓成本	0.128	0.111	0.148	**0.836**
因素 2：品质改善型　α系数 = 0.768				
合作企业帮助我们有效提升了现有产品质量	0.020	**0.844**	0.175	0.112
合作企业帮助我们提高了现有产品/服务的通用性	0.300	**0.709**	0.175	0.160
合作企业帮助我们很好地巩固了现有的市场	0.210	**0.758**	0.097	0.186
因素 3：价值提升型　α系数 = 0.768				
合作企业帮助我们扩展了产品的种类	0.113	0.217	**0.711**	0.368
合作企业帮助我们改善了现有的产品/服务	0.122	0.132	**0.843**	0.153
合作企业帮助我们改善了现有的工艺流程	0.355	0.139	**0.716**	0.008
因素 4：价值创造型　α系数 = 0.824				
合作企业帮助我们开发了新产品	**0.796**	0.332	−0.040	0.162
合作企业帮助我们开发了新技术	**0.867**	0.122	0.204	0.056
合作企业帮助我们开辟了新市场	**0.658**	0.059	0.356	0.194
合作企业帮助我们拓展了全新的产品范围和技术领域	**0.600**	0.138	0.279	0.328
各因素解释变异的百分比	**20.27**	**16.86**	**16.52**	**16.14**

2. 环境动态性变量。

本研究使用全部的 165 份问卷数据对环境动态性进行探索性因素分析。SPSS 结果显示，样本的 KMO 测度值为 0.799，样本分布的 Bartlett 球度检验 χ^2 为 292.491，显著性为 0.000，表明可以对数据进行因素分析（见表 4 - 6 和表 4 - 7）。4 个项目落在了载荷系数均大于 0.50 的一个公因子上。对其进行信度分析，计算 Cronbach 内部一致性系数，达到了 0.844，表现出较高的一致性，结果完全符合统计要求，问卷设计的内部一致性通过。

表 4 - 6   环境动态性的样本充分性和球度检验

项目		
Kaiser – Meyer – Olkin 取样充分性测量		0.799
Bartlett's 球度检验	χ^2	292.491
	自由度	6
	显著性	0.000

表 4 - 7   环境动态性的因素分析结果

测量项目	因素
本行业中产品/服务更新速度非常快	0.847
本行业中产品/服务的技术发展变化的速度非常快	0.884
本行业中客户的需求变动性很高	0.870
本行业中竞争对手的行动不可预测性很高	0.706
整体一致性系数	0.844
因素解释变异的百分比	68.87

4.5.2　验证性因素分析

通过探索性因素分析得出的协同创新包括四个因子的结果需要进一步经过验证性因素分析加以证实。本书使用全部的 165 份问卷数据对协同创新变量进行的验证性因素分析结果表明，四种协同创新模式的 Cronbach's α 均大于 0.7（见表 4 - 8），通过信度检验。利用 AMOS 21.0 进行分析，拟合结果表明（见图 4 - 6）：$\chi^2(59) = 140.100$，$p < 0.001$，$\chi^2/df = 2.375$，CFI = 0.916，RMSEA = 0.092，IFI = 0.918，且测量方程中的路径系数均在 $p < 0.001$ 的水平上具有统计显著性。综合以上结果，说明模型拟合地较好。以上结果表明，通过探索性因素分析得到的因子结构得到了验证，即集群企业协同创新可以分为成本降低型、品质改善型、价值提升型和价值创造型四种模式，假设 1 通过了验证。

表 4 –8 协同创新的 CFA 表

变量	问项	负荷量	信度	平均萃取变异 AVE
成本降低型协同创新	成本降低型 1	0.665 ***	0.735	0.481
	成本降低型 2	0.752 ***		
	成本降低型 3	0.659 ***		
品质改善型协同创新	品质改善型 1	0.761 ***	0.823	0.608
	品质改善型 2	0.772 ***		
	品质改善型 3	0.805 ***		
价值提升型协同创新	价值提升型 1	0.821 ***	0.823	0.615
	价值提升型 2	0.805 ***		
	价值提升型 3	0.722 ***		
价值创造型协同创新	价值创造型 1	0.825 ***	0.825	0.547
	价值创造型 2	0.852 ***		
	价值创造型 3	0.617 ***		
	价值创造型 4	0.633 ***		

注： *** p < 0.001。

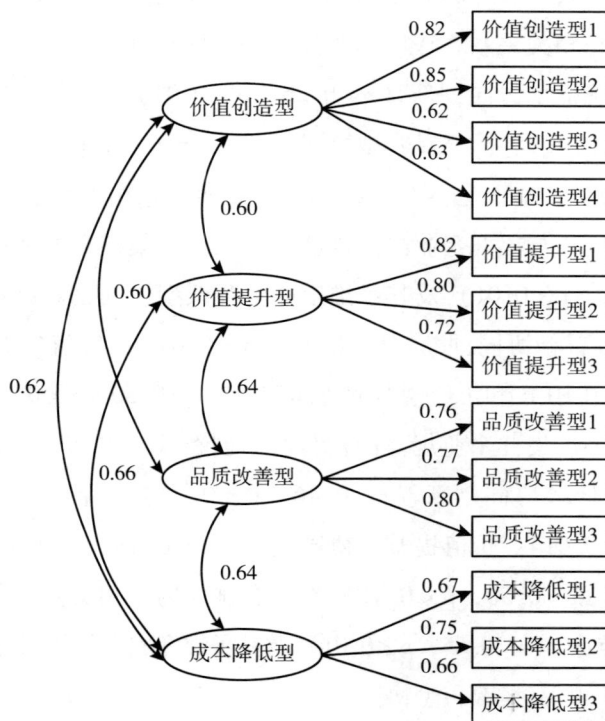

图 4 –6 结构方程模型

4.5.3 相关性分析

我们首先对各变量进行相关分析，检验它们之间是否存在相关性，表4-9 总结了本章研究中涉及的变量的描述性统计和简单相关系数。

先看控制变量与集群企业协同创新的关联性。从表中可以发现，集群企业的成立年限与协同创新存在显著的负相关关系（相关系数 $r = -0.16$，$p < 0.05$），与集群企业协同创新的四个子维度不存在相关关系；集群企业规模与集群企业协同创新及其子维度都不存在显著的相关关系；集群企业合作经验与协同创新（$r = 0.27$，$p < 0.01$）及其子维度成本降低型协同创新（$r = 0.19$，$p < 0.05$）、品质改善型协同创新（$r = 0.25$，$p < 0.01$）、价值提升型协同创新（$r = 0.19$，$p < 0.05$）和价值创造型协同创新（$r = 0.22$，$p < 0.01$）都存在显著的正相关关系。环境动态性与协同创新（$r = 0.42$，$p < 0.01$）及其子维度成本降低型协同创新（$r = 0.26$，$p < 0.01$）、品质改善型协同创新（$r = 0.38$，$p < 0.01$）、价值提升型协同创新（$r = 0.38$，$p < 0.01$）和价值创造型协同创新（$r = 0.31$，$p < 0.01$）都存在显著的正相关关系。

再看组织同构与集群企业协同创新的关联性。集群企业强制同构与协同创新（$r = 0.61$，$p < 0.01$）及其子维度成本降低型协同创新（$r = 0.54$，$p < 0.01$）、品质改善型协同创新（$r = 0.41$，$p < 0.01$）、价值提升型协同创新（$r = 0.52$，$p < 0.01$）和价值创造型协同创新（$r = 0.50$，$p < 0.01$）都存在显著的正相关关系。集群企业规范同构与协同创新（$r = 0.57$，$p < 0.01$）及其子维度成本降低型协同创新（$r = 0.46$，$p < 0.01$）、品质改善型协同创新（$r = 0.41$，$p < 0.01$）、价值提升型协同创新（$r = 0.48$，$p < 0.01$）和价值创造型协同创新（$r = 0.50$，$p < 0.01$）都存在显著的正相关关系。集群企业模仿同构与协同创新（$r = 0.65$，$p < 0.01$）及其子维度成本降低型协同创新（$r = 0.52$，$p < 0.01$）、品质改善型协同创新（$r = 0.51$，$p < 0.01$）、价值提升型协同创新（$r = 0.57$，$p < 0.01$）和价值创造型协同创新（$r = 0.50$，$p < 0.01$）

表 4 - 9　　各变量的描述性统计和相关分析 (N=165)

	A	B	C	D	E	F	G	H	I	J	K
A 企业年龄	1										
B 企业规模	0.51**	1									
C 合作经验	0.72**	0.40**	1								
D 技术环境	-0.02	0.16*	0.26**	1							
E 强制同构	-0.02	0.11	0.13	0.15	1						
F 规范同构	0.07	0.16*	0.17*	0.21**	0.75**	1					
G 模仿同构	-0.15	0.16*	0.24**	0.42**	0.34**	0.33**	1				
H 成本降低	-0.15	-0.00	0.19*	0.26**	0.54**	0.46**	0.52**	1			
I 品质改善	-0.12	-0.02	0.25**	0.38**	0.41**	0.41**	0.51**	0.48**	1		
J 价值提升	-0.13	0.07	0.19*	0.38**	0.52**	0.48**	0.57**	0.52**	0.53**	1	
K 价值创造	-0.10	0.10	0.22**	0.31**	0.50**	0.50**	0.50**	0.51**	0.52**	0.54**	1
L 协同创新	-0.16*	0.04	0.27**	0.42**	0.61**	0.57**	0.65**	0.79**	0.82**	0.80**	0.77**
平均数	2.45	2.63	9.38	5.00	4.68	4.48	4.79	4.93	3.99	5.15	3.62
标准差	1.06	1.52	5.24	0.89	1.19	1.29	0.91	1.34	1.53	1.20	0.73

注: * p<0.05，** p<0.01。

（L 列：协同创新 1，平均数 4.36，标准差 0.93）

都存在显著的正相关关系。

主要变量之间存在显著相关关系，因此可以继续进行验证。

4.5.4 多元回归分析

1. 组织同构对协同创新的回归。

相关分析只能看出变量之间的初步相关性，并且相关分析只是验证两者之间是否有关联性，没有考虑其他因素的影响，且不能显示出其影响程度的大小及其作用的方向，因此，本书对其进行多元回归分析。分析结果如表 4-10 所示。为了防止出现共线性和序列相关问题，本书对 DW 值、tolerance 和 VIF 值进行了检验。从六个模型检验结果的 DW 值、tolerance 和 VIF 值来看，我们可以认为以下六个模型都没有明显的多重共线性和序列相关问题。同时，从调整的 R^2 和 F 值及其显著性来看，六个模型具有良好的解释力。

表 4-10 协同创新的回归分析

变量	模型 1	模型 2	模型 3	模型 4	模型 5	模型 6
A 企业年龄	-0.680***	-0.357***	-0.346***	-0.322***	-0.343***	-0.350
B 企业规模	0.085	-0.060	-0.065	-0.068	-0.060	-0.066
C 合作经验	0.667***	0.375***	0.398***	0.366***	0.379***	0.407
D 技术环境	0.216**	0.108*	0.089	0.141*	0.141*	0.098
E 强制同构		0.292***	0.138*	0.152*	0.148*	0.134
F 规范同构		0.293**	0.149*	0.153*	0.157*	0.155
G 模仿同构		0.313***	0.206***	0.213***	0.206***	0.202
强制同构平方			-0.147*	-0.187*	-0.160*	-0.144
规范同构平方			-0.160*	-0.168*	-0.174*	-0.160
模仿同构平方			-0.128**	-0.132**	-0.124**	-0.123
环境*强制同构				0.034		
环境*强制同构^2				-0.104		

续表

变量	模型 1	模型 2	模型 3	模型 4	模型 5	模型 6
环境 * 规范同构					0.007	
环境 * 规范同构^2					− 0.092	
环境 * 模仿同构						− 0.030
环境 * 模仿同构^2						− 0.011
校正 R^2	0.365	0.679	0.739	0.745	0.740	0.736
F 值	24.559	50.455	47.437	41.019	39.971	39.146
DW	1.788	1.927	1.900	1.984	1.959	1.886

注： $*p < 0.05$， $**p < 0.01$， $***p < 0.001$。

模型 1 是以本书的控制变量（集群企业的成立年限、集群企业的规模、合作经验和环境动态性）为自变量，以集群企业协同创新为因变量的回归结果，从回归结果可以看出，企业年龄、合作经验和环境动态性对集群企业协同创新的回归系数依次是显著的 − 0.680、0.667、0.216，表明企业年龄对集群企业协同创新存在显著的负向影响，合作经验和环境动态性对集群企业协同创新存在显著的正向影响。

模型 2 是把本书的控制变量和自变量强制同构、规范同构和模仿同构同时放入回归方程，以集群企业协同创新为因变量的回归分析。从回归结果可以看出，强制同构、规范同构和模仿同构对集群企业协同创新的回归系数依次是显著的 0.292、0.293、0.313，表明强制同构、规范同构和模仿同构都对集群企业协同创新存在显著的正向影响。为了验证组织同构是否对集群企业协同创新存在倒"U"型影响，模型 3 又在模型 2 基础上加入了强制同构的平方项、规范同构的平方项和模仿同构的平方项，从模型 3 的回归结果可以看出，强制同构、规范同构和模仿同构都对集群企业协同创新存在显著的正向影响，回归系数分别为 0.138、0.149、0.206，强制同构、规范同构和模仿同构的平方项的回归系数分别为 − 0.147、 − 0.160、 − 0.128，并且都达到了统计上的显著水平。在 F 值均达到显著性水平的情况下，比较模型 2 和模型 3 的解释力可以发现，加入组织同构的平方项后，调整后的 R^2 由 0.679 上升到 0.739，由此可知，强制同构、规范同构和模仿同构都对集群企业协同创新存在倒"U"型的影响关系，假设 2a、2b 和 2c 得到验证。

模型 4 至模型 6 为环境动态性在集群企业组织同构与协同创新之间调节效应的检验。为检验环境动态性的调节效应，本研究还对各变量进行了中心化处理，以使得各数据的衡量标准统一。模型 4 在模型 3 基础上加入了环境动态性与强制同构以及环境动态性与强制同构平方项的交互项，以验证环境动态性在组织同构与协同创新之间是否具有调节效应，由结果可知，环境动态性与强制同构以及环境动态性与强制同构平方项的交互项的回归系数分别为 0.034、−0.104，并未达到统计上的显著性水平。同理，模型 5 和模型 6 分别在模型 3 基础上加入了环境动态性与规范同构的交互项、环境动态性与规范同构平方项的交互项以及环境动态性与模仿同构的交互项、环境动态性与模仿同构平方项的交互项。由结果可知，这四个交互项的回归系数分别为 0.007、−0.092、−0.030、−0.011，这四项交互项均未达到统计上的显著水平。因此，环境动态性在集群企业组织同构和协同创新之间不存在调节作用，假设 3 未获得支持。

2. 组织同构对协同创新子维度的回归。

上节实证出集群企业组织同构对协同创新的影响，而协同创新是个多维度的概念，其包括成本降低型协同创新、品质改善型协同创新、价值提升型协同和价值创造型协同创新四个维度，集群企业组织同构对这四个子维度的影响如何呢？本节将对此关系进行验证。表 4−11 是控制变量和自变量对成本降低型协同创新、品质改善型协同创新、价值提升型协同和价值创造型协同创新的多元回归分析。经检验，这几种模型的 VIF 值都小于 10，DW 值都在 2 左右，不存在多重共线性和序列相关问题。

表 4-11　　协同创新子维度的回归分析

变量	成本降低型			品质改善型			价值提升型			价值创造型		
	模型 7	模型 8	模型 9	模型 10	模型 11	模型 12	模型 13	模型 14	模型 15	模型 16	模型 17	模型 18
企业年龄	-0.595***	-0.299**	-0.423***	-0.522***	-0.306**	-0.357***	-0.504***	-0.203	-0.311**	-0.556***	-0.339**	-0.379***
企业规模	0.062	-0.067	-0.025	-0.011	-0.110	-0.085	0.107	-0.024	0.025	0.153	0.045	0.074
合作经验	0.574***	0.310**	0.462***	0.570***	0.372**	0.466***	0.447***	0.178	0.328***	0.525***	0.320**	0.410***
技术环境	0.084	-0.003	0.012	0.219**	0.140*	0.148*	0.239**	0.144*	0.155*	0.138	0.052	0.065
强制同构		0.345***			0.172*			0.277**			0.176	
规范同构		0.084			0.137			0.129			0.255**	
模仿同构		0.272***			0.227**			0.299***			0.196*	
强制同构²			-0.307**			-0.210*			-0.222*			-0.199
规范同构²			-0.079			-0.188			-0.257*			-0.202*
模仿同构²			-0.186**			-0.144*			-0.150*			-0.174**
校正 R²	0.203	0.448	0.387	0.269	0.398	0.438	0.231	0.466	0.469	0.212	0.414	0.397
F 值	11.417	19.993	15.765	16.090	16.506	19.268	13.295	21.458	21.717	12.010	17.546	16.449
DW	1.698	1.961	1.797	2.003	2.061	2.109	2.073	2.150	2.189	1.838	1.817	1.799

注：* $p < 0.05$，** $p < 0.01$，*** $p < 0.001$。

模型 7、模型 8 和模型 9 是集群企业成本降低型协同创新的多元回归分析。模型 7 是集群企业成本降低型协同创新对控制变量的回归分析，结果显示，企业年龄对集群企业成本降低型协同创新存在显著的负向影响，回归系数为 -0.595；合作经验对集群企业成本降低型协同创新存在显著的正向影响，回归系数为 0.574；企业规模和环境动态性对集群企业成本降低型协同创新不存在显著的影响关系。模型 8 是集群企业成本降低型协同创新对控制变量和组织同构的回归分析，结果显示，强制同构和模仿同构对集群企业成本降低型协同创新存在显著的正向影响关系，回归系数分别为 0.345 和 0.272，规范同构对集群企业成本降低型协同创新不存在显著的影响关系。模型 9 是集群企业成本降低型协同创新对控制变量和组织同构平方项的回归分析，结果显示，强制同构和模仿同构的平方项对集群企业成本降低型协同创新存在显著的负向影响关系，回归系数分别为 -0.307 和 -0.186，规范同构的平方项对集群企业成本降低型协同创新不存在显著的影响关系。因此，强制同构与模仿同构对集群企业成本降低型协同创新存在倒"U"型关系，规范同构对集群企业成本降低型协同创新不存在显著的影响关系。

模型 10、模型 11 和模型 12 是集群企业品质改善型协同创新的多元回归分析。模型 10 是集群企业品质改善型协同创新对控制变量的回归分析，结果显示，企业年龄对集群企业品质改善型协同创新存在显著的负向影响，回归系数为 -0.522；合作经验对集群企业品质改善型协同创新存在显著的正向影响，回归系数为 0.570；环境动态性对集群企业品质改善型协同创新存在显著的正向影响，回归系数为 0.219；企业规模对集群企业品质改善型协同创新不存在显著的影响关系。模型 11 是集群企业品质改善型协同创新对控制变量和组织同构的回归分析，结果显示，强制同构和模仿同构对集群企业品质改善型协同创新存在显著的正向影响关系，回归系数为 0.172 和 0.227，规范同构对集群企业品质改善型协同创新不存在显著的影响关系。模型 12 是集群企业品质改善型协同创新对控制变量和组织同构平方项的回归分析，结果显示，强制同构和模仿同构的平方项对集群企业品质改善型协同创新存在显著的负向影响关系，回归系数为 -0.210 和 -0.144。因此，强制同构和模仿同构对集群企业品质改善型协同创新存在倒"U"型关系，规范同构对集群企业品质改善型协同创新不存在显著的影响关系。

模型 13、模型 14 和模型 15 是集群企业价值提升型协同创新的多元回归分析。模型 13 是集群企业价值提升型协同创新对控制变量的回归分析，结果显示，企业年龄对集群企业价值提升型协同创新存在显著的负向影响，回归系数为 -0.504；合作经验对集群企业价值提升型协同创新存在显著的正向影响，回归系数为 0.447；环境动态性对集群企业价值提升型协同创新存在显著的正向影响，回归系数为 0.239；企业规模对集群企业价值提升型协同创新不存在显著的影响关系。模型 14 是集群企业价值提升型协同创新对控制变量和组织同构的回归分析，结果显示，强制同构和模仿同构对集群企业价值提升型协同创新存在显著的正向影响关系，回归系数分别为 0.277 和 0.299，规范同构对集群企业价值提升型协同创新不存在显著的影响关系。模型 15 是集群企业价值提升型协同创新对控制变量和组织同构平方项的回归分析，结果显示，强制同构和模仿同构的平方项对集群企业价值提升型协同创新存在显著的负向影响关系，回归系数分别为 -0.222 和 -0.150。因此，强制同构和模仿同构对集群企业价值提升型协同创新存在倒"U"型关系，规范同构对集群企业价值提升型协同创新不存在显著的影响关系。

模型 16、模型 17 和模型 18 是集群企业价值创造型协同创新的多元回归分析。模型 16 是集群企业价值创造型协同创新对控制变量的回归分析，结果显示，企业年龄对集群企业价值创造型协同创新存在显著的负向影响，回归系数为 -0.556；合作经验对集群企业价值创造型协同创新存在显著的正向影响，回归系数为 0.525；企业规模和环境动态性对集群企业价值创造型协同创新不存在显著的影响关系。模型 17 是集群企业价值创造型协同创新对控制变量和组织同构的回归分析，结果显示，规范同构和模仿同构对集群企业价值创造型协同创新存在显著的正向影响关系，回归系数分别为 0.255 和 0.196，强制同构对集群企业价值创造型协同创新不存在显著的影响关系。模型 18 是集群企业价值创造型协同创新对控制变量和组织同构平方项的回归分析，结果显示，规范同构和模仿同构的平方项对集群企业价值创造型协同创新存在显著的负向影响关系，回归系数为 −0.202 和 −0.174。因此，规范同构和模仿同构对集群企业价值创造型协同创新存在倒"U"型关系，强制同构对集群企业价值创造型协同创新不存在显著的影响关系。

4.5.5　结果讨论

1. 集群企业协同创新的结构维度。

协同创新为集群企业的成长及集群的升级提供了有效的途径。同一要素在促进某一类型创新的同时可能会阻碍另一类型的创新（Koberg，2003）。但现有协同创新方面的实证研究都没有对其类型进行分类。本书根据集群企业参与协同创新所达到的目标，按照协同企业的参与程度和协同企业提供的知识和资源价值两个维度构建了集群企业的协同创新模式。本书通过探索性因素分析和验证性因素分析验证了该结论，协同创新是个多维度概念，协同创新的四维度结构成立。集群企业的协同创新可以划分为四种模式：成本降低型协同创新、品质改善型协同创新、价值提升型协同创新和价值创造型协同创新。成本降低型协同创新是指集群企业为了降低企业的生产、开发和市场开拓成本而进行的协同创新活动；品质改善型协同创新是指集群企业为了提高现有产品品质、巩固现有市场进行的协同创新活动；价值提升型协同创新是指集群企业为了改良现有的产品和工艺流程进行的协同创新活动；价值创造型协同创新是指集群企业为了研发出前所未有的新产品与新技术进行的协同创新活动。

2. 组织同构对协同创新的影响。

强制同构、规范同构和模仿同构都对集群企业协同创新存在倒"U"型的影响。在产业集群的发展过程中，制度环境对于企业的影响意义重大，集群企业之间通过不断的互动、模仿和学习，使得组织之间逐渐趋于同构，企业成员之间也在同构的过程中通过密切合作为其协同创新和创新绩效的提升提供了助力，然而，随着集群企业之间同构程度的提高，组织也会因为惯性而产生学习的障碍，并最终丧失差异化的能力，以至于当制度环境发生改变时，无法保有灵活的弹性来加以应对。组织同构对企业的创新绩效确实具有提升作用，但当组织同构程度过高时，也会对创新绩效产生负面影响。因此，集群企业应当维持与其他网络成员之间的适度的同构，适度同构既能够使企业在多变的环境下降低失败的风险，也能使企业通过同构所产生的知识分享与交流机制提升企业的创新能力。

组织同构对协同创新子维度的影响。强制同构对集群企业成本降低型协同创新、品质改善型协同创新和价值提升型协同创新具有倒"U"型影响，对价值创造型协同创新无显著影响。规范同构对集群企业价值创造型协同创新具有倒"U"型影响，对成本降低型协同创新、品质改善型协同创新和价值提升型协同创新无显著影响。模仿同构对集群企业的四种协同创新：成本降低型协同创新、品质改善型协同创新、价值提升型协同创新和价值创造型协同创新，都具有倒"U"型影响。强制同构是指组织间相互依赖所产生正式或非正式压力的结果，场域内居于核心地位的个体，往往会凭借着自身强大的力量试图去影响其他个体行为，让其他合作企业的行为按照其意愿行事。这种情况下的同构会有利于企业之间的知识分享和知识转移，进而提升企业的创新能力。但是一定程度上也会限制企业外部异质性知识的获取，不利于企业之间价值创造型协同创新的产生。因此，强制同构对集群企业机制创造型协同创新无显著影响，对其他三种协同创新存在倒"U"型影响。模仿同构是指组织面对不确定的环境时，为了降低失败风险，通过模仿其他典范组织或标杆组织而产生的学习结果。模仿同构可为组织创新能力的提升提供正面帮助，但随着组织彼此之间同构程度的提高，组织将因为惯性而产生学习的障碍，最后终究丧失差异化的能力，造成对于创新能力的负面影响。因此，模仿同构对集群企业四种协同创新都具有倒"U"型影响。规范同构的形成来源于组织场域内的各种专业性团体的各种要求。组织为了适应周围相关专业团体的各种要求，它们往往不得不通过内部调试机制，使得组织自身符合组织场域内的行为规范，以获得群体的认可和支持。规范同构并不是来自于企业之间直接的联系，而是行业规范的影响。这种同构有利于企业掌握行业最新知识和信息，从而有利于企业价值创造型协同创新的产生，但是过度的同构又会限制企业更新知识的获取，从而限制企业价值创造型协同创新的发展，因此，规范同构对价值创造型协同创新存在倒"U"型影响，对其他几种协同创新影响不显著。

3. 环境和控制变量对集群企业协同创新的影响。

实证结果表明，环境动态性在组织同构与集群企业协同创新之间不存在调节作用；环境动态性在强制同构、规范同构、模仿同构与集群企业协同创新之间均不存在调节作用。相关研究表明，环境的动态性在相关因素影响组织行为或创新的关系中起重要的调节作用，但本研究并没有得出这样的结论。可能的原因是，组织同构本身就是一个与制度环境紧密相关的概念，其本身就是制度和环境因素结合的结果，因此，其作为自变量对集群企业协同创新影响显著，但其作为组织同构与集群企业协同创新之间的调节变量，影响不显著。

过去企业创新影响因素的相关研究中，大都把环境因素当作一个重要的自变量。本书对此结论进行了进一步的验证。环境动态性对集群企业协同创新具有显著的正向影响；本书进一步讨论了环境动态性对集群企业协同创新子维度的影响，结果显示环境动态性只对品质改善型和价值提升型协同创新存在显著的正向影响，对成本降低型和价值创造型协同创新不存在显著的影响。这是以前研究中没有深入讨论的。可能的原因是，无论在什么环境下，企业之间的合作都是有利于成本降低型协同创新的，因此，环境动态性对成本降低型协同创新影响不显著；但是，虽然环境动态性会影响企业之间的协同创新，但价值创造型协同创新的层级较高，更多地需要异质性知识的获取和不断的行业内行业外学习，因此，环境动态性对价值创造型协同创新影响不显著。

组织变量对集群企业协同创新的影响。实证结果表明，集群企业成立年限对协同创新及其四个子维度（成本降低型协同创新、品质改善型协同创新、价值提升型协同创新和价值创造型协同创新）都存在显著的负向影响。集群企业的合作经验对协同创新及其四个子维度存在显著的正向影响。集群企业规模对协同创新及其四个子维度均不存在显著的影响。可能的原因是，集群企业成立年限越长，越不愿意选择群内企业进行协同创新，其越有可能去集群外寻找合作伙伴，且群内其企业的合作已经呈现常态化，不利于新知识的获取，因此，集群企业成立年限对协同创新及其四个子维度存在负向影响。集群企业的合作经验越久，其对于企业间合作的规则就掌握的越清楚，越能尽快地获取企业需要的知识和信息，因此，企业的合作经验对协同创新及其子维度存在显著的正向影响。

4.6 本 章 小 结

在理论研究与实地调研访谈的基础上，本研究建构了集群企业协同创新的结构维度，并构建了集群企业组织同构对协同创新的影响机制模型。具体来说，本书认为，集群企业协同创新是个多维度概念，集群企业组织同构对不同类型的协同创新有不同的影响，并且，环境动态性对集群企业组织同构和协同创新之间的关系具有一定的调节作用。随后，本研究以浙江省产业集群为样本，通过对样本数据的定量统计分析和实证研究，对所构建的研究模型和相应的假设进行了验证。检验分析结果表明，本研究构建的研究模型以及提出的相应假设基本上通过验证。本研究主要结论如下：①集群企业的协同创新可以划分为四种模式：成本降低型协同创新、品质改善型协同创新、价值提升型协同创新和价值创造型协同创新；②强制同构、规范同构和模仿同构都对集群企业协同创新存在倒"U"型的影响；③强制同构对集群企业成本降低型协同创新、品质改善型协同创新和价值提升型协同创新具有倒"U"型影响，对价值创造型协同创新无显著影响。规范同构对集群企业价值创造型协同创新具有倒"U"型影响，对成本降低型协同创新、品质改善型协同创新和价值提升型协同创新无显著影响。模仿同构对集群企业的四种协同创新：成本降低型协同创新、品质改善型协同创新、价值提升型协同创新和价值创造型协同创新，都具有倒"U"型影响；④环境动态性在组织同构与集群企业协同创新之间不存在调节作用；环境动态性在强制同构、规范同构、模仿同构与集群企业协同创新之间均不存在调节作用。本研究的假设检验情况如表4-12和表4-13所示。

表4-12　　　　　　　　本研究假设验证情况统计

序号	假设内容	验证结果
假设1	集群企业的协同创新可以划分为四种模式：成本降低型协同创新、品质改善型协同创新、价值提升型协同创新和价值创造型协同创新	支持
假设2	集群企业组织同构对协同创新存在倒"U"型影响	支持
假设2a	集群企业强制同构对协同创新存在倒"U"型影响	支持
假设2b	集群企业规范同构对协同创新存在倒"U"型影响	支持
假设2c	集群企业模仿同构对协同创新存在倒"U"型影响	支持
假设3	环境动态性在集群企业组织同构和协同创新之间存在调节作用	不支持
假设3a	环境动态性在集群企业强制同构和协同创新之间存在调节作用	不支持
假设3b	环境动态性在集群企业规范同构和协同创新之间存在调节作用	不支持
假设3c	环境动态性在集群企业模仿同构和协同创新之间存在调节作用	不支持

表4-13　　　　集群企业组织同构对协同创新子维度影响的分析结果

验证关系	实证结果
集群企业强制同构——成本降低型协同创新	倒"U"型影响
集群企业规范同构——成本降低型协同创新	无影响
集群企业模仿同构——成本降低型协同创新	倒"U"型影响
集群企业强制同构——品质改善型协同创新	倒"U"型影响
集群企业规范同构——品质改善型协同创新	无影响

验证关系	实证结果
集群企业模仿同构——→品质改善型协同创新	倒 "U" 型影响
集群企业强制同构——→价值提升型协同创新	倒 "U" 型影响
集群企业规范同构——→价值提升型协同创新	无影响
集群企业模仿同构——→价值提升型协同创新	倒 "U" 型影响
集群企业强制同构——→价值创造型协同创新	无影响
集群企业规范同构——→价值创造型协同创新	倒 "U" 型影响
集群企业模仿同构——→价值创造型协同创新	倒 "U" 型影响

第5章　知识搜寻视角下组织同构
对协同创新的影响机理

5.1 引　言

仅揭示集群企业组织同构与协同创新二者的关联性和权变规律尚显完备性不足，需要进一步挖掘二者之间的作用过程，探索集群企业协同创新的实现路径。首先，组织同构对协同创新的影响，需要通过具体的外部知识搜寻行为来实现。尽管组织同构本身就有学习性和互动性的内涵，但协同创新绩效如何，主要还是依赖于协同交往过程中有意识地知识搜寻行为。其次，很多研究表明，组织同构对企业知识获取行为或外部学习活动具有较大的影响，组织在同构的过程中，往往会通过制度内的规范及惯例来汇集各方专业知识（Singh，2005；Lai et al，2006）。因此，本研究认为组织同构对协同创新的影响，是通过搜寻网络成员所拥有的知识所造成的中介现象。现有知识搜寻结果研究中知识搜寻策略的分类有很多种，尽管不同学者采用不同的维度划分，但本质上都反映了组织既需要利用熟悉知识，也需要探索新知识这一根本问题。因此，本研究将采用探索式搜寻和利用式搜寻的知识搜寻策略划分方法。本书将通过探索性因素分析和验证性因素分析技术，探索并验证知识搜寻策略的二维结构模型，并通过多元回归和逐步回归详细分析组织同构如何通过不同的知识搜寻机制影响集群企业协同创新。

5.2 研究框架

综合前文的分析，我们将"知识搜寻策略（探索式搜寻和利用式搜寻）"整合到第4章提出的模型中，构建出知识搜寻策略下集群企业组织同构对协同创新的作用机制模型如图5-1所示。本章的研究结构安排如下：①理论推导与假设提出；②主要变量的测量与实证研究方法的描述；③知识搜寻机制的探索性因素分析和验证性因素分析及讨论；④组织同构对知识搜寻影响的统计分析与讨论；⑤知识搜寻对协同创新的统计分析与讨论；⑥知识搜寻机制的中介作用分析与讨论；⑦研究主要结论。

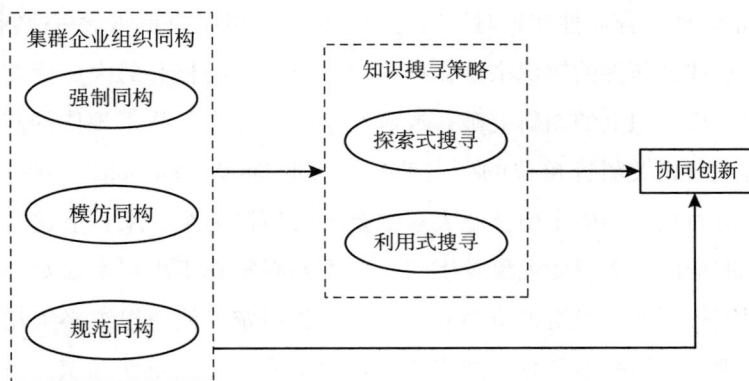

图 5 - 1　概念模型

5.3　组织同构、知识搜寻与协同创新的关系分析

5.3.1　组织同构与知识搜寻

学者们对知识搜寻采用了许多不同的维度划分方法，但本质上反映了组织既需要利用熟悉知识，也需要探索新知识这一根本问题。因此，本研究将企业的知识搜寻策略划分为探索式搜寻和利用式搜寻两种类型（Katila & Chen，2005，2008；March，1991）。探索式知识搜寻是指尝试全新的知识，或实现知识之间的全新组合；利用式知识搜寻是指重构熟悉的知识，或改进以往曾使用的知识组合。

1. 组织同构与探索性知识搜寻。

探索式知识搜寻是指尝试全新的知识，或实现知识之间的全新组合。这些新知识也是异质性知识，异质性的知识是指某些与特定产业的营运环境中，为多数企业所熟知并接受的技术或信息有明显差异的知识而言（Krome，2003），也因此，异质性知识对于既有组织而言，可以说是属于一种创新性质的知识。这些创新性的知识来源，有可能是位居网络核心的大厂商在某一技术环节或管理知识上的创新突破，或者是来自产业中新技术规格的制订，甚至是来自政府相关研究单位的研发使然（Mahajan & Peterson，1985），使得位居网络协力地位的中小型企业大多被要求必须极力配合来自上述这些外在创新知识的推广。造成此现象发生的一个主要因素在于组织所面对的环境系统复杂程度。例如，当组织所面对的环境较为稳定，使得组织必须花费较多心力来处理一些例行事务时，则需要来自网络成员的同质性知识；当组织处于动态的和不确定的环境中时，来自产业内外的创新知识对于组织面对一些特殊任务或非结构性的事件，相对地会有较高的帮助（Hambrick et al，1996），在这种环境中群内企业成员也更愿意进行探索性搜寻。而另一个使组织必须获取这些异质性知识的原因，在于创新知识的获取过程中受到来自社会体系外部及内部因素的影响。若干创新行动者会通过引介体制外的异质性知识到系统内，网络中少数具有支配权力的核心成员在接受这些异质性的知识后，会在他们的驱动下要求其他合作伙伴进行配合（Mahajan & Peterson，1985；Abranhamson & Rosenkopf，1997）。因此，来自体系内外部力量的综效将得以让异质性的知识在体制系统内产生高度的扩散效果。另一方面，多数网络成员也因为既有的社会及文化情景和资源依赖关系，认为这些创新知识会有助于企业未来效率的提升，会理所当然地接受核心成员推广的创新知识，使得该项创新知识可以在整个网络体系内产生有效的扩散效果（Hambrick et al，1996）。因此，来自集群内外部力量的综合作用会使得探索性的知识在系统内产生高度的扩散效果。本研究提出：

假设1：组织同构对探索式知识搜寻存在正向影响；

假设 1a：强制同构对探索性知识搜寻存在正向影响；

假设 1b：规范同构对探索性知识搜寻存在正向影响；

假设 1c：模仿同构对探索性知识搜寻存在正向影响。

2. 组织同构与利用性知识搜寻。

先前其他组织的决策和行动，往往会为后续的组织提供正当性和信息，尤其是当市场不确定性高且组织缺乏经验的时候，也因此，以往关于知识获取的相关研究在社会学、经济学及营销沟通等相关领域已被论及（Rogers，1995）。以制度理论而言，通过群体规范、共同信念及文化脉络，将促使制度内的网络成员能够分享既有知识，经由一段时间的推移及发展，网络成员彼此之间便发展出适应性的过程来调整彼此对于所需知识的吸收（Singh，2005）。而当绩效缺口一旦出现，以及与其他网络成员之间的市场目标无法配合时，都将迫使组织必须与其合作伙伴通过协调并且接受新的技术知识以解决所遭遇的问题。为了寻求彼此持续性的合作，模仿者会由初期的适应性学习经由自身的吸收能力而将该技术知识加以提升，进而产生创造性的技术能力，通过不断的学习、实验及试误，新的技术知识及方法会在整体网络体系中被重复地应用及模仿，而创造出新的制度规范（Yu，2001）。前面曾提及，组织之间的同构现象常是为了适应环境而模仿其他组织的结果，而模仿学习主要就是依靠信息的沟通传播（Haunschild & Miner，1997）。因此就沟通传播模式而言，除了初期单向的线性模式之外，强调组织间互动的相互作用模式可谓是一个比较符合实际情境的通信传播模式。相互作用模式强调传播通信是一种双向乃至多向的信息交流过程，因此当制度内的网络成员意识到自身营运绩效不如以往，或是与其他网络成员无法维系合作时，相较于向其他异质性的组织寻求协助，他们会倾向于通过网络体系内既有的关系及管道来寻求其他相同或类似特质的成员来进行咨询（Brown & Eisenhard，1997）。此现象出现的原因在于组织普遍认为在缩减其调整战略导向所带来的风险下，寻求同质性或现存的知识协助较有助于未来绩效表现的改善（McDonald & Westphal，2003）。例如，组织可以通过其高层领导者与网络中相同背景的其他成员进行咨询及知识交流，以影响自身的战略调整及决策制定，并对于较差的绩效表现作出回应（Elenkov，1997；McDonald & Westphal，2003）。一般认为，这样的同化作用在于凸显出网络成员之间对于一些既有信念的坚持，进而形成更坚定彼此所认可的知识经验（Schulz – Hardt，2000）。

综合以上论述，本研究认为企业之间的组织同构，会更有利于获取制度系统内的同质性知识，重构熟悉的知识，或改进以往曾使用的知识组合。故两者之间应具有正向的影响关系。因此，本研究提出假设：

假设 2：组织同构对利用式知识搜寻存在正向影响；

假设 2a：强制同构对利用式知识搜寻存在正向影响；

假设 2b：规范同构对利用式知识搜寻存在正向影响；

假设 2c：模仿同构对利用式知识搜寻存在正向影响。

5.3.2　知识搜寻与协同创新

1. 探索性知识搜寻与协同创新。

探索性搜索为组织提供了接触到更多异质性知识的机会，充实了组织的知识池（knowledge pool），为组织面临的市场、技术问题提供了新的解决方案。同时，大范围的搜索增加了组织的知识数量，新旧知识的多样化组合为实现"变异的选择效应"制造了条件。如果企业一直沿用已有知识进行创新，其创造性将会受到很大的局限，然而，新旧知识重新组合带来的变化则更有可能带来新创意，提升产品的新颖性，增加新产品数量（Katila & Ahu-ja，2002）。广泛领域的搜索还赋予企业应对不可知环境突变的柔性（March，1991）。然而，超过一定宽度的搜索可能由于过多的新构思需要进行筛选，创意产生时间的不合适，管理者注意力分散无法专注于关键领域的创新对企业创新造成不利影响。高宽度搜索使得新知识在技术融合、组织适应方面的成本上升（彭新敏，2008），整合难度加大，甚至超出创新收益（Martin & Mitchell，1998）。获取外部知识宽度太大还可能降低新产品的可靠性。探索性搜寻是影响创新性观点产生及突破性解决方案发现的重要因素（Ahuja & Lampert，2003；Kim & Park，2013）。多样化的知识有利于企业创新的成功，进而提升企业的竞争优势（Leiponen & Helfat，2010）。一些实证研究发现，探索性知识搜寻对企业创新绩效具有正向的影响（Rosenkopf & Nerkar，2001；Lee & 2012；Katila & Ahuja，2002）。一些学者也指出，过度扩大搜寻范围可能会增加企业的知识整合成本，分散企业的注意力，降低创新绩效（Patel et al，2010）。一些不同国家不同行业的实证研究也得出了探索性搜寻与创新绩效呈倒"U"型关系的结论（Ahuja & Lampert，2001；Patel et al，2010）。

综上所述，组织进行探索性搜索，接触到广泛的异质性知识，丰富了创新的选择范围，带来了新颖丰富的新产品。然而当搜索超过一定宽度时，其负面影响如知识冗余、整合成本上升、可靠性下降等也逐步显现。因此，本研究提出：

假设 3：探索性知识搜寻对集群企业协同创新存在倒"U"型影响。

2. 利用性知识搜寻与协同创新。

利用性搜索实际上是企业对已有知识的反复使用，这将促进错误概率的降低，使得搜寻更有可靠性；促进研发惯例形成，优化创新流程（Eisenhardt & Tabr，1995）；对知识深度搜索还能加深对知识价值的判断，以及对不同知识间联系的理解，增强了以不同构式整合知识能力，促进组织吸收能力的提升（Katila & Ahuja，2002）。同时，通过在创新网络中与特定通道的伙伴建立稳定互信的合作关系，促进深度和细致的知识转移，为创新带来更好的解决方案。利用性知识搜寻可以使企业对其原有的知识进行扩充与优化，可以使企业更广泛地学习并开发新的技能（Makadok & Walker，1996）。利用性搜寻具有风险小和成本低的优势，在现有知识领域进行重复搜寻会使企业变得更加专业，并促进企业的渐进式创新（Rosenkopf & Nerkar，2001）。一些实证研究发现利用性知识搜寻对创新绩效的正向影响（Phene et al，2006；Nerkar，2003）。但是也有学者指出，超过一定深度的搜索可能造成技术的路径依赖以及核心刚性的困局。利用性搜寻缺乏知识的多样性（Rosenkopf &

Nerkar，2001），许多创新所需知识需要在组织外部或其他技术领域中搜寻和获得，过分依赖利用性搜寻会导致"核心刚性"（Leonard – Barton，1992），损害创新，给企业带来致命影响（March，1991）。研究表明，搜索深度和创新绩效之间存在非线性关系，当搜索深度超过一定阈值，创新收益会呈现出边际收益递减的规律，即当技术路径受限时，由于解决方案变得非常复杂，导致新产品开发收益以下降的速率增加。当达到临界值时，再开发成本将会超过其收益（Laursen & Salter，2006）。

由此可见，利用性搜索通过降低错误率，优化创新流程，增强知识整合能力促进企业创新，然而过度利用性搜索也会导致技术路径依赖以及核心刚性，造成企业创新绩效的下降。因此，本研究提出：

假设4：利用性知识搜寻对集群企业协同创新存在倒"U"型的影响。

5.3.3　探索性知识搜寻与利用性知识搜寻的平衡影响

探索性和利用性之间的平衡对于企业获取高绩效和长期的生存是最基本的（March，1991；Lavie et al，2010）。由于企业内的资源和能力是有限的，探索性搜寻与利用性搜寻之间会出现对组织资源的竞争（March，1991）。同时，由于两者在风险、收益方面具有不同特征，因此与其相适应的组织结构、满足各自需求的创新过程以及文化和能力等都不同。可见，两者之间存在明显的张力，有学者（burgelman）认为企业无法同时挖掘二者所有的潜力，需要在长期中交替发展二者。也有学者（Katila）认为二者的交互作用能够通过吸收能力和组织重组促进组织创新。张文红（2014）还提出了"跨界搜索"到"外部深度搜索"再到"本地搜索"循环的演化式搜索的动态平衡路径。只从事利用性搜寻的企业会陷入次优平衡的陷阱，很难适应环境的变化；而只追求探索性搜寻的组织会增加实验的成本，并且不能获得与开发与现有机会相关的利益（March，1991）。组织需要平衡短期效率和长期效果之间需求的矛盾（March，1991；Smith & Tushman，2005），才能促进组织创新绩效。

因此，本研究提出：

假设 5：探索性知识搜寻与利用性知识搜寻的平衡对集群企业协同创新存在正向影响。

5.3.4　知识搜寻视角下组织同构对协同创新的影响机理

在制度力量下，合作企业之间不仅在成本的分摊、风险的降低及创新活动方面有长足的进步，同时网络体系中的成员也会通过知识的获取、分享及扩散效果不断吸引其他成员的加入（戴志璁，2007）。学者们（Inzelt，1996）在其研究中指出，一般来自于制度力量的支持，会对企业之间的合作及技术发展产生加速的作用。他认为在依循制度及结构的规范中，可以区分为以大型企业为核心而呈现出高度集中化的任务导向；以及以中小企业学习模仿为主的知识获取导向。在任务导向的知识获取模式中，网络成员的知识都集中在居于网络中心位置的核心企业，周边的合作企业基于生存及发展需要，必须全力配合核心企业的决策。核心企业在进行知识移转时会考虑到也许会造就出极具威胁的竞争者而对自身造成伤害，因此会建立必要的防卫机制以限制知识分享与学习成效。至于以中小企业为主的知识获取导向，则强调基于网络的专业化分工原则，企业希望通过自身核心能力的发展而与其他网络成员进行合作，网络中的个别企业会基于互补性的资源依赖而需要获取所需知识，以强化整体网络体系对外的竞争力。由上述说明可知，强调由网络成员获取所需要的知识及技术相较于以核心企业为主的任务导向网络较能够彰显出网络成员的群体价值，而个别企业在既有制度脉络下也能够拥有独立发展的能力，而与其网络成员产生互补性的结合（戴志璁，2007）。也有学者（Lai et al，2006）的研究也显示出，通过制度理论中强制同构、模仿同构及规范同构的力量，将使企业与其网络成员之间对于供应链管理（SCM）导入信息科技（IT）的知识应用具有显著的帮助。尽管组织同构本身就有学习性和互动性的内涵，但创新绩效如何，主要还是依赖于交往过程中有意识的知识搜寻行为（Singh，2005）。

由上述探讨可知，网络成员不仅自身不断地创造出知识，同时在获取来自于其他合作伙伴的专业知识后，会和自身既有知识加以结合，进而产生对于知识应用的综效而拥有较高的创新能力（Helleoid & Simonin，1994；Yli-Renko et al，2001）。也就是说，当制度出现创新转变时，意味着组织发展也因此出现了新的契机，而为了追求该契机，企业必须致力于知识的获取及学习以发展出自身独特核心能力（Schulz，1993）。

组织在同构的过程中，往往会通过制度内的规范及惯例来汇集各方专业知识，例如引进产业中的相关知识而将彼此之间的交流互动制定成为标准化的章程与指令、将生产活动组合成连续的序列而将知识应用分派到各个流程上，或者是在高度复杂性与不确定性的任务上与其他合作对象进行讨论。综合上述说明，本研究认为组织同构所产生的协同创新提升，有可能是通过搜索网络成员所拥有的知识，包括产业中既有的同质性或极具创新性的异质性知识后所造成的中介现象。很多研究表明，组织同构对企业知识获取行为或外部学习活动具有较大的影响，组织在同构的过程中，往往会通过制度内的规范及惯例来汇集各方专业知识进而提升创新绩效（Singh，2005；Lai et al，2006）。结合前面的讨论，本研究提出：

假设6：探索式知识搜寻在组织同构与集群企业协同创新之间具有中介作用；

假设6a：探索性知识搜寻在强制同构与集群企业协同创新之间具有中介作用；

假设6b：探索性知识搜寻在规范同构与集群企业协同创新之间具有中介作用；

假设6c：探索性知识搜寻在模仿同构与集群企业协同创新之间具有中介作用；

假设7：利用式知识搜寻在组织同构与集群企业协同创新之间具有中介作用；

假设 7a：利用性知识搜寻在强制同构与集群企业协同创新之间具有中介作用；

假设 7b：利用性知识搜寻在规范同构与集群企业协同创新之间具有中介作用；

假设 7c：利用性知识搜寻在模仿同构与集群企业协同创新之间具有中介作用。

5.4　组织同构、知识搜寻与协同创新关系的实证分析

5.4.1　研究样本

由于基于同一份问卷进行数据采集工作，因此，本章的样本选取与数据获取途径均与第 3 章和第 4 章一致，这里不再进行赘述。需要说明的是，除了需要继续沿用第 3 章和第 4 章集群企业组织同构、协同创新和控制变量设置外，本章新增了中介变量知识搜寻的设置，这一点将在下面变量设置描述中具体说明。本研究将使用样本一对知识搜寻变量进行探索性因素分析，再使用全体样本对其进行验证性因素分析，样本一和全体样本情况与第 3 和第 4 章相同，这里不再赘述。

5.4.2　变量测量

本章对知识搜寻变量的测量采用 7 级李克特量表打分法处理，每个项目有 7 级选择，数字 1~7 依次表示完全不符合、基本不符合、有点不符合、不能确定、有点符合、基本符合和完全符合。对变量进行测度的具体问题设置如下表所示。知识搜寻变量共有两个维度构成：探索性知识搜寻和利用性知

识搜寻。知识搜寻变量的测量主要借鉴了朱朝晖（2008）、何和王（He & Wong，2004）等学者的相关研究，从知识的寻找、获取、整合和利用四个方面测量探索性搜寻和利用性搜寻，各包括四个测量问项，如表5-1所示。

表5-1 集群企业知识搜寻的衡量问题

集群企业知识搜寻	依据或来源
企业可以有效地寻找、识别和跟踪新技术领域的知识	朱朝晖，2008；He & Wong，2004
企业拥有多种渠道获取行业内外的新技术领域的知识	
企业能够将获取的新技术领域知识与自身结合以形成组织专属资产	
企业能够将所获取的新技术领域的知识应用在新产品开发上	
企业可以有效地寻找、识别和跟踪现有技术领域的知识	
企业拥有多种渠道获取所需要的现有技术领域的知识	
企业能够将获取的现有技术领域知识与自身结合以形成组织专属资产	
企业能够将所获取的现有技术领域的知识应用在新产品开发上	

5.4.3 方法描述

本章采用统计分析软件SPSS 20.0对主要变量进行因素分析，用结构方程建模软件AMOS 21.0对知识搜寻变量的探索性因素分析结果进行验证性因素分析，使用Person相关分析、多元回归分析和逐步回归分析验证集群企业组织同构现象对协同创新的作用机制。

5.5 统计分析与结果讨论

5.5.1 集群企业知识搜寻的探索性因素分析

本研究使用其中的100份问卷数据对协同创新进行探索性因素分析。通过 KMO 样本充分性测度和 Bartlett 球体检验后（详见表 5 - 2），探索性因素分析结果如表 5 - 3 所示，8 个项目分别在载荷系数都大于 0.50 的两个公因子上。根据知识搜寻相关文献，我们分别对其命名为：探索性知识搜寻和利用性知识搜寻，这两个因素的总解释率为 66.37%。对样本数据进行信度检验，发现各变量的 Cronbach's α 系数均大于 0.7，说明该量表具有较好的内部一致性。

表 5 - 2　　　　　　　　　集群企业知识搜寻的样本充分性和球度检验

项目		
Kaiser - Meyer - Olkin 取样充分性测量		0.856
Bartlett's 球度检验	χ²	539.201
	自由度	28
	显著性	0.000

表 5 - 3　　　　　　　　　集群企业知识搜寻的因素分析结果

测量项目	负荷	
因素 1：探索性知识搜寻　α 系数 = 0.812		
企业可以有效地寻找、识别和跟踪新技术领域的知识	0.217	**0.758**
企业拥有多种渠道获取行业内外的新技术领域的知识	0.261	**0.728**
企业能够将获取的新技术领域知识与自身结合以形成组织专属资产	0.240	**0.825**
企业能够将所获取的新技术领域的知识应用在新产品开发上	0.109	**0.779**
因素 2：利用性知识搜寻　α 系数 = 0.841		
企业可以有效地寻找、识别和跟踪现有技术领域的知识	**0.839**	0.246
企业拥有多种渠道获取所需要的现有技术领域的知识	**0.829**	0.146
企业能够将获取的现有技术领域知识与自身结合以形成组织专属资产	**0.761**	0.151
企业能够将所获取的现有技术领域的知识应用在新产品开发上	**0.740**	0.336
各因素解释变异的百分比	**33.78**	**32.59**

5.5.2 验证性因素分析

本书使用全部的 165 份问卷数据对知识搜寻变量进行验证性因素分析，结果表明，探索性搜寻和利用性搜寻的 Cronbach's α 均大于 0.7（见表 5 – 4），通过信度检验。利用 AMOS 21.0 进行分析，拟合结果表明（见图 5 – 2）：$\chi^2(19) = 21.445$，$p < 0.001$，$\chi^2/df = 1.129$，$CFI = 0.995$，$RMSEA = 0.028$，$GFI = 0.968$，$IFI = 0.995$，且测量方程中的路径系数均在 $p < 0.001$ 的水平上具有统计显著性。综合以上的结果，说明模型拟合得较好。以上结果表明，通过探索性因素分析得到的因子结构得到了验证，即集群企业知识搜寻可以分成探索性知识搜寻与利用性知识搜寻两种模式。

表 5 – 4   知识搜寻的 CFA 表

变量	问项	负荷量	信度	平均萃取变异 AVE
探索性知识搜寻	探索性知识搜寻 1	0.647 ***	0.816	0.529
	探索性知识搜寻 2	0.839 ***		
	探索性知识搜寻 3	0.691 ***		
	探索性知识搜寻 4	0.717 ***		
利用性知识搜寻	利用性知识搜寻 1	0.746 ***	0.844	0.577
	利用性知识搜寻 2	0.664 ***		
	利用性知识搜寻 3	0.768 ***		
	利用性知识搜寻 4	0.850 ***		

注：*** $p < 0.001$。

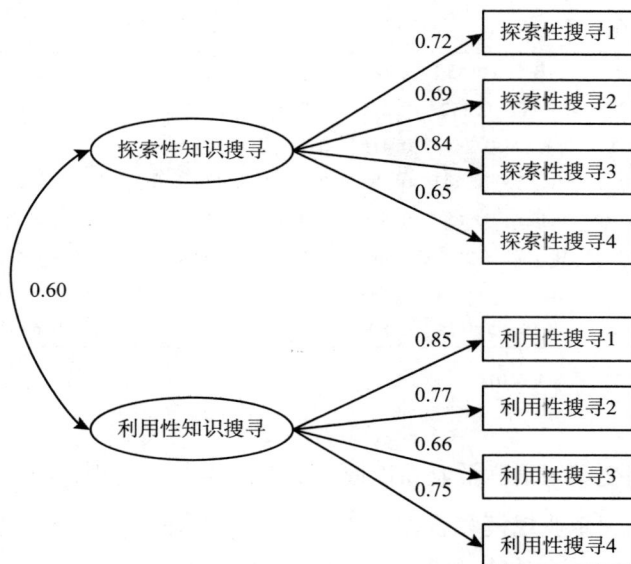

图 5 - 2   结构方程模型

5.5.3   相关分析

我们首先对各主要变量进行相关分析，检验它们之间是否存在相关性，表 5 - 5 总结了本章研究中涉及的变量的描述性统计和简单相关系数。因其他变量的相关性在第 4 章已经分析过，本章主要阐述集群企业知识搜寻与各变量的相关关系。

表 5 - 5   各变量的描述性统计和相关分析（N = 165）

	A	B	C	D	E	F	G	H	I	J
A 企业年龄	1									
B 企业规模	0. 512 **	1								
C 合作经验	0. 720 **	0. 399 **	1							
D 产业环境	− 0. 015	0. 157 *	0. 264 **	1						
E 强制同构	− 0. 021	0. 114	0. 131	0. 149	1					

续表

	A	B	C	D	E	F	G	H	I	J
F 规范同构	0.065	0.163*	0.172*	0.205**	0.754**	1				
G 模仿同构	−0.147	0.158*	0.241**	0.416**	0.341	0.329**	1			
H 探索搜寻	−0.190*	−0.053	0.111	0.243**	0.527**	0.479**	0.533**	1		
I 利用搜寻	−0.046	0.073	0.468**	0.536**	0.434**	0.352**	0.622**	0.509**	1	
J 协同创新	−0.160*	0.037	0.268**	0.416**	0.609**	0.569**	0.654**	0.665**	0.722**	1
平均数	2.45	2.63	9.38	5.00	4.68	4.48	4.79	4.42	4.79	4.36
标准差	1.06	1.52	5.24	0.89	1.19	1.29	0.91	0.68	1.02	0.93

注：* $p < 0.05$，** $p < 0.01$。

先看控制变量与集群企业知识搜寻的关联性。从表中可以发现，集群企业的成立年限、企业规模和合作经验都与探索性知识搜寻不存在相关关系；环境的不确定性与探索性知识搜寻存在显著的正相关关系（$r = 0.24$，$p < 0.01$）。集群企业的成立年限和企业规模都与利用性知识搜寻不存在相关关系；集群企业的合作经验与利用性知识搜寻存在显著的正相关关系（$r = 0.47$，$p < 0.01$）；环境的不确定性与利用性知识搜寻存在显著的正相关关系（$r = 0.54$，$p < 0.01$）。

其他变量与集群企业知识搜寻的关联性。从表5-5中可以发现，强制同构（$r = 0.53$，$p < 0.01$）、规范同构（$r = 0.48$，$p < 0.01$）和模仿同构（$r = 0.53$，$p < 0.01$）都与集群企业的探索性知识搜寻存在显著的正相关关系。强制同构（$r = 0.43$，$p < 0.01$）、规范同构（$r = 0.35$，$p < 0.01$）和模仿同构（$r = 0.62$，$p < 0.01$）都与集群企业的利用性知识搜寻存在显著的正相关关系。探索性知识搜寻（$r = 0.66$，$p < 0.01$）与利用性知识搜寻（$r = 0.72$，$p < 0.01$）都与集群企业协同创新存在显著的相关性。

主要变量之间存在显著相关关系，因此可以继续进行验证。

5.5.4 多元回归分析

1. 集群企业组织同构与知识搜寻之间的关系验证。

集群企业组织同构与知识搜寻的关系验证详见表 5 - 6。模型 9 为控制变量与探索性知识搜寻之间的回归，模型 10 在模型 9 基础上加入了强制同构、规范同构与模仿同构，从模型 10 的回归结果可以看出，强制同构、规范同构与模仿同构都对探索性知识搜寻存在显著的正向影响，其回归系数分别为 0.278、0.164、0.339，因此，假设 1a、假设 1b 和假设 1c 获得验证。模型 11 为控制变量与利用性知识搜寻之间的回归，模型 12 在模型 11 基础上加入了强制同构、规范同构与模仿同构，从模型 12 的回归结果可以看出，强制同构与模仿同构都对利用性知识搜寻存在显著的正向影响，其回归系数分别为 0.268、0.229，规范同构对利用性知识搜寻不存在显著的影响。因此，假设 2a 和假设 2c 获得验证，假设 2b 没有获得验证。

表 5 - 6　　　　　　　　　　知识搜寻的回归分析

变量	探索性知识搜寻		利用性知识搜寻	
	模型 9	模型 10	模型 11	模型 12
企业年龄	-0.519^{***}	-0.185	-0.684^{***}	-0.456^{***}
企业规模	0.016	-0.130	0.030	-0.058
合作经验	0.448^{***}	0.149	0.871^{***}	0.676^{***}
产业环境	0.114	0.005	0.291^{***}	0.235^{***}
强制同构		0.278^{**}		0.268^{***}
规范同构		0.164^{*}		-0.050
模仿同构		0.339^{***}		0.229^{***}
校正 R^2	0.155	0.442	0.587	0.687
F 值	8.500	19.537	59.267	52.304
DW	1.611	1.811	1.861	2.033

注：$*p<0.05$，$**p<0.01$，$***p<0.001$。

2. 知识搜寻与集群企业协同创新之间的关系验证。

知识搜寻与集群企业协同创新之间的关系验证详见表 5 - 7 的模型 4、模型 5 和模型 6。模型 4 为控制变量、知识搜寻与协同创新之间的回归，从回归结果可以看出，探索性知识搜寻与利用性知识搜寻都对协同创新存在显著的正向影响，其回归系数分别为 0.390、0.431；为了验证探索性知识搜寻与利用性知识搜寻对集群企业协同创新的倒 "U" 型影响，模型 5 在模型 4 基础上加入了探索性知识搜寻与利用性知识搜寻的平方项，加入探索性知识搜寻与利用性知识搜寻后，探索性知识搜寻与利用性知识搜寻对集群企业协同创新存在显著的正向影响，其回归系数分别为 0.324、0.405，探索性搜寻的平方项对集群企业协同创新存在显著的负向影响，其回归系数为 -0.200，利用性搜寻的平方项对集群企业协同创新不存在显著的影响关系，调整后的 R^2 由 0.640 上升到 0.664，因此，假设 3 获得支持，假设 4 未获得支持，即探索性知识搜寻对协同创新存在倒 "U" 型的影响，利用性知识搜寻对协同创新存在正向影响。而模型 6 又在模型 5 基础上加入了探索性知识搜寻与利用性知识搜寻的差值绝对值，即两者的平衡项，从结果可以看出，探索性知识搜寻与利用性知识搜寻的平衡项对协同创新不存在显著的影响关系，因此，假设 5 未获得验证。

3. 知识搜寻中介效应的检验。

以往的研究方法论一般认为，通过一系列逐步回归分析的方法，可以检验多个连续变量之间的中介或部分中介作用的假设（Baron & Kenny, 1986）。具体检验过程一般主要包括以下四个关键步骤（张慧，2007）：①检验中介变量对自变量的回方程系数是否达到显著水平（路径 a）；②检验因变量对自变量的回归方程系数是否达到显著水平（路径 b）；③检验因变量对中介变量的回归方程系数是否达到显著水平（路径 c）；④检验因变量同时对自变量和中介变量的回归方程中，中介变量的回归系数是否达到显著水平，自变量回归系数是否减小到不显著水平。

如果在以上三个步骤中，前三个步骤中的回归系数都达到显著，第四个步骤中的中介变量回归系数也达到显著水平，那么当第四个步骤中的自变量回归系数减小到不显著水平时（路径 c），即验证了中介变量在自变量与因变量间的完全中介作用；当第四个步骤中的自变量回归系数减小（路径 c），但仍然达到显著水平时，即验证了中介变量在自变量与因变量间的部分中介作用，也就是说，自变量一方面通过中介变量影响因变量，同时也直接对因变量起作用。按照以上检验中介作用的逐步回归分析方法，我们检验知识搜寻在集群企业组织同构与协同创新直接的中介作用。

　　控制变量、组织同构、组织同构的平方项与集群企业协同创新的关系验证详见表 5 – 7 中的模型 1、模型 2 和模型 3，第 4 章已经对以上之间的关系进行过详尽的阐述，这里不再赘述。

　　知识搜寻中介效应的检验详见表 5 – 7 的模型 7 和模型 8。模型 7 和模型 8 分别在模型 3 的基础上加上了中介变量探索性知识搜寻和利用性知识搜寻。从模型 7 的回归结果可以看出，模型 7 中加入中介变量探索性知识搜寻后，探索性知识搜寻对协同创新具有显著的正向影响，而规范同构和模仿同构对协同创新仍有显著的正向影响，但是回归系数由模型 3 中的 0.149、0.206 减小到了 0.131、0.170，而强制同构对协同创新不存在显著的影响关系了，调整后的 R^2 由 0.739 上升到 0.747。由此可知，探索性知识搜寻在规范同构、模仿同构和协同创新之间起到了部分中介作用，探索性知识搜寻在强制同构和协同创新之间起到了完全中介作用，因此假设 6a 获得支持，假设 6b 和假设 6c 获得部分支持。同理，从模型 8 的回归结果可知，模型 8 中加入中介变量利用性知识搜寻后，利用性知识搜寻对协同创新具有显著的正向影响，而规范同构和模仿同构对协同创新仍有显著的正向影响，但是模仿同构的回归系数由模型 3 中的 0.206 减小到了 0.170，规范同构的回归系数由模型 3 中的 0.149 上升到了 0.163，而强制同构对协同创新不存在显著的影响关系了，调整后的 R^2 由 0.739 上升到 0.750，由此可知，利用性知识搜寻在模仿同构和协同创新之间起到了部分中介作用，利用性知识搜寻在强制同构和协同创新之间起到了完全中介作用，利用性知识搜寻在规范同构和协同创新之间不具有中介作用，假设 7a 获得支持，假设 7c 获得部分支持，假设 7b 没有获得支持。

表5-7　　　　组织同构、知识搜寻与协同创新的回归分析

变量	模型1	模型2	模型3	模型4	模型5	模型6	模型7	模型8
A 企业年龄	-0.680***	-0.357***	-0.346***	-0.183*	-0.220*	-0.219*	-0.322***	-0.253**
B 企业规模	0.085	-0.060	-0.065	0.066	0.032	0.032	-0.047	-0.053
C 合作经验	0.667***	0.375***	0.398***	0.116	0.157	0.156	0.376***	0.257***
D 产业环境	0.216**	0.108*	0.089	0.046	0.056	0.057	0.090*	0.042
E 强制同构		0.292***	0.138*				0.115	0.097
E 规范同构		0.293**	0.149*				0.131*	0.163***
F 模仿同构		0.313***	0.206***				0.170**	0.170***
强制同构²			-0.147*				-0.134	-0.138
规范同构²			-0.160*				-0.142*	-0.142*
模仿同构²			-0.128**				-0.118*	-0.114*
探索搜寻				0.390***	0.324***	0.325***	0.137*	
利用搜寻				0.431***	0.405***	0.405***		206**
探索搜寻²					-0.200***	-0.200***		
利用搜寻²					0.064	0.067		
|探索搜寻-利用搜寻|						-0.010		
校正 R²	0.365	0.679	0.739	0.640	0.664	0.662	0.747	0.750
F值	24.559	50.455	47.437	49.497	41.554	36.715	45.106	45.817
DW	1.788	1.927	1.900	2.108	2.059	2.063	1.973	1.865

注：*p<0.05, **p<0.01, ***p<0.001。

5.5.5 结果讨论

1. 组织同构对知识搜寻的影响。

强制同构、规范同构和模仿同构都对探索性知识搜寻存在显著的正向影响；强制同构和模仿同构都对利用性知识搜寻存在显著的正向影响，规范同构对利用性知识搜寻不存在显著的正向影响。组织之间通过所需知识的获取，可以迅速进行知识的移转和分享，尤其是在既有产业体制之下，由于网络成员具有共同的文化脉络及产业规范，会促使彼此能够以共同建立起来的制度及合作方式进行知识的交流及分享，并使组织之间获得有效的学习（Kamoche & Harvey，2006）。另一方面，组织获取所需知识后，在其同一网络内所产生的知识扩散效果往往较网络以外的组织之间所具备的知识扩散效果更为显著（Kogut & Zander，1992），主要原因在于网络内部的成员具有较一致的文化、规范、信念，甚至是彼此之间基于特定地理区域所建构而成的网络纽带原因（Spencer，2003；Singh，2005）。值得注意的是，组织在获取所需知识的同时，必须明确地配合知识的属性来进行，尤其是组织所未曾接触过的探索性知识（Kogut & Zander，1992）。一般而言，组织最初采用新信息科技或技术的比例较低，就像新产品最初刚导入市场时的情形一样，只有很少比例的前端消费者愿意去尝试，但经过一段时间后，由于成功案例的出现使得市场使用者的接受度提升，采用比率会逐渐上升直到顶峰，最后当市场越接近饱和状态时，再加上技术替代效果的影响，采用比率则又逐渐下降，直到整个扩散过程结束为止（Sacchetti，2004）。由此可见，在极具创新性的知识及技术方面，初期由于不确定性较高，同时多数组织并无法意识到新知识对于组织未来发展的迫切性及重要性，而必须经由网络体系中的核心成员率先引进或应用后，多数组织才会选择跟进。然而若组织在同构过程中基于体制压力而迫使组织必须采取创新性的知识时，则上述情况便会产生改变。这与本研究的结论是一致的。但是本研究的结果显示，规范同构对利用性知识搜寻并无显著影响。可能的原因是，规范同构属于行业规范下的同构，这种同构可能是集群整体性质的，这种同构会影响到行业里的每个企业，因此，并不存在有利于或不利于利用性知识搜寻的获取，因为，行业规范下的同业利用性知识的获取是一种显而易见的行为。

2. 知识搜寻对协同创新的影响。

（1）探索性搜寻对集群企业协同创新存在倒"U"型的影响；探索性知识搜寻能够使企业接触到更广泛的异质性知识，提高企业的创造性、丰富企业的创新范围。然而过度扩大搜寻范围会增加企业的知识整合成本，分散企业的注意力、降低新产品的可靠性，从而降低协同创新。正如学者们（Nemet & Johnson，2012）所说，企业很难整合行业外知识，并且获取和整合行业外知识具有一定的风险性，跨行业的知识也很难被吸收，因此过度的探索性搜寻不利于协同创新的提升。

（2）利用性搜寻对集群企业协同创新存在显著的正向影响而非倒"U"型影响。当企业能够接受来自于制度环境中的利用性知识时，组织往往能够通过响应网络成员的期待与需求，并扩大利用性知识的应用范围于内部管理、生产、销售、研发及设计等活动上，以创造出较佳的绩效表现。并且，利用性搜寻会降低企业创新失败的概率，增强企业创新成功的信念，促进企业创新惯例的形成，优化企业的创新过程，进而提高企业的创新能力；集群特定的情景和企业关系使集群企业的利用性搜寻成为一种常态，通过集群网络中企业之间的相互学习、交流和知识传播，可以促进深度和细致的知识转移，并提升集群企业的协同创新。

（3）探索性搜寻与利用性搜寻的平衡对集群企业协同创新不存在显著的影响。探索性搜寻与利用性搜寻要不要平衡，两者的平衡是否对企业创新有正向影响，学者们还没有得出一致的结论。学者们（He & Wong，2004）等的实证结果显示探索性搜寻与利用性搜寻的平衡对协同创新存在显著的正向影响，但也有学者的实证研究表明，探索和利用两种活动是互补的。诺特（Knott，2002）发现，在丰田的产品开发中，探索和利用性活动同时并存，因此，他认为这两个活动是互补的。同样地，在研究机器人行业时，学者们（katila & Ahuja，2002）发现，知识搜寻宽度（探索性）和知识搜寻深度（利用性）的交互作用对新产品开发存在显著的正向影响。这表明一些组织可以同时追求两种搜索活动。本书的结论和后者一致，可能的原因是，本研究的因变量是企业之间的协同创新，在企业合作过程中，不会刻意地去衡量应该探索性搜寻多点，还是应该利用性知识搜寻多点，企业合作过程中，既想尝试全新的知识，或实现知识之间的全新组合，也想重构熟悉的知识，或改进以往曾使用的知识组合，只要是有利于合作，有利于创新产出的知识搜寻活动都应具备，因此，探索性搜寻与利用性搜寻的平衡对集群企业协同创新不存在显著的影响。

3. 知识搜寻的中介作用。

探索性搜寻和利用性搜寻在组织同构和集群企业协同创新之间具有中介效果。在以往的相关研究中，学者们普遍认为组织同构对企业的创新绩效具有重要的影响（Inzelt，1996；Liao，1996；Levy & Samuels，1991；Benders，2006），但是对于其中的作用机制，学者们并没有进行深入而充分的探讨。不过，有些学者在相关研究中对这种影响机制进行了暗示和启发，认为组织同构对企业知识获取行为或外部学习活动具有较大的影响，组织在同构的过程中，往往会通过制度内的规范及惯例来汇集各方专业知识进而提升创新绩效（Singh，2005；Lai et al，2006）。然而，本研究通过对现有的相关文献的查阅发现，正如戴志瑷（2007）所指出，对于同构、知识和企业创新绩效的这种综合性的实证研究仍然较为少见。因此，在研究模型构建的过程中，本研究将集群企业组织同构——知识搜寻——协同创新几个变量联系起来，形成了一个综合性的研究模型，认为集群企业组织同构的程度不同，导致了集群企业从创新网络中获取知识的差异，而企业的外部知识搜寻进一步影响了集群企业的协同创新。其中，集群企业的知识搜寻作为其中的一个重要变量，对集群企业组织同构和协同创新关系起到中介作用（至少是部分中介作用）。而且，经过对浙江产业集群中的集群企业样本数据进行的数理统计分析，集群企业知识搜寻的这种中介作用也得到了本书实证研究结果的支持。由此可知，若集群企业能够通过在同构的过程中利用与网络成员之间所建立起来的关系，有效地搜寻与获取彼此所需要的知识，会促进企业创新绩效的提升。所以，本书的研究结论不仅验证了关于知识搜寻在集群企业组织同构和企业协同创新之间关系中具有中介作用这一研究假设在理论逻辑上的合理性，而且这一实证结果对企业组织同构研究领域对应的综合性框架下的相关研究也做了有益的补充。

5.6 本章小结

在理论研究与实地调研访谈的基础上，本书建构了关于集群企业组织同构、知识搜寻及协同创新关系的研究模型和假设。具体来说，本研究认为，集群企业的强制同构、规范同构和模仿同构通过影响集群企业从中搜寻的知识而间接作用于企业协同创新。随后，本书以浙江省产业集群中的集群企业为样本，通过对 165 个有效样本数据进行的定量统计分析实证研究，对所构建的研究模型和相应的假设进行了验证。检验分析结果表明，本研究构建的研究模型以及提出的相应假设基本上通过验证。这说明本研究认为集群企业组织同构的差异通过影响企业的知识搜寻间接作用于协同创新，进而形成集群企业协同创新的差异，这一观点不仅在理论上符合逻辑的推演，而且也能够得到相应的实证检验结果的支持。本研究主要探讨知识搜寻在集群企业组织同构与协同创新之间的中介作用，本研究中"集群企业组织同构对知识搜寻的影响"和"知识搜寻对集群企业协同创新的影响"的分析都是在为知识搜寻的中介效应检验作铺垫。本研究主要结论如下：①知识搜寻可分为两种方式：探索性知识搜寻与利用性知识搜寻；②强制同构、规范同构和模仿同构都对探索性知识搜寻存在显著的正向影响；强制同构和模仿同构都对利用性知识搜寻存在显著的正向影响，规范同构对利用性知识搜寻不存在显著的正向影响；③探索性知识搜寻对集群企业协同创新具有倒"U"型影响，利用性知识搜寻对集群企业协同创新具有正向影响；④知识搜寻在集群企业组织同构与协同创新之间具有中介作用。本研究的假设检验情况如表 5 - 8 所示。

表 5 - 8　　　　　　　　　　　　本研究假设验证情况统计

序号	假设内容	验证结果
假设 1	组织同构对探索式知识搜寻存在正向影响	
假设 1a	强制同构对探索式知识搜寻存在正向影响	支持
假设 1b	规范同构对探索式知识搜寻存在正向影响	支持
假设 1c	模仿同构对探索式知识搜寻存在正向影响	支持
假设 2	组织同构对利用式知识搜寻存在正向影响	
假设 2a	强制同构对利用式知识搜寻存在正向影响	支持
假设 2b	规范同构对利用式知识搜寻存在正向影响	不支持
假设 2c	模仿同构对利用式知识搜寻存在正向影响	支持
假设 3	探索性知识搜寻对集群企业协同创新存在倒"U"型影响	支持
假设 4	利用性知识搜寻对集群企业协同创新存在倒"U"型影响	不支持
假设 5	探索性知识搜寻与利用性知识搜寻的平衡对集群企业协同创新存在正向影响	不支持
假设 6	探索性知识搜寻在组织同构与集群企业协同创新之间具有中介作用	
假设 6a	探索性知识搜寻在强制同构与集群企业协同创新之间具有中介作用	支持
假设 6b	探索性知识搜寻在规范同构与集群企业协同创新之间具有中介作用	部分支持
假设 6c	探索性知识搜寻在模仿同构与集群企业协同创新之间具有中介作用	部分支持
假设 7	利用性知识搜寻在组织同构与集群企业协同创新之间具有中介作用	
假设 7a	利用性知识搜寻在强制同构与集群企业协同创新之间具有中介作用	支持
假设 7b	利用性知识搜寻在规范同构与集群企业协同创新之间具有中介作用	不支持
假设 7c	利用性知识搜寻在模仿同构与集群企业协同创新之间具有中介作用	部分支持

第6章　集群企业组织同构现象的形成机制

6.1 引　　言

经过 20 多年的发展，我国涌现出大量的产业集群，如诸暨袜业产业集群、乐清低压电器产业集群、常熟服装产业集群、新兴厨具产业集群、东莞电子产品产业集群等。这些集群的产量和销售额占有国内或国际市场的很大比重，在行业中形成了较强的影响力，成为地方经济发展的发动机。但是长期群聚的结果，就是群内企业之间无论在商业经营模式、公司结构、企业战略、生产技术等方面都逐渐地趋于同构，群内企业的经营活动不时会出现各种"一窝蜂"的现象，究竟是什么样的力量，造成这样的现象？制度理论被认为最适合用来解释组织同构与制度规范建立的现象（DiMaggio & Powell，1983；Scott，1987），制度理论学者认为制度环境的力量，会使同一制度环境中的组织知觉到相同的法规、规范、认知、文化等压力，迫使组织遵循、顺从以获得制度环境认可，增加其正当性，进而得到组织生存所需的支持与资源，逐渐形成同质的现象。我国目前正处于转型中的经济市场，相关法规制度未尽完善，政治及社会情势动荡不稳，地方法制观念更是有待加强，企业面临极大的制度不确定性，其资源依赖模式也发生了很大的变化。企业不具备足够的经济或政治力量影响其所处的制度环境，必须通过战略与结构的选择来减少组织与制度环境之间的冲突。集群企业处于同一区域的相似环境下，为求生存会试图改变对资源的占用状态，在竞争过程中，小企业模仿大企业、新企业学习老企业、企业之间进行技术合作共享收益等，在上述种种情况下，企业为求在集群内生存的正当性，通过强制、模仿、规范的制度机制逐渐趋于同构，同构化或许成为集群企业战略选择的必要过程。因此，本章在制度理论与组织同构理论基础上，结合中国转型经济的特点，构建出中国转型经济下制度环境的维度及构成要素，探讨转型经济制度环境下集群企业组织同构的成因，并考察组织惯性在组织同构形成过程中的调节作用，揭示中国转型经济制度环境下集群企业组织同构的形成机制。

6.2　集群企业组织同构现象形成的理论背景

6.2.1　制度理论

以 19 世纪德国历史学派作为思想渊源的制度经济学，产生于 19 世纪 20 年代初。其产生发展大体上经历了三个阶段：19 世纪末到 20 世纪 30 年代，以凡勃伦、康芒斯和米切尔等为代表的旧制度经济学时期；30～40 年代，以伯利、米恩斯和加尔布雷斯等为代表的从旧制度经济学向新制度经济学过渡的时期；50 年代至今，以科斯、诺斯和威廉姆森等为代表的新制度经济学时期（傅殷才，1996；张涌，2008）。诺斯（1994）认为，制度是一系列被制定出来的规则、守法程序和行为的道德伦理规范，它旨在约束追求主体福利或效用最大化利益的个人行为。在政治或经济制度中，福利或效用通过占有由专业化产生的商业收益而达到最大化。斯科特（1995）将制度定义为"使社会趋于稳定并产生意义的强制性、规范性和认知性的机构和活动"。制度是基本的游戏规则，而组织的角色是发动制度变革，组织的形式及其如何演变基本上都受到制度框架的影响，制度给予了企业组织强大的合法性压力，并直接影响企业的战略和结构选择（陈永昶，2012；Peng，2003）。

行为与组织结构相结合，这些研究被视为新制度理论，采用多变的观点，同时遍及整个社会科学领域（Scott，1995）。而制度理论也是组织研究中具有深厚影响的学派之一，其多元化的信念主要是连接到早期传统社会学的观点，大部分传统对于社会理论的定义都是象征性的，认知和规范及行为系统，强调持续性和稳定性。我们从制度理论的发展时期来探讨，可以分为新制度学派和旧制度学派。旧制度理论重视制度法则、信念以及其对国家、社会、个人产生何种制约与影响。其论点过度强调正式制度的重要性而忽略了非正式制度的力量，同时也认为个体都是嵌入在制度环境之中（李英明，2005）。而新制度理论强调文化因素在社会制度里所扮演的角色，注重制度程序的本质与变化情形（Scott，1987；Scott，1995）。斯科特（1995）在 *Institutional Theory and Organization* 一书提出新制度理论的基础包含了下列三个领域：①经济领域，主要是受到交易成本经济和演化经济影响，目的在探讨通过交易成本、信息不对称与诱因调节机制的形成、演变会发生何种效果；②政治科学领域，主要包含历史制度主义和理性选择理论，强调适切性的逻辑同时也兼顾制度的形成与规范效果；③社会学领域包含认知理论、现象学与文化研究、民族学，强调制度是理所当然的特性，同时制度也嵌入社会文化的脉络里。

旧制度理论学者（Selznick，1996）主张为了创造新组织的认知及权力，应该要加入政治构面获得其合法性；斯科特（1995）则认为文化—认知构面为新制度理论与旧制度理论主要的区别。虽然新制度主义是因为批判旧制度理论的基础而产生，但它并不反对旧制度理论论点，新制度理论所运用的思考方法和分析工具与旧制度理论是一致的，皆强调理性、人、稳定偏好以及最大均衡等（孙景宇，2005）。塞尔兹尼克（Selznick，1996）也认为新、旧两种制度理论皆反映出组织内部化对社会学的敏感度。新制度理论观点认为，正式化结构不仅能补充更多非正式的实务、态度、关系及承诺；同时也能在文化、财产权与合法性的影响之下成为回应环境的一种惯例、组织形式。由于文化—认知在中国也是运营的重要环节之一，所以本研究应用新制度理论所主张的观点做进一步深入探讨。

斯科特（1995）认为制度理论是研究关于政治、经济、社会等各类型的压力对企业经营的影响，其理论涉经济学、政治科学及社会学领域。不同于交易成本理论注重效率的论点，制度理论强调范围更广的制度环境，包含了交易成本所探讨的任务环境以及与外部相关的社会环境。在1977年出现了两篇对制度理论影响很大的观点，同时也奠定了制度理论在总体及个体面的论点：①迈耶和罗恩（Meyer & Rowan，1977）发展的总体面的论点。将制度观点视为文化规则的综合体。强调信仰是理性的及其重要性；也强调在更广泛的制度环境中，组织形式改变所造成的影响；②朱克（Zucker，1977）则发展出个体基础的制度。强调认知、信仰的力量能固定行为，当社会知识一旦制度化，所存在的社会知识如同一种事实，为客观事实的一部分，可以直接成为基础准则。

新制度主义学派代表学者斯科特（1995）综合各领域的观点，提出了三制度理论模型（Kshetri，2007）：管制制度、规范制度和认知制度（见表 6 - 1）。其中管制制度是指由正式的权威组织制定和颁布的政策法律和规章制度等；规范制度是指组织互动过程中所形成的一套价值观念与行为标准；认知制度是指组织对外部环境的理解，并通过知识体系传递共同认知与行动。制度理论观点表明，企业组织所要追求的不只是效率，还要遵守外在的规范、法规、道德以及文化认知体系的要求与支持，以取得在制度环境中的合法性。目前，三制度理论模型已经成为测量制度变量的参照标准。

表 6 - 1　　　　　　　　　　　制度的三大支柱

	管制的	规范的	文化—认知的
顺从的基础	权宜	社会义务	理所当然、分享领会
秩序的基础	管制规则	有约束力的期待	基本纲要
机制	强制的	规范的	模仿的
逻辑	工具性	适当性	正统性
指标	规则、法律、制裁	保证、鉴定	共同信仰、分享行动逻辑
合法性基础	合法的制裁	道德治理	易理解且可认知的文化支持

6.2.2　转型经济下的制度环境

1. 制度环境。

制度理论学者认为，身处于制度环境中的组织都需要追求合法性，因此专注在外部环境如何影响人以及组织的行为与决策，也主张组织在面对制度压力时，其行为选择会受到外界制度压力的限制；换言之，组织会受外界利益驱使，调整组织以响应及符合外界的要求，增加其合法性与正当性。奥利弗（1991）的研究也解释了外部压力会如何影响组织战略的行为。

在组织研究领域中，不同学者对制度环境各有不同见解，而制度环境对于组织的结构与运作方式的形成也有密切之关系。依奥利弗（1991）和迪普赫斯（1996）的观点，制度环境的成员包含国家、专业机构、利益相关者及公众意见，许多学者更进一步将制度环境延伸到同产业及组织网络中的其他组织（Haveman，1993；Galaskiewicz & Wasserman，1989）。斯科特（1987）主张环境为在特定范围内所有个体、群体、组织及其交互关联所形成的特定行动场域；1995 年在 *Institutional Theory and Organization* 一书中也指出，最具意义的分析单位应以组织场域为主。迪马乔和鲍威尔在 1983 年则定义组织场域是由组织聚集建构成制度生存认可的区域，其中包含了关键供货商、资源、产品消费者、管理机构及其他生产相同服务或产品的组织。萨顿等（1994）也认为组织所分析的场域应该包含组织内部结构、组织所处的任务环境与制度环境。弗里格斯坦（1987）指出组织包含三种制度背景：①组织有一系列适当的战略、结构、技术以及自然限制，使组织受限以及塑造组织成长的形式；②组织是通过产品线、市场、公司规模，嵌入在其他组织群体之间，包含供货商、配销商、竞争者，他们对于环境里的组织都有极大的影响，而行动者会模仿在相同环境里所知觉到的成功战略及组织结构；③政府会经由直接或间接的行动来影响企业的结构及成长，其行动包含影响整体环境的一般经济政策以及产业的合法化规则。

迈耶和罗恩（1977）认为组织个体都是嵌入在过去所建立的结构、系统及实务的内部制度环境内，格兰诺维特（1985）则主张经济行为是嵌入于人际关系网络里，组织个体同时也嵌入在由其他组织个体所构成的外部的制度环境里，因此组织个体是同时嵌入于两者之中。斯科特和迈耶（1983）定义组织所面临的两种环境，并且合并技术环境与制度环境在产业里共存的概念：①技术环境，即产品或服务在市场内交易，在组织有效率控制工作程序下将获得报偿；②制度环境，即个人或组织必须遵守详细的法规和条件以获得支持及合法性。有学者（Mezias，1990）主张通过三个社会行动者——国家政府、专业机构、个人组织的互动——去改变其行动以响应制度环境。有学者（Aldrich，1979）认为组织不完全只是为了资源及顾客，也为了政治力量、制度合法性、与社会及经济的匹配，因此也必须考虑到其他组织。有学者（Tolbert & Zucker，1983）则认为组织会找寻方法反应及适应外部监督和规范的压力。

综合以上学者的观点，本研究认为，组织是嵌入于社会网络之中，其所面对的环境不仅仅只有技术环境或是制度环境，两者皆会对组织造成不同的压力及影响，而制度压力的来源即为组织场域，因此本研究对制度环境的定义是以斯科特和迈耶（1983）合并两种环境在产业里共存的概念以及迪马乔和鲍威尔（1983）所提出"组织场域"的主张来探讨，此场域包含了技术环境里的关键供货商、配销商及其他生产相同服务或产品的组织与制度环境的政治、法律、社会等。在此组织场域中，因为知觉到相同的法规性、规范性与认知、文化等制度力量的影响而产生组织同构，或是当外部经营环境快速变化时，企业所面临的外在环境不确定性提高，同时也需随环境的变动做出适当的响应，因此采取模仿同业的方式而产生组织同构之现象。

2. 转型经济下的制度环境。

中国的改革是一个从计划经济向市场经济转变的过程，使经济发展政策由原来的自给自足转变为门户开放，从一只看得见的手转变成看不见的手。转型经济和发达经济的制度差异是巨大的（Seligman，1999；Shenkar，2005）。转型经济是指由计划导向转为市场导向的一种经济，市场力量和计划经济再分配力量同时在资源分配中发生作用（Nee，1989，1992）。在经济转型的过程中，影响行为人行为的正式规则、条例和约束条件也在不断发生变化，即在经济转型的过程中伴随着制度转型（秦令华，2013）。

计划经济调节的主体是计划，而市场经济调节的主体则为市场。在转型过程中，计划经济的限制已逐渐解除，取而代之的是以市场为基础的交易。具体而言，市场经济就是减少政府干涉，价格开放，以市场的调节作用反映资源的稀少程度，让资源自由流动，实现最好的配置。刘军梅（2002）提到转型经济的主要含义有两种：从制度层面来看，第一种为一般制度的转换，即旧制度瓦解、新制度生成的过程（孙景宇，2005）。另一种则是从计划经济制度转向市场经济制度。从计划经济向市场经济的转型进程包括了三个阶段：起点——计划经济、终点——市场经济以及两者之间的过渡阶段——转型经济（孙景宇，2005）。

在转型经济中，制度转型表现为双重过程：一方面，这是一个去制度化（deinstitutionalization）的过程，表现为那些在计划经济体系中得以制度化的组织活动和实践的削弱和中断。另一方面，这又是一个制度化（institutionalization）的过程，表现为约束和促进行为的支撑市场经济体系的新规则、条例和结构的出现。而制度转型是一个缓慢渐进的过程，因此在这一过程中全新的规则、条例和组织（资本市场制度）的出现与旧的社会主义制度和组织（国家经济计划）的存在和演化同时发生。

中国的制度转型是一个逐步的、试验性质的、不平衡的过程，在本质上既在演化又在转型（Wei，2005）。中国从中央计划经济向以市场为基础的经济的转化是通过去中心化、市场化和私有化，以及政治体系、法律框架和市场结构的制度转型来实现的（Child & Tse，2001）。国家试图通过这些举措来降低政府对企业治理的直接干预，让私有和合资企业加入到竞争中来，营造开放的竞争格局，增强企业在国内外的竞争力，形成规模经济和范围经济，重点发展支柱产业，为企业建立专业和高效的服务平台。在这样的制度转型过程中，企业面临来自动态市场环境的极大挑战，包括低层次的经济结构、快速的经济增长、行业构成的彻底重构等。中国原先的制度体系已经严重地被大规模变革削弱，与此同时，新的、基于市场的制度尚未完全建立起来（Peng，1996）。制度转型给企业环境带来了极大的不稳定，各种矛盾和冲突、二重性和混合性致使寻租行为普遍存在。

在转型的过程中，不仅仅只注重价格与市场的转型，更需注重外在环境的变化，如法制、社会与政治等。转型经济国家的特点是经济高速增长，但制度上有较明显的缺陷，主要表现为缺乏有效的中介机构，政府监管不力，相关的法律体系不完善等（Hoskisson，2000）。有学者（Khanna & Palepu，1997）将新兴市场国家的这种制度环境定义为制度空缺。这种制度空缺会给企业经营带来很大的不确定性，同时企业将很少能够得到外部环境的支持。学者们（Peng et al，2007）指出高动态性和低宽松性是转型经济国家企业外部环境的主要特点。有学者（Peng & Heath，1996）的研究指出，在转型经济的制度架构下缺乏法定制度的知识产权，使得投机行为增加，缺乏如资金、人力、财务的战略性要素市场，同时也因为政府的干预而处于一个不稳定的政治架构，因此，管理者要经营关系来运作企业，形成在中国一种特殊的人际关系文化（Peng & Luo，2000；Child & Tse，2001）。

因此，转型经济中的制度环境变化对于企业决策的影响，是企业不可忽视的重要因素。目前的中国市场是弱市场结构的特性，市场逐渐开放，虽然造就了其经济的快速增长，但其制度环境与市场治理机制并不具有长期稳定性（Nee，1992；Peng & Heath，1996），学者们（Child & Tse，2001）认为，中国制度的改变具有高度复杂性，因此一般西方成熟的市场经济国家所适用的制度环境在中国并不适用，而市场经济国家与转型经济国家的进入模式也必然有所差异，这也表示，西方国家的实证研究结论是无法全然解释中国转型的制度环境对于组织决策的影响的，对于准备进入中国的全球企业而言，如何投资于转型经济国家的决策，是企业所要考虑的重要问题。

6.2.3　影响组织同构的制度环境因素

迪马乔和鲍威尔（1983）将来自于制度中影响同构的力量区分为三种主要来源：①强制性力量：主要是源于政治力量、权威关系、依赖关系或组织所处社会中的期望所产生的正式或非正式压力；②不确定性力量（模仿过程）：当企业面临市场的不确定性或技术风险提高时，会复制其他成功企业的组织形态或行为以追求其在制度环境中的合法性；③规范性力量：强调组织互动过程中所形成的一套价值观念与行为标准成为组织及组织成员间的认知基础。组织同构理论的理论基础即制度理论，两种理论对于组织同构现象形成的机制过程具有共同的认识，即企业通过强制、规范和模仿三种机制取得环境中的合法性，并在组织之间呈现出渐趋同构的现象。

1. 强制性力量。

迪马乔和鲍威尔（1983）认为强制同构的原因，主要是来自于政治力量的影响，来自于组织相互依赖或是社会期望所产生的正式或非正式的压力。此压力隐含着强制性或说服性的力量，有可能来自于其他组织对组织本身的期望或要求，也可能是来自于当地政府所施予的压力，组织须遵从其法令规章以获得正当性及合法性，即个体运用直接的权威关系，迫使其组织制度化。如：国家政府会通过直接或间接行动来达到成长，其行动包含影响整体环境的一般经济政策以及产业的合法化规则（Fligstein，1987）。此力量也等同于斯科特（1995）所提出的法规力量，具有强制的、权宜的（expediently）内涵，在此压力下，组织也将依循其规定，以免受到法律制裁。迈耶和罗恩（1977）指出国家政府等大型的组织，皆会不断扩张其支配地位以及试图跨越社会各个领域，如此一来，组织的结构便渐渐反映出国家合法化后的制度特征，遵行社会制度的典礼、仪式也会增加，在此强制性力量下，将限制及迫使组织遵循其规定，因而产生一系列组织同构的现象。斯科特（1987）认为对组织结构的惩罚就如同一种强制性的力量。因此，组织为了取得正当性与合法性，会改变组织而逐渐同构，这种改变也是一种直接响应政府命令的方式。此观点与学者们（Pfefer & Salancik，1978）所主张组织资源对外部环境依赖的观点相似，即组织必须与外界环境建立关系，以取得所需之资源。

2. 规范性力量。

迪马乔和鲍威尔（1983）主张造成规范同构的原因，主要是起源于专业机构的影响。专业机构的规范压力主要强调组织互动过程中所形成的一套价值观念与行为标准，为内部自发性遵守制度性的规范，成为组织及组织成员间的认知基础及合法性。从规范同构的观点来看，源自于专业机构所造成的同构压力，有下列两个重要来源：①大学与专业机构是重要的训练中心，通过正式教育培养专业认知基础产生合法化，发展专业管理者和其员工之间规范。②专业组织的成员通过专业机构与贸易协会的互动，进一步在网络之间扩散其想法，也可通过专业网络的发展和延伸快速扩散成长。除了专业机构的影响外，迪马乔和鲍威尔（1983）还提出另一个规范同构的重要机制，即人事筛选机制（the filtering of personnel），组织通常会通过在同一产业内的雇用行为来进行筛选，例如：征选同一产业内财务或法律部门的高层主管，或是招募专业机构所训练的员工。专业组织的成员受相同的训练，通过专业化观念的筛选与修正机制，为组织成员建立专业化的认知基础与合法性，其实大多数专业的力量都是通过专业活动所创造，由国家所指派；如公司人员的培训教育、人际交流与人事甄选皆容易形成组织在技术或管理专业上的同构。这都是由于专业机构的规范及专业化本身的价值观、共识与专业人员对组织所带来的压力所形成的结果。再者，组织也会通过贸易机构、管理者的连接和其他网络方式来学习适当的行为，传播规范性压力。因为受到规范的认可会增加适应的可能性，因此组织会尝试不断地改变，迪马乔和鲍威尔（1983）也预期稳定的场域，将使得全球认证中心、组织外围成员都会日趋同质。因为新模式的扩散，使场域内组织间的互动程度更高、使规范成为例行性的工作，而制度同构的过程也可以增加内部的效率，因为相似性可以使组织获得报酬，更容易与其他组织交易、吸引员工，更重要的是组织将获得认可的声望与合法性。

3. 不确定性力量。

迪马乔和鲍威尔（1983）提出模仿同构的原因，主要是因为不确定性力量的影响。组织在面对不确定的制度环境，如：技术很难了解、目标模糊不清或是当环境创造出象征性的不确定（symbolic uncertainty）时，由于信息不完全及有限理性，组织会依赖惯例、模仿组织场域内的其他组织，做出适当的战略及响应行为，此行为可让组织以较低的成本，找到可维持组织继续生存的答案，慢慢地形成一种仪式。而不确定的来源是因为史无前例、无公式可循，因此组织将向外找寻其他个体既有的模式作为决策参考的基础

（Haunschild & Miner，1997），以规避行为的结果，形成一种模仿的行为及过程。响应不确定性的主要方法是模仿，但被模仿的对象可能未察觉，也可能希望不被复制（赖家阳，2001），而其典范、行为却很可能会被无意的、间接的扩散，像是经由员工的移转或离职，或是经由顾问公司、产业贸易机构所传递等（DiMaggio & Powell，1983）。因此组织会倾向去模仿他们所处场域内相似的组织，通过他们可以意识到更多合法性或成功。依据威廉姆逊（1985）的定义，不确定性可以区分为两种，一种为受到有限理性的限制，即对未来各种可能情况与变化情形无法预知的不确定性；另一种是由于交易双方信息不对称，而导致遭受对方欺诈、隐瞒，此种行为不确定性将使得投机主义现象出现。尤其在中国大陆仿冒品泛滥，同业间削价竞争也屡见不鲜（曾春满，2005），因此同业之间以及员工之间的投机主义更带给企业组织极大困扰。

结合中国转型经济环境的特点，以及制度理论和组织同构理论，本研究把影响组织同构的制度环境因素分为如表6-2所示的几个方面。

表6-2 影响组织同构的制度环境因素

	维度	机制	理论基础	子维度	参考文献
影响组织同构的制度环境因素	强制性制度环境	强制机制	制度理论同构理论	政策法规的强制性	DiMaggio & Powell，1983；Scott，1995；Deephouse，1996；Dacin，1997；王信贤，2001
				对中心企业的依赖性	
	规范性制度环境	规范机制	制度理论同构理论转型经济	行业机构的规范性	DiMaggio & Powell，1983；Scott，1995；Ambler，Styles & Xiucun，1999；Haveman，1993；Yiu & Makino，2002；王信贤，2001
				商业关系网络	
				行业从业人员的同质性	
	不确定性制度环境	模仿机制	制度理论同构理论转型经济	机会主义行为	DiMaggio & Powell，1983；Haveman，1993；Henisz & Delios，2001
				市场不确定性	

6.2.4 组织惯性

在组织管理文献中，惯性的概念被广泛应用于组织行为、组织活动、组织元素及组织自身的研究之中。组织惯性是企业遵循已建立的行为模式，难以进行改变的一种趋势。企业为了响应外部环境变化如管制政策的改变、快速竞争或改善内部管理问题如冲突、沟通的障碍，往往会进行组织变革来规避或降低经营的风险与危机，抑或获取资源强化组织竞争力。然而，改变过程中，组织内部有着依循过去决策与执行的模式，尤其是成功的模式，而保持不变或抵制变革。有学者（Hannan & Freeman，1984）以种群生态学理论为基础，将惯性解释为企业在受到其经营环境变化的冲击时反应或行动滞后的状态特征。简而言之，在竞争环境中，当组织反应速度慢于竞争对手的反应速度时，则该企业表现出惯性的特征。组织所面临的环境变化越是剧烈，惯性的外在表现也就越明显。组织惯性是组织运行过程中的一种属性，是指外部环境变化时，企业通过组织内重复的、可识别的行为模式而使组织保持既有发展运动状态的行为或倾向（孟范祥，2010）。

惯性观点侧重于强调组织具有类似机械构造的内在特征，主要解释组织不易随着环境变化而进行变革的现象，强调企业的经营管理活动受到组织惯性的强烈制约和影响（Hannan & Freeman，1984，1989；Miller & Friesen，1980；Miller & Chen，1994）。组织惯性研究中，相对成熟的讨论来自于种群生态学者对结构惯性的研究。种群生态学认为，组织具有结构惯性，不易快速响应环境的变化，因而主张环境是决定组织种群生存和死亡的首要因素。

种群生态学认为，结构惯性是环境选择的结果，是基于一个重要的前提假定：结构形式不能与环境的改变保持同步。惯性是种群生态理论及其相关研究命题成立的前提条件。组织种群中的选择过程偏好绩效可靠性高（能够重复生产一定质量的产品）和可问责性强（组织能够理性地解释其行为）的企业组织，而这两个特征要求组织结构必须是可以高度复制的。为了实现组织的高度可复制性，组织通过流程的制度化和创造高度标准化的惯例。制度是一把双刃剑，在降低组织集体行动的协调成本的同时也产生了惯性，出现组织抵制变革的趋势。组织惯例是一些重复使用的行为模式，其本身就有惯性的特征。因此，种群中能够免遭淘汰而生存下来的个体组织一般都具有较强的结构惯性。惯性是环境进行自然选择的结果。学者们（Hannan & Freeman，1977）的早期研究所依据的一个主要假设是组织受到强大惯性力量的支配，面对环境的威胁，组织很少能够成功地进行战略和结构上的激进变革。

在相对稳定的环境中，组织惯性是一种有效率的外在形态。只有当环境发生了质的变化，才能够显示出组织惯性的消极作用，而且环境改变越是剧烈，惯性的消极作用越明显。以此推理环境稳定不变或平稳时间越长，组织惯性就越严重。环境的动态性体现环境变化的不可预测性和环境的不稳定性。环境的动态性削弱了管理者准确预测未来事件的能力。有学者（Miller & Friesen，1982）提出环境的不确定性的概念，并将其定义为企业所在产业竞争波动趋势的多样性、活跃性和强度给企业带来的威胁程度。环境的不确定性维度集中体现了企业环境的复杂性特征，反映企业对来自于外部资源的相关信息的识别失效，环境的不确定性反映企业之间对稀缺环境资源竞争的强度。现有的研究普遍认为，环境的确定性会降低中小企业的成长性。当企业处在不确定性的环境之中时，高强度的竞争对企业产生更大的压力，企业会采用更加保守的经营战略。

由上可知，企业解释和控制变革的能力是受到限制的。即使企业所处的外部环境已经发生了根本性的转变，企业战略、组织结构和行为模式依然保持着原来的运行状态，组织难以与环境的改变保持完全地适应，因此，组织对环境变化所做出的反应存在滞后或不能做出有效地调整。组织惯性的本质是在外部环境发生变化时，组织仍旧维持既有行为模式的特性。组织惯性的外在表现是组织重复过去的行动和行动模式的趋势。当组织存在惯性时，企业会呈现出抵制变革的趋势。由于惯性的存在，组织行为表现为保持重复性和一致性的模式，不受外界环境的干扰，甚至外部环境发生变化对组织的生存构成威胁时，组织仍可能会坚持既定的战略方向和按照现有组织模式运转而不做任何调整。因此，本书认为组织同构在形成的过程中会受到组织惯性的影响。

6.2.5 转型经济制度环境对集群企业组织同构的影响

有学者（Henisz，2000）研究发现，当企业感知到政治风险与压力时，会采取一系列缓和的行动，此行动可能会导致成本上升与利益递减，并非是为了追求最大效率，而是为了追求合法性。还有学者（Sutton et al，1994）的研究也发现，工作场所的合法性主要受到强制性压力的影响，是为了响应内部压力或任务环境的需求而引起，即与政府对工作场所的合法性与正当性的关注程度有关。

假设1：政策法规的强制性越高，集群企业的组织同构性越高。

在某一行业或群落当中，新生组织或规模较小的企业为找到生存的利基与提高存活的概率，通常会依附或围绕在中心企业的附近，以图生存，久而久之，各企业间的组织形态则会渐趋同构（Jones，2001）。学者们（Mizruchi & Fein，1999）也指出组织之间的权力具有强制同构的力量，使得组织的行为模式会受制于其他更有权力的组织。

假设2：对中心企业的依赖性越大，集群企业的组织同构性越高。

有权威的行业协会组织会对关系网络形成一种强制的规范压力（DiMaggio & Powell，1983）。国家各种规范性机构与专业的认证机构对于一般实务准则具有重大的影响（Mezias，1990）。有学者（Sutton et al，1994）的研究也发现，工会组织所形成的规范压力会影响到组织的运营管理，因此专业组织的规范压力会促使组织采取同构战略以获得合法性及提高生存概率。

假设3：行业机构的规范性越高，集群企业的组织同构性越高。

大多数的经济行为都嵌入于人际关系网络之中（Granovetter，1985），而紧密的关系会导致实务具有更强的合法性。学者们（Ambler et al，1999）的研究结果也表明，与经销商建立的良好关系以及长期承诺是企业在中国运营的关键因素，此关系能帮助企业建立信任并形成一种社会控制的力量，为符合网络规范的要求与期望，使得企业之间渐趋同构。

假设4：商业关系网络的联系越紧密，集群企业的组织同构性越高。

企业领导者或管理人员主导组织的运作与战略结构的选择，当这些行为者的教育与训练背景具有同质性，面对同样的状况会有相似的选择，并使企业组织逐渐趋于同构（Mizruchi & Fein，1999）。另外，此种同构的力量不只是来自组织内部的规范，还包括其他组织成员以及社会文化与认知压力（Mizruchi & Fein，1999）。

假设5：行业从业人员的同质性越高，集群企业的组织同构性越高。

中国目前的法律制度尚未健全，因此容易产生机会主义行为（Ahlstrom，2000）。在交易成本理论里，机会主义也为不确定性因素之一，当机会主义行为的可能性越高，不确定性也越高，依据迪马乔和鲍威尔（1983）所主张的论点，在此压力之下，企业会积极寻求降低不确定性的方法或策略，因而形成组织同构的现象。

假设6：行业机会主义行为越高，集群企业的组织同构性越高。

当环境变动性过大，在有限理性且信息不充分的情况下，企业为降低风险，会模仿在同一制度环境下的成功企业，以帮助其进行战略选择，增加组织的合法性（Haveman，1993）。而当企业面对的市场环境不确定越高，企业经营战略与组织结构的选择就会越发保守，且越易使成功企业成为其他企业模仿的对象，并逐渐使组织趋于同构（王信贤，2001）。

假设7：市场不确定性越高，集群企业的组织同构性越高。

惯性观点认为企业具有类似于机械构造的内在特征，主张企业的日常经营活动会受到组织惯性的强烈影响和制约（Hannan & Freeman，1984）。作为组织行为的基本构成要素以及企业能力的存储仓库，通过分析企业的组织惯性可以更加深刻地理解组织行为（Nelson & Winter，2009）。企业在发展过程中，为获取社会的可靠性、合法性和可问责性，形成了高度的结构复制特征，加之受到若干其他惯性因素的影响，企业将无法及时有效地响应环境中出现的各种挑战（Hannan & Freeman，1984）。即使企业所处的外部环境发生了根本性的转变，由于惯性作用，企业的战略导向、组织结构和行为模式仍然会保持原有的运行状态，难以与环境的改变保持完全地一致，即组织惯性会使得企业变革的速度滞后于环境变化的速度或不能做出有效的调整（张江峰，2010）。

假设 8：组织惯性在制度环境与集群企业组织同构之间具有调节作用。

假设 8a：组织惯性在政策法规的强制性与集群企业组织同构之间具有调节作用；

假设 8b：组织惯性在对中心企业的依赖性与集群企业组织同构之间具有调节作用；

假设 8c：组织惯性在行业机构的规范性与集群企业组织同构之间具有调节作用；

假设 8d：组织惯性在商业关系网络与集群企业组织同构之间具有调节作用；

假设 8e：组织惯性在行业从业人员的同质性与集群企业组织同构之间具有调节作用；

假设 8f：组织惯性在机会主义行为与集群企业组织同构之间具有调节作用；

假设 8g：组织惯性在市场不确定性与集群企业组织同构之间具有调节作用。

6.3 集群企业组织同构现象形成机制的实证分析

6.3.1 数据收集[①]

本研究采用问卷调查的方式进行样本数据的收集，问卷的发放以浙江省

---

① 本章内容是一个独立的研究，本章的问卷调查是初期调查，第 3、5、6 章的问卷调查是二次调查。本章内容已发表在 2016 年第四期《浙江学刊》。

集群企业为主，发放对象均为企业的中高层经理。样本数据的收集采取的方法与第 3 章一样，有四种方式：第一种方式是在杭州几所高校的 MBA 课堂上进行现场发放；第二种方式是利用课题调研的机会到企业进行现场发放；第三种方式是委托各地的经信委和其他地方政府所属事业机关代为发放；第四种方式是通过个人关系网络进行邮件发放。本次调查共发放问卷 320 份，回收问卷 220 份，其中有效问卷 156 份，有效回收率为 70.9%。描述性统计分析结果显示，从企业规模来看，主要集中在中小型企业，其中规模在 100 ~ 500 人的企业最多，共 40 家，占总样本的 25.6%，规模在 500 人以下的企业共 90 家，占总样本的 57.7%；从企业年龄来看，成立年限在 10 ~ 20 年的企业最多，共 67 家，占总样本的 42.9%；成立年限小于 5 年的企业次之，有 46 家，占总样本的 29.5%。从企业销售收入来看，年均销售收入方面在 10 亿元以下的企业比重占到 73.1%。

6.3.2 变量测量

1. 组织同构的测量。

本书主要参考了迪马乔和鲍威尔（1983）、迪普赫斯（1996）等学者对组织同构的可操作性定义以及迪普赫斯（1996）和哈夫曼（1993）的测量方法，其衡量方式是对目标企业的战略结构选择与行业普遍采用的战略结构选择做比较。浙江省的集群企业以出口型低成本企业为主，因此，本研究从低成本/差异化、出口导向/内销导向、专业化/多元化三个方面测量集群企业之间的同构程度，采用 7 级李克特量表打分法，1 ~ 7 表示从完全低成本、完全出口、完全专业化到完全差异化、完全内销、完全多元化的逐渐过渡。以上三方面企业对自身和行业平均情况的每一项打分的差值的绝对值就是该项的同构程度，差值绝对值越小，表明同构程度越高；每个企业最终的同构程度是以上三项差值绝对值的平均值。

2. 制度环境与组织惯性的测量。

制度环境和组织惯性变量均采用 7 级李克特量表打分法，每个项目有 7 级选择，1~7 表示从"完全不符"到"完全符合"过渡，对这几个变量进行测度的依据及具体问项详见表 6-3。其中，政策法规的强制性、行业机构的规范性和商业关系网络的测量主要参考了格雷瓦尔等（Grewal & Dharwadkar，2002）及陈永昶（2012）的测量方法；市场不确定性和机会主义行为主要参考了布劳色斯（Brouthers，2002）、李等（Li et al，2006）和赵（Zhao et al，2008）的测量方法；对中心企业的依赖性和行业从业人员的同质性主要参考了几位国外学者（Anderson & Weitz，1992；Handfield & Beehiel，2002）的测量方法；组织惯性主要参考了孟范祥（2010）和张江峰（2010）的测量方法。

表 6-3 　　　　　　　　　各变量的信度与效度分析

变量	测量项目	因素负荷	α 系数
政策法规的强制性	当地法律法规的执行程度很高	0.857	
	当地政府机构办事效率很高	0.833	0.726
	当地政府对企业经营的限制程度很高	0.717	
对中心企业的依赖性	企业运营需要该企业长期的技术支持	0.858	
	寻找一个更合适的合作企业很困难	0.792	0.712
	与该企业合作有利于提高我们的竞争地位	0.750	
行业机构的规范性	行业协会对塑造或建立您所在行业的规则有影响力	0.789	
	同行间的制约力量使贵公司的经营方式必须遵守行规	0.878	0.775
	学习优秀企业的运营模式在行业内得到普遍支持	0.835	
商业关系网络	贵公司与主要供应商关系密切	0.871	
	贵公司与主要客户关系密切	0.906	0.862
	贵公司与主要竞争对手关系密切	0.867	
	贵公司与其他关联企业关系密切	0.745	
行业从业人员的同质性	贵公司的高管与行业其他高管有相似的教育背景和经历	0.893	
	贵公司的中层与行业其他中层有相似的教育背景和经历	0.853	0.801
	贵公司的普通员工与行业其他普通员工有相似的教育背景和经历	0.790	

续表

变量	测量项目	因素负荷	α系数
机会主义行为	同行中售卖残次品的普遍程度	0.859	0.843
	同行中使用不合格原材料的普遍程度	0.841	
	同行中生产的产品质量不达标的普遍程度	0.814	
	同行中削价倾销的普遍程度	0.782	
市场不确定性	本行业的消费者需求变化很快	0.845	0.838
	本行业的生产技术发展变化速度很快	0.893	
	本行业中竞争对手的行动不可预测性很高	0.877	
	本行业中市场竞争很激烈	0.680	
组织惯性	公司经常进行工作流程优化以提高工作效率	0.798	0.749
	公司主营业务定位明确，从不盲目参与其他行业的竞争	0.778	
	公司领导在执行任务时会依据过去的经验行事	0.736	
	公司倡导和支持员工进行试验性或创造性的活动	0.712	

6.3.3　方法描述

本章采用统计分析软件 SPSS 20.0 对主要变量进行因素分析，使用 Person 相关分析、多元回归分析和逐步回归分析验证转型经济环境下集群企业组织同构现象的形成机制。

6.4　统计分析与结果讨论

6.4.1　信度与效度分析

本研究对各变量进行的因素分析详见表 6 - 3。SPSS 结果显示，各变量的 KMO 测度值均大于 0.7，样本分布的 Bartlett 统计值显著异于 0，因此适合进一步做因素分析。因素分析结果表明，量表中各变量的测量问项的因子载荷均大于 0. 70，各变量的 Cronbach's α 系数均大于 0. 7，说明本量表具有较好的信度和效度。

6. 4. 2 描述性统计与相关分析

表 6 - 4 为各变量的主要统计特征和 Pearson 相关性分析，结果显示各变量及构面彼此之间的相关性均在可接受的范围内，可对制度环境、组织惯性和组织同构的因果关系做进一步分析。

表 6 - 4 **各变量的描述性统计和相关分析（N = 156）**

	平均数	标准差	A	B	C	D	E	F	G	H
A 政策法规	4. 85	0. 92	1							
B 企业依赖	4. 31	1. 43	0. 59 **	1						
C 行业规范	4. 73	1. 22	0. 22 **	0. 26 **	1					
D 关系网络	4. 77	0. 97	0. 62 **	0. 65 **	0. 33 **	1				
E 行业同质	4. 11	0. 88	0. 12	0. 00	0. 00	- 0. 076	1			
F 机会主义	4. 35	1. 36	- 0. 46 **	- 0. 48 **	- 0. 13	- 0. 45 **	- 0. 11	1		
G 不确定性	5. 06	0. 85	0. 64 **	0. 63 **	0. 33 **	0. 69 **	- 0. 01	- 0. 47	1	
H 组织惯性	4. 21	0. 78	0. 07	0. 26 **	0. 08	0. 13	0. 10	- 0. 13	0. 11	1
I 组织同构	4. 46	0. 88	0. 72 **	0. 78 **	0. 29 **	0. 72 **	0. 17 **	- 0. 63 **	0. 74 **	0. 19 *

注：* $p < 0.05$，** $p < 0.01$。

6. 4. 3 多元回归分析

制度环境、组织惯性和集群企业组织同构之间的回归分析详见表 6 - 5，其中企业年龄和企业规模为控制变量。模型 1 为控制变量、制度环境与集群企业组织同构之间的回归，从回归结果可以看出，企业年龄对集群企业组织同构有显著的负向影响，其回归系数为 - 0. 10；政策法规的强制性、对中心企业的依赖性、商业关系网络、行业从业人员的同质性、市场不确定性都对集群企业组织同构有显著的正向影响，其回归系数分别为 0.18、0.32、0.15、0.10 和 0.21，假设 1、假设 2、假设 4、假设 5、假设 7 均获得支持。机会主义行为对集群企业组织同构有显著的负向影响，其回归系数为 -0.18，假设 6 未获得支持；行业机构的规范性对集群企业组织同构的影响不显著，假设 3 未获得支持。

表 6-5　　　　　　　　制度环境、组织惯性与组织同构的回归分析

变量	模型1	模型2	模型3	模型4	模型5	模型6	模型7	模型8
企业年龄	-0.10*	-0.09*	-0.09*	-0.09	-0.10*	-0.09*	-0.09*	-0.09*
企业规模	-0.05	-0.06	-0.06	-0.08	-0.06	-0.06	-0.06	-0.06
A 政策法规	0.18***	0.18**	0.18**	0.18**	0.19***	0.18**	0.18**	0.18***
B 企业依赖	0.32***	0.33***	0.33***	0.32***	0.32***	0.33***	0.33***	0.33***
C 行业规范	0.03	0.03	0.04	0.03	0.04	0.03	0.03	0.03
D 关系网络	0.15*	0.14*	0.15*	0.13*	0.14*	0.14*	0.14*	0.15*
E 行业同质	0.10*	0.09*	0.09*	0.08*	0.09*	0.09*	0.09*	0.09*
F 机会主义	-0.18***	-0.18***	-0.18***	-0.20***	-0.18***	-0.18***	-0.18***	-0.18***
G 不确定性	0.21***	0.21***	0.21***	0.22***	0.21***	0.21***	0.21***	0.21***
H 组织惯性		-0.03	-0.03	-0.04	-0.03	-0.03	-0.03	-0.03
A 法规 * H 惯性			-0.01					
B 依赖 * H 惯性				-0.11**				
D 网络 * H 惯性					-0.03			
E 同质 * H 惯性						-0.00		
F 机会 * H 惯性							0.00	
G 不确定 * H 惯性								-0.02
校正 R²	0.813	0.813	0.812	0.824	0.812	0.811	0.811	0.812
F 值	76.09	68.27	61.69	66.85	62.03	61.64	61.64	61.86
DW	2.041	2.034	2.021	2.039	2.034	2.031	2.038	2.028

注：* $p<0.05$，** $p<0.01$，*** $p<0.001$。

模型 2 为控制变量、制度环境、组织惯性与集群企业组织同构之间的回归，从回归结果可以看出，组织惯性对集群企业组织同构的影响不显著。模型 3 至模型 8 为组织惯性在制度环境与集群企业组织同构之间调节效应的检验。为检验组织惯性的调节效应，本研究还对各变量进行了中心化处理，以使得各数据的衡量标准统一。模型 3 在模型 2 基础上加入了政策法规的强制性与组织惯性的交互项，以验证组织同构在政策法规强制性与组织同构之间是否具有调节效应，由结果可知，政策法规的强制性与组织惯性交互项的回归系数为 − 0.01，并未达到统计上的显著性水平，因此，假设 8a 未获得支持。同理，模型 4、模型 5、模型 6、模型 7 和模型 8 分别在模型 2 基础上加入了对中心企业的依赖性与组织惯性的交互项、商业关系网络与组织惯性的交互项、行业从业人员的同质性与组织惯性的交互项、机会主义行为与组织惯性的交互项、市场不确定性与组织惯性的交互项，由结果可知，此五项交互项的回归系数分别为 − 0.11、 − 0.03、 − 0.00、0.00、 − 0.02，只有中心企业的依赖性与组织惯性的交互项达到了统计上的显著水平，其他交互项均未达到统计上的显著水平，因此，组织惯性只在对中心企业的依赖性和集群企业组织同构之间起到了负向调节作用，假设 8b 获得支持，假设 8c、假设 8d、假设 8e、假设 8f、假设 8g 均未获得支持。

6.4.4　结果讨论

1. 强制性制度环境对集群企业组织同构的影响。

政策法规的强制性与对中心企业的依赖性都对集群企业的组织同构有显著的正向影响，即当政策法规的强制力量越高，或对中心企业的依赖性越高，集群企业的组织同构性就越高。此结论与几位学者（Dimaggio & Powell，1983；Sutton et al，1994；Scott，1995）的论点一致，即当一个组织依赖另一个组织，且中间存在着权利关系，或是具有规范或法律的惩戒力时，会使企业产生正式或非正式的压力，企业为获得合法性或免予法律制裁，就会出现强制同构的现象。

2. 规范性制度环境对集群企业组织同构的影响。

（1）商业关系网络与行业从业人员的同质性都对集群企业的组织同构有显著的正向影响。即集群企业商业网络关系越紧密，组织同构的程度就越高，该结论与安不勒（Ambler）等的研究结果一致，安不勒等（1999）的研究指出，同行和经销商是信息流通的重要渠道，由此获得的信息可以避免机会主义行为的产生，降低不确定性，逐渐形成一种具有规范性力量的网络，并使组织受其影响，产生一系列组织同构的现象。再者，行业从业人员的同质性越高，组织同构的程度就越高。这种力量强调领导者、管理人员或基层人员教育与专业训练背景如果有较高的同质性，面对同样的状况会有类似的战略选择。而集群企业的中高层和普通员工的教育背景和所受的专业训练相似度很高，因此组织同构性也较高。

（2）行业机构的规范性对集群企业的组织同构没有显著的影响。本研究认为，行业机构的规范性影响不显著的原因与中国处于转型经济时期有关，地方的行业机构不成熟，也未形成良好的规范及实务准则，还不具有规范约束的力量。有学者（Yiu & Makino，2002）的研究结果也指出行业规范对进入模式的影响较小，其原因可能是行业规范压力的法典化的程度较低，企业还需花多点时间去了解行业规范的压力，故影响较小。

3. 不确定性制度环境对集群企业组织同构的影响。

（1）机会主义行为对集群企业的组织同构有显著的负向影响。即同行的机会主义行为程度越高，组织同构的程度反而越低。此研究结果与学者（如DiMaggio & Powell，1983；Galaskiewicz & Wasserman，1989）所主张的不确定性力量会导致同构的观点不同。推论其原因，可能是因为转型经济下的中国尚未建立完善的制度环境，面对仿冒品泛滥、同业削价竞争激烈的情况，组织为保护企业声誉，故不采取组织同构的策略。学者们（Henisz & Delios，2001）的研究也指出，因为模仿同业的做法并无法改变同业之间、下游经销商投机主义的现状，反而会因为同业与经销商的投机行为，导致企业声誉受损，企业在保护组织商誉的前提下，也不会采取同构的策略。

（2）市场不确定性对集群企业的组织同构有显著的正向影响。即市场不确定程度越高，集群企业的组织同构程度越高。迪马乔和鲍威尔（DiMaggio & Powell，1983）认为模仿是回应不确定性的主要方法，而其他学者（Scott，1984；Haveman，1993；Henisz & Delios，2001）的研究结果也均指出，当组织面对不确定性时，会模仿同一场域内规模相似或成功的组织，通过这种方式获得更多的合法性以及降低不确定性，本研究的实证结果也再次证实了此论点。

4. 组织惯性的影响。

组织惯性对集群企业组织同构不存在显著的影响，且组织惯性只在对中心企业的依赖性与集群企业组织同构之间存在负向调节作用，在其他制度环境因素与集群企业组织同构之间不具有调节作用。种族生态学派的代表学者（Hannan & Freeman，1984）提出，在现代社会，组织种群内部的选择有利于那些组织结构惯性较高的组织。与种群生态学派不同，新制度学派认为，组织是一个不断学习和适应环境的能动主体，环境的演化最终是由学习、模仿和扩散所推动的，而组织惯性的影响并不那么重要（费显政，2006）。因此，本研究的结论与新制度学派的观点是基本一致的。但是组织惯性在对中心企业的依赖性与集群企业组织同构之间存在负向调节作用，即组织惯性会减弱对中心企业的依赖性与集群企业组织同构之间的影响关系，本研究认为可能的原因是一个企业对另一个企业的依赖关系并非完全的强制关系，企业自身可以控制和调整与依赖企业之间的权利关系，而这种控制与调整是受到企业自身组织惯性影响的。

6.5 本章小结

中国转型经济时期的制度环境有别于西方国家或是其他转型经济国家的制度环境，因此企业所面临的压力也不尽相同。在此种特殊的制度环境中，何种制度压力会影响组织的生存及合法性，已成为学术界及实务界关心的一个重要课题。本研究从制度理论的观点出发，整合其代表学者迪马乔和鲍威尔的组织同构理论与斯科特的制度理论，发展出适合中国转型经济下的集群企业的制度环境构面，探究其制度环境构面对集群企业组织同构的影响，并分析了种族生态学派所强调的组织惯性对两者影响的调节作用。通过实证研究发现，政策法规的强制性、对中心企业的依赖性、商业关系网络、行业从业人员的同质性、市场不确定性都对集群企业组织同构有显著的正向影响；机会主义行为对集群企业组织同构有显著的负向影响；行业机构的规范性对集群企业组织同构的影响不显著；组织惯性在对中心企业的依赖性和组织同构之间具有负向调节作用，在其他制度环境构面与组织同构之间不具有调节作用。本研究的研究结论与迪马乔和鲍威尔（1983）与斯科特（1995）的观点基本一致。实务界也认为，与竞争者采取相同的策略能帮助企业降低不确定性，减少学习时间，增加组织的适应性。尤其企业在受到限制以及面对不确定性的状态下，组织同构也是一个值得考虑的战略导向。因此，当企业在环境中察觉到市场的不确定性、资源的依赖性、需要专业认证、模糊的目标以及政治权利的影响时，为了在制度环境中取得合法性，进而得到组织生存所需的支持与资源，一个企业可能会运用模仿的、强制的与规范的同构化机制来改变自己，使组织变得更具有同质性，这种行为可能会远超过内部管理者的期望（王信贤，2001）。而这种不同组织之间其外形越来越同质的趋势，主要目的并不一定是为了追求更高的效率与提升竞争力，而是在追求符合集体理性下强化其合法性地位并进而巩固其生存机会。本章假设验证结果详见表6-6。

表6-6   本研究假设验证情况统计

序号	假设内容	验证结果
假设1	政策法规的强制性越高，集群企业的组织同构性越高	支持
假设2	对中心企业的依赖性越大，集群企业的组织同构性越高	支持
假设3	行业机构的规范性越高，集群企业的组织同构性越高	不支持

序号	假设内容	验证结果
假设 4	商业关系网络的联系越紧密，集群企业的组织同构性越高	支持
假设 5	行业从业人员的同质性越高，集群企业的组织同构性越高	支持
假设 6	行业机会主义行为越高，集群企业的组织同构性越高	不支持
假设 7	市场不确定性越高，集群企业的组织同构性越高	支持
假设 8	组织惯性在制度环境与集群企业组织同构之间具有调节作用	
假设 8a	组织惯性在政策法规的强制性与集群企业组织同构之间具有调节作用	不支持
假设 8b	组织惯性在对中心企业的依赖性与集群企业组织同构之间具有调节作用	支持
假设 8c	组织惯性在行业机构的规范性与集群企业组织同构之间具有调节作用	不支持
假设 8d	组织惯性在商业关系网络与集群企业组织同构之间具有调节作用	不支持
假设 8e	组织惯性在行业从业人员的同质性与集群企业组织同构之间具有调节作用	不支持
假设 8f	组织惯性在机会主义行为与集群企业组织同构之间具有调节作用	不支持
假设 8g	组织惯性在市场不确定性与集群企业组织同构之间具有调节作用	不支持

第 7 章　温州柳市低压电器集群案例分析

7.1 引　　言

第 3、4、5、6 章的研究内容，分别探讨与基本回答了本书提出的四个子问题，即集群企业组织同构与协同创新的结构维度、集群企业组织同构现象与协同创新的关联机制、知识搜寻策略下集群企业组织同构现象对协同创新的作用机制、转型经济环境下集群企业组织同构现象的形成机制。为了充分考虑研究过程的科学性、严谨性以及研究内容的完整性，本章将采用案例研究方法，选取典型个案，就上述研究框架与内容的逻辑合理性进行了验证性案例分析。

7.2　温州柳市低压电器集群组织同构形成机制分析

7.2.1　温州柳市低压电器集群概况

温州低压电器产业集群位于乐清市柳市镇，柳市被誉为"中国电器之都"，总面积 49.88 平方公里，柳市低压电器产品生产兴起于 20 世纪 60 年代末，到 80 年代早期，初步形成集群式分布。目前，产业群内拥有电器及相关配套生产企业达 4000 余家，大型企业集团 30 余家，其中有 7 家企业集团跻身中国民营企业 500 强行列，4 家企业集团跨入中国企业 500 强行列，柳市实现工业总产值 609.6 亿元，财政总收入 27.8 亿元。低压电器产品约占全国市场份额的 50%。中高压电器约占全国市 5%，其中交流接触器、断路器等国内市场占有率达 70% 以上，防暴电器国内市场占有率达 85% 以上。柳市相继被国家有关部门授予"国家火炬计划智能电器产业基地"、"中国电子元器件产业基地"和"中国精密模具生产基地"等称号。目前，温州低压电器行业产业集群内企业间已经形成了稳固的合作关系，在低压电器产品的产品研发、生产和销售等各个环节都有合作，已经形成集团化、专业化的发展形势。并且围绕低压电器行业产业链，形成了一些配套的服务机构，包括银行等金融服务机构、低压电器行业协会等。

柳市的产业集群的形成和发展经历了三个阶段。

第一阶段是在 20 世纪 70 年代末至 80 年代末，为产业集群的原始发展阶段。中国改革开放初期，柳市的一批农民，放下手中的农具，以自己仅有的一点特长，开始进入工商领域，做起了低压电器及相关原材料、零配件的生产经营，并很快形成了群体效应。当时的低压电器产销基地是在农村家庭工业基础上形成的，一乡（村）一品，一品多营，有利于多层次的专业分工，从而使得分散作业的家庭工业形成了规模较大的产销基地。以柳市镇为中心形成了十个规模较大的专业村和专业乡，包括该县的翁羊乡的矿灯配件、茗东乡的电压交流互感器、吕庄村的自动空气开关、蝉西村的胶木配件、东皇屿村的电瓷配件等。80 年代初，中国尚处于短缺经济时期，特别是轻工产品严重供不应求，柳市的低压电器就以价格低、规模大、流通快的特点很快就取得了巨大的成功，特别是柳市的十万供销大军和柳市低压电器的专业市场，有效地沟通了市场供求信息。柳市低压电器产业崛起，对"小商品、大市场"作了很好的诠释。

第二阶段是在 20 世纪 90 年代初至 90 年代末，为产业集群的整合发展阶段。由于存在着生产中的低小散，以及市场秩序混乱、商业道德低下等方面的问题，柳市的低压电器走过了一段曲折的道路，80 年代末 90 年代初假冒伪劣盛行，为此国家六部委联合发文展开了全国少有的打假行动。在产业生死攸关的危机面前，柳市人开始了二次创业的历程，电器产业步入了健康、规范、有序的发展轨道。在这个阶段，柳市的电器产业进行了产业整合。以正泰、德力西、天正、人民等龙头企业为核心的集团化运动在柳市蓬勃兴起，这些企业集团集聚了几百家乃至上千家配套的成员企业，并经过规范产权的

"消灭二级法人运动"，使得集团资源得到充分优化配置。以企业集团为核心的柳市工业电器产业的市场竞争力大大提升，逐渐成为中国最大的工业电器产销基地——中国电器之都。在营销模式上，柳市电器企业开始从专业市场的禁锢中跳出来，通过在全国构建营销网点的方式，将触角伸向全国各地乃至国外。如正泰集团把营销网络作为战略资源，通过选准目标市场，实现由分散营销向重点营销转变；通过整合营销体系，实现由粗放式营销向集约式营销、单一营销向多功能营销转变。在此基础上形成了集销售、信息、服务于一体，分布于全国200多个大中城市的2000多家销售公司和特约经销处，逐步形成了以省城和主要工业城市为中心、以地级城市为重点、以县级城市为辐射点的三级营销网络。这种营销模式很快成为90年代中后期以来的温州企业的主要营销模式。

第三阶段是21世纪初至今，在全球化发展的背景下，柳市的电器产业集群正在经历着产业升级转型和国际化的历史跨越。目前柳市拥有规模以上的工业电器企业2000多家，工业电器销售额占到全国的一半以上，覆盖全国的数万个销售终端，构建成一张庞大的营销网络，将柳市这个小镇与全国市场连接起来。温州的影响力既体现在精明的温州商人的身上，也体现在温州产品的市场竞争力上。温州的鞋、服装、低压电器、打火机、眼镜、剃须刀等轻工产品，无论在国内市场，还是在国际市场，无一不具有很强的竞争力。近年来，温州产品在国际市场上屡屡遭遇贸易壁垒的主要原因，也正是这些产品对进口国本土产业产生巨大冲击而致。温州产品竞争力的背后，正是温州区域产业集群和遍布全国的营销网络。

7.2.2　温州柳市低压电器集群组织同构现象的影响因素

根据温州柳市低压电器集群组织同构现象的发展历程，我们从制度环境方面来分析其组织同构的形成过程。

1. 强制性制度环境。

强制性制度环境起源于政治力量的影响，这种压力隐含着强制性或说服性的力量，有可能来自于核心企业对组织本身的期望或要求，也可能来自于当地政府所施加的压力。在中国，由于计划经济实践的制度遗产与路径依赖，政府习惯性地介入经济运作，对企业营运的干预无所不在。温州柳市低压电器企业集群组织同构发展中政府起到了重要作用。①集群发展初期政府的作用。在集群发展的初期，"前店后厂"生产形成的众多的销售门市部和大量的销售人员是集群发展的重要保证。第一次质量危机期间，地方政府发挥其在市场中的作用，大力提供公共物品、规范市场，如引进多名技术人员，并与众多大企业、科研单位建立协作关系，建立产品检测中心，取缔非法经营户，加强管制等，这些措施保证和提高了企业集群的发展能力。最初低压电器产品都是小企业生产，产品的同质性明显，在自发形成的基础上由政府建设起相对集中的专业市场——柳市电器城，它对于降低交易成本，促进产业的发展发挥了重要的作用，曾被誉为"柳市电器行业的摇篮"。②集群发展期政府的作用。由于集群内企业数量众多，但规模偏小，难以与当时规模较大的国有企业竞争，因此，当地部分企业有了"把企业做大"的想法，而当地政府则起到了推波助澜的作用，开始有意识引导集群内企业整合，大力提倡和奖励集团化发展。在政府推动下的温州当地的这种"抱团"精神，对于促成集群内企业集团化发展也起到重要作用。由此可知，企业集团形成初期，同质性的形成政府起到了很大的推动作用。

柳市企业成员之间的分工协作关系呈现出明显的梯度形态，可以大致分为三个梯队：处于梯队最顶端的是以正泰、德力西、天正等为龙头的 30 多家较大型的企业集团组成的核心企业层，它们产品种类丰富、技术能力雄厚、创新能力强，主要以生产成套高低压电器为主，特别是高压成套电器中核心部件的生产；其次是在集群企业中处于中间层次的中型企业，它们的生产具有一定的规模、技术实力相对较强，主要进行低压电器元件的生产、装配、检测和销售，属于集群发展的中坚力量；而最基础的配件则是由数量巨大的中小企业承担，作为大中型企业集团的外配件供应商和配套部件生产企业，这些大量的小企业，它们作为大中型企业集团的外协配件供应商和配套的部件生产企业，它们主要生产金属部件、合金材料、注塑部件、冲剂、酸洗、模具加工等上万种规格的产品。1994 年，正泰等首批四家集团公司成立。其后这些企业通过控股或参股，兼并和组合了一批同类企业，从而正式走上了集团化管理和规模化生产的道路，有效实现了产业链上的横向资源整合。而当地人之间的信任氛围，则极大地推动了专业化分工。由此逐步形成了围绕正泰、德力西等龙头企业，分工明确，配套产品齐全，产业链完整的生产网络，提升了产业链的分工水平和协作能力。例如正泰有一半以上的产品类别通过外协完成，即与配套企业沿着产业链建立起合作关系，同时对它们进行技术、管理指导，使它们成为自己稳定、可靠的配套单元，以此保证生产的顺利进行和知识的快速转移、模仿。

2. 不确定性制度环境。

这种力量来自于组织为规避风险或追求利益而采取的行为，当组织面对环境的不确定性时，认定已成功者的策略在此环境下是最有效的，而加以抄袭和模仿。例如，上市成为企业脱困以及地方政府摆脱负担的最佳方式，企业集团组成的目的是集资而非增加竞争力。而在制度转型过程中，市场环境变化快速、不确定性高，一旦其他企业上市成功，且顺利募得资金，解决资金饥渴的问题，就成为其他企业仿效的对象，此乃地方政府与企业的机会主义行为使然。

温州柳市低压电器集群内早期企业的关键核心技术拥有量很少，产品设计水平和产品技术含量低，对技术与装备的系统集成能力差，其特点是制造能力较强而技术能力却相当弱、产业规模较大而附加值却相当低、硬件规模较大而软件规模却很小、单机生产能力较强而系统集成能力却很弱。大部分企业主要产品的技术含量较低，高技术及高附加值产品比重较小。集群的行业关键技术大多依靠引进和模仿国外技术，自主研发的关键共性技术很少。温州柳市低压电器集群企业发展中的两极分化现象：大部分明星企业（如正泰、德力西等）发展迅速，部分中型企业出现负增长，大多数小企业处于劣势；而且大企业集团作为纵向产业链上的领导者，对外协配件加工企业产品价格和付款等方面的要求苛刻，将市场价格竞争所带来的压力转嫁给中小企业，致使中小配件企业利润微薄，创新和发展受阻，只能靠模仿维持其生存。因此，集群内部就出现了企业间的相互模仿、小企业模仿大企业、大家都模仿成功企业和标杆企业的现象。致使集群内企业间的同质化程度增高。

3. 规范性制度环境。

规范性制度环境对组织同构的影响主要体现在本地商业关系网络的紧密性和行业从业人员的同质性上。

温州低压电器行业产业集群主要是柳市一些中小型低压电器企业靠血缘、亲缘和地缘为纽带的人际关系力量驱动而自发形成的。在集群形成之初，社会关系是企业间合作的基础。内生型产业集群的最大特点是企业簇群、边学边干。柳市低压电器企业的大量出现，是在一小批企业成功后，形成的示范效应下带动起来的。大量低压电器企业形成之后，柳市低压电器行业借助于内部专业化分工，逐步建立起了有一定组织形态的网络组织系统，集群内的企业通过市场内生、协同竞争和集体创新等网络机制形成内生性比较优势，克服了网络分工深化带来的交易费用，这就进一步促进了低压电器行业产业集群的发展。

柳市低压电器集群形成阶段可以被总结为，在外部市场机会刺激和内部创业文化氛围熏陶下，通过货郎担作为信息和市场中介的推动，在家族、亲戚、朋友等相互帮扶下，部分能人的示范与带动形成的大规模创业自组织过程。部分有远见的企业开始从原生产基地"挖"来技术人才，改进工艺，进行模仿创新。产品的销售则通过分布全国的柳市人充当销售大军。在温州柳市集群发展初期，由于集群及企业的各项制度、规则等不完善使得当地企业间人员流动现象较为频繁，随着集群的壮大，企业间的地理接近，产品的无差异性和彼此的熟悉与了解，不可避免地产生人员的流动带来技术和商业泄密等道德和法律上的问题，因此一定程度上促进了本地组织同构现象的形成。

此外，集群内部企业直接的技术交流、管理经验分享、市场信息分享往往是借助非正式的途径，这种社会网络可以大大提高企业间的合作效率。在一定程度上，有利于技术扩散和当地居民的学习创新。这种关联性在集群形成初期起到了决定性作用。

7.2.3 小结

以上我们基于制度环境分析了温州柳市低压电器集群组织同构现象的发展历程，结合柳市低压电器产业集群的演进阶段，我们把柳市低压电器产业集群发展和组织同构的动力来源总结如表7-1所示。

表7-1   柳市低压电器产业集群的演进及组织同构的动力来源

发展阶段		发生期：非正式集群	发展期：有组织的协作集群	成熟期：国际化创新集群
时间段		1990年以前	1990~2000年	2000年以后
主体	企业规模	小	中小	中小和大
	企业进入和退出数量	进入多	退出多	都比较少
	集群相关机构	无	低压电器行业协会	乐清市电气行业协会、柳市商会、公共服务机构
网络联结	联结主体类型、范围与数量	与外部少量国企和临近科研机构弱联系，集群内联系少	与国内高校和研发机构合作增加，集群内企业横纵向连接增加	与国内外更多科研机构合作；与跨国公司合作与合资办厂
	网络类型	当地社会网络为主	当地生产网络为主	广泛创新网络为主
	网络组织	纯市场化	准层级式	网络化

续表

发展阶段		发生期：非正式集群	发展期：有组织的协作集群	成熟期：国际化创新集群
行为	企业自身竞争战略与创新行为	产品模仿，实施低成本战略，注重流程	产品改进创新、工艺创新，注重品牌建设，实施低成本与差异化并重战略	工艺流程的自动化和信息化，自主创新；实施差异化与创新战略
	企业与其他主体的竞合	同行模仿严重，产品同质，竞争激烈，内部矛盾不断	企业间产业链横向联合，纵向产业链实行较密切的分包合作关系	内部产业链优化，交流合作更紧密；外部同行合作国际化
环境	政府及代理机构作用	弱	整顿、引导形成内部有序竞合	提供创新支持
	文化	创业文化，竞争文化	信任文化，合作文化	开放文化，创新文化
功能和绩效	集群整体竞争能力	主要停留在模仿性生产阶段，掌握一定营销渠道	生产、管理、技术能力提升，打造开始形成自身销售网络，企业的品牌效应	管理、技术能力全面加强企业品牌有较大的附加值，开始向高端产品迈进
	价值链环节与升级	进行简单的模仿生产，处于价值链低端	技术改进，实现流程升级；开始生产自己产品，实现产品升级	向附加值较高环节延伸，实现产品和功能升级
	竞争优势	聚集经济	专业分工，规模经济，成本优势，弹性专精	创新优势
组织同构的形成	强制性力量	政府政策	政府政策，对中心企业的依赖性	政府政策，对中心企业的依赖性
	规范性力量	行业从业人员的同质性、商业关系网络	行业机构的规范性、行业从业人员的同质性、商业关系网络	行业机构的规范性、行业从业人员的同质性、商业关系网络
	不确定性力量	市场不确定性	市场不确定性	市场不确定性

资料来源：结合调研及文献整理。

7.3 温州柳市正泰集团协同创新案例分析

7.3.1 正泰集团概括

正泰集团创立于 1984 年 7 月，产品类型从低压电器、仪器仪表、输配电设备、建筑电器、汽车电器，最终发展成为全国产销量最大的工业电器企业集团。现有 6 大专业公司、50 余家持股企业、800 多家专业协作厂，并在全国各地设有 2000 多家销售公司和特约经销处，在国外设立了 5 家分公司和 30 多家销售总代理，产品畅销世界 70 多个国家和地区。集团综合实力已连续五年名列全国民营企业 500 强前十位。根据正泰集团的发展历程并结合我们的实地访谈，大致可将其发展过程划分为四个阶段。

创业前期（1984 年之前）。南存辉与几个朋友合作开过几年的前店后厂，通过早期开办电器柜台的经验以及建立的良好客户关系，1984 年 7 月与同学胡成中注册"乐清县求精开关厂"（正泰集团前身）。南存辉依靠前几年的内部管理经验主抓内部生产管理；胡成中销售经验丰富，主外跑市场开拓。

起步积累期（1984～1990 年）。1984 年 7 月创立"乐清县求精开关厂"，进入正规化发展阶段，完成原始资本积累，为企业发展奠定基础。

发展期（1991～1996 年）。1991 年建立中美合资温州正泰电器有限公司，引进国外先进技术和设备，确立了电器专业化发展方向；又于 1994 年 2 月，成立国内低压电器行业第一家企业集团。至此，集团走上了以资本为纽带，以市场为导向，以产品为龙头，以品牌为中心，横向联合，规模经济之路，企业迅速发展壮大。

成熟期（1996 年开始至今）。确立"打造国际性电器制造基地"目标，逐步形成温州为低压、仪表和建筑电器制造基地，上海为高压输配电设备制造基地、嘉兴为输配电配套设备基地，杭州为工业自动化和太阳能生产基地的"长三角布局"。自主创新成为企业发展主旋律，先后获得各种国内外专利200多项，领衔和参与制订各种行业标准30多项。

7.3.2 正泰集团的组织同构

在正泰集团发展的不同时期，其同本地企业和合作伙伴的组织同构程度也在发生变化。下面我们就分析下不同时期正泰集团的组织同构情况。

（1）改革开放至1991年的初创期。产业集群的一个显著特点是在相同区域内聚集了同一产业中的大量企业。温州低压电器产业集群也不例外，正泰集团刚成立初期，在柳市生产同类产品的竞争企业1400多家（不包括那些数量众多的家庭作坊式工厂），因为这些企业基本都处于发展初期，规模不大，彼此之间大都有合作关系。有人曾经这样形容当时柳市的低压电器：如果拿掉产品商标，很难判断是哪家企业生产的；如果随意走进一家企业的车间，你很难分辨这个车间到底是哪家企业的；每一家企业可能什么都有，恰恰没有别人没有的。因此，当时正泰集团同本地集群企业之间同构程度较高。

（2）1992~2000年的快速发展期：在这个阶段，柳市的电器产业进行了产业整合。以正泰、德力西、天正、人民等龙头企业为核心的集团化运动在柳市蓬勃兴起，这些企业集团集聚了几百家乃至上千家配套的成员企业。企业之间产业链的整合，促进了它们产品互补、资金互补、市场互补、资源共享、互利互惠，使产品领域迅速扩大，形成了门类齐全的低压电器大企业，各家企业在自己领域做得更精更强更大。正泰有一半以上的产品类别通过外协完成，即与配套企业沿着产业链建立起合作关系，同时对它们进行技术、管理指导，使它们成为自己稳定、可靠的配套单元，以此保证生产的顺利进行和知识的快速转移、模仿。其次，行业协会也开始发挥非契约网络作用，为成员企业提供交流互动平台，也为信息在成员企业内部的快速扩散提供了新的渠道。正泰等24家企业自发组成企业家协会，但本地网络也带来模仿增多、产品同质化等负面作用。这段时期仍然存在产品同质化程度较高的现象，集群企业同构程度中等偏高。

（3）2000 年左右至今的转型提升期。面对金融危机以及原材料涨价、用工成本提高的不利因素，柳市电器企业开始谋求变局。做专做精、提高产品科技含量、大规模整合供应链、寻求更高层次的合作创新，正泰在设立自己的研发部门和技术中心的同时与上海电器科学研究所和清华大学等高校合作。通过这些途径建立的弱联系，一方面显著提高企业的技术和管理能力，同时也带来了一些新观念，促进企业内部的创新活动。这个时期，集群企业间的同构现出现了两种情况，众多中小企业间的同构程度提高了，而龙头企业间的同构程度有所降低。

由此可以发现，集群企业间的组织同构现象根据外界环境的变动在动态变化。无论处于哪个时期的柳市低压电器，企业之间的合作都是为了双方优势互补，改善产业价值链，达到价值创造的目标。

7.3.3　正泰集团的知识搜寻与协同创新

下面我们分析下不同时期正泰集团的知识搜寻与协同创新情况。

（1）创业前期。创业前期正泰集团（前身）的知识网络是单个企业与本地、外地单个企业线状关系的简单综合。主要存在几个特点：①正泰（前身）与集群内部其他企业缺乏联系，即使有联系也是依靠南存辉和胡成中的社会网络，几乎没有契约关系。②与外部单个企业存在强、弱联系。这一时期低压电器集群存在广泛的销售网络，正泰一方面与上游大型国有企业保持契约关系，建立稳定的货源合作关系，同时和大型国有企业保持非契约关系，从中得到技术指导和帮助；另一方面与下游企业也是强、弱联系并存，强联系是稳定的销售渠道，弱联系主要是指需求信息的获取。③从严格意义上讲，此时正泰的知识网络实质上是南存辉和胡成中的个人网络，网络成员简单，主要依靠上下游客户组成的契约网络，以及由亲戚朋友组成的社会（非契约）网络得以实现。这个时期几乎不存在协同创新。

（2）发展初期。正泰集团刚成立初期，在柳市生产同类产品的竞争企业1400 多家（不包括那些数量众多的家庭作坊式工厂），因为这些企业基本都处于发展初期，规模不大，因此很自然地形成了一种合作关系。这种合作主要体现在原材料采购以及物流合作等方面。为了降低采购成本，正泰在发展初期联合群内其他同类企业集体采购原材料；为节省运输成本，本地企业会组织起来共用运输车辆，将产品运到外地市场去销售。发展初期，正泰通过与群内企业构建这种以合作为主的竞合网络，降低了采购成本和物流成本；同时联合集群企业共同到外地开发新市场，降低了开发风险，从而有利于企业快速发展。因此，这个时期的协同创新以成本降低为主。

（3）起飞阶段。随着正泰集团销售收入的快速提升以及规模的快速发展，起飞阶段的竞合关系与发展初期相对简单的竞合关系有所不同：起飞阶段，由于企业原材料采购和市场占有率在量方面都比发展初期有了较大幅度提高，企业不需要在原材料采购和物流方面与集群企业合作。这一阶段本地竞合网络的协同创新关系主要表现在以下两个方面：第一是业务分包合作。正泰集团在本地集群的长期发展过程中，已经形成了较强的分工合作网络关系。正泰集团通过分包制把大量中小企业凝聚起来，由这些协作企业供应原料和零配件，最后自己完成总装。在分包合作网络内，企业之间相互协作，并在协作中不断创新。第二是基于复杂项目的技术合作。企业要完成某些大项目时，需要依赖某些合作伙伴。嵌入超本地（外部）知识网络的运行机制以契约联系为主，一方面与高校、科研院所等知识机构合作；另一方面与跨区域的客户、经销商建立市场信息网络，从而获取差异化信息、知识资源。正如正泰某高层所言："我们企业并不是在低压电器的技术开发领域样样都领先，有些项目开发我们就没有这方面的专家，但其他企业有，我们就利用其他企业成熟的技术开发优势，基于一个大项目共同合作，不仅缩短了完成时间，还建立了良好的合作基础。"

（4）成熟阶段。成熟阶段，企业已拥有大量资金，形成了自己的品牌和声誉，但高端技术的研发能力仍有待提高。此时企业重点构建的网络关系类型主要表现为国际技术合作网络。正泰集团在成熟阶段，积极开展与国外知名企业在中国本地和境外的技术合资。最典型的事件是 2007 年 9 月正泰集团与世界 500 强企业通用电气的国际技术合作。正泰通过与通用电气公司进行技术合作，不仅有利于提升技术水平高度、快速实现产品升级，还能进一步开拓海外市场、规范企业的生产管理流程等。除了与通用电气公司进行国际技术合作外，正泰还与荷兰凯玛技术检测有限公司（KEMA）进行技术认证合作。KEMA 是一家专注于高端技术咨询、检验、测试与认证的商业公司，KEMAKEUR 等几十种标志被誉为进入欧洲市场的"通行证"。正泰集团某副总认为："我们需要与国际领先企业进行合作，通过合作我们可以获得技术、获得先进的管理模式以及品牌效应，而跨国公司通过合作也能够获得具有竞争优势的国内营销网络以及中国企业的低成本制造。"总之，处于成熟阶段的正泰集团通过与国际知名企业采取不同方式的技术合作，实现了标准、技术、产品等方面的不断提升，提高了企业的技术创新能力。

7.3.4　小结

根据以上分析，可把正泰集团在不同发展时期的组织同构、网络关系、知识搜寻和协同创新情况总结如表 7 - 2 所示。从正泰的发展历程可以看出，正泰集团在不同时期与本地合作企业的组织同构程度、知识搜寻情况和协同创新都是不同的。在正泰飞速发展期及以前阶段，本地集群企业间的组织同构程度较高，企业之间靠着亲缘、地缘以及从业人员的同质性轻松得获得企业之间的知识搜寻，并以此来进行成本的降低、质量的改善和价值的提升。但是在发展期的后期及成熟期，集群本地企业间的组织同构和合作已经影响了正泰的技术创新的提高和企业的发展，正泰选择了超本地网络的知识搜寻和协同创新，即本地同构程度的持续升高会阻碍企业本身创新的提升，因此正泰集团寻求外部企业甚至是跨国公司的合作，以提高企业的技术创新能力。

表 7-2　　　　　　　　　正泰集团的组织同构、知识搜寻与协同创新

	创业前期	积累期	发展期	成熟期
时间	1984 年以前	1984～1990 年	1991～1996 年	1996 至今
网络特征	①知识网络尚未形成。②本地仅有个人的社会网络，几乎无契约网络。③与外部单个企业存在强、弱连接	①与前期无本质区别，最大差别在于本地知识网络的发展。②本地出现非产业链式的初步合作，缺乏知识型服务机构。③外部企业的强、弱关系继续发展	①本地知识网络有突破性发展。②本地知识应用网络间形成产业链式的有序发展。③在外部知识网络中寻找属于自己的弱连接，以控制稀缺资源	①外部网络发生本质性突破。②本地知识进一步完善。③外部知识应用、知识服务网络发生本质飞跃
运行机制	依靠企业家社会网络	社会网络基础上发展契约网络	外部网络以契约网络为主；本地网络以契约网络为主，辅以社会网络	外部网络以契约网络为主；本地网络以契约网络为主，辅以社会网络
组织同构	规范化的组织尚未形成，不存在是否同构	本地企业数量逐渐增多，与本地企业同构程度逐渐升高	与本地同等规模的几家企业的同构程度偏高	发展特色，与本地企业的组织同构程度逐渐降低
知识搜寻	个人网络的知识搜寻	主要依赖本地网络的知识搜寻，包括个人网络和企业间网络的知识搜寻	本地网路的知识搜寻辅以外部网络的知识搜寻	本地网络的知识搜寻程度降低，超本地网路的知识搜寻增加
协同创新	单向的模仿创新	与供应链企业及竞争对手共同协同创新，多为成本降低型协同创新和质量改善型协同创新	主要是与本地企业的协同创新，辅以外部的协同创新，多为成本降低型协同创新和质量改善型协同创新、部分价值提升型协同创新	协同创新重点转向本地集群以外，辅以本地企业间的协同创新，重点在价值提升型和价值创造型协同创新

资料来源：结合调研及文献整理。

7.4　本　章　小　结

在前述第 3、4、5、6 章对本书研究框架下的分部模型分部检验的基础上，本章采用案例研究方法，选取典型个案，通过验证性案例分析，进一步巩固了整体研究框架的逻辑合理性。本章选取了温州柳市低压电器产业集群和正泰集团为典型个案，对温州柳市低压电器产业集群组织同构形成的影响因素、正泰集团的组织同构、知识搜寻与协同创新的关系进行了深入的分析与探究，进一步巩固了整体研究框架的逻辑合理性。

第8章 结 论

组织同构是描述同一战略群组中的组织彼此所呈现出来同质的现象。以往研究大多指出组织之间若趋于同质时，往往会因为效率不佳以至于对企业创新和绩效会产生负面的影响，因此组织应该致力于追求差异化以寻求竞争优势（Kondra & Hinnings，1998；Oliver，1992；Granovetter，1985；Scott，1987）。然而，近来的研究趋势却显示出，若组织采取适应及顺从的态度来调和环境所造成的压力以获取存在的正当性时，不但可以降低不确定性以避免失败的风险，同时也可以通过与其他制度成员的同构过程，迅速学习及累积所需要的知识及技术来提升自身创新能力与创新绩效（Hargrave & Van de Van，2006；Shiller，2005；Mathews，2002；Bergh，2002）。学者们因为研究对象的不同，并没有得出一致性的结论，且缺乏相关的实证研究。虽然以往文献对组织同构及其与创新的关系进行了大量的研究，但是以下几个问题没有得到很好的解决：①集群企业组织同构与协同创新的结构维度构成。②集群企业组织同构现象与协同创新的关系。③集群企业组织同构现象对协同创新作用过程。④集群企业组织同构现象的形成机制。

鉴于以上几方面的原因，本书把产业集群、组织同构、知识搜寻、制度理论与协同创新理论进行了整合，界定了集群企业组织同构现象和协同创新的概念维度，探讨了集群企业组织同构现象的形成机制，考察了组织同构对集群企业协同创新的影响及作用过程。

本书依次进行了访谈、案例和问卷等实证研究。基于访谈和以往文献，集群企业组织同构和协同创新的内容结构维度被提出，探索性因素分析和验证性因素分析的结果也验证了本书提出的集群企业组织同构和协同创新的内容结构维度；问卷研究分析和验证了集群企业组织同构的形成机制以及集群企业组织同构与协同创新两者的关系和作用过程，案例研究进一步定性地分析了上述关系。

根据研究的思路，笔者从四个方面对本书进行总结：①研究的主要结论；②研究的理论意义；③研究的主要实践意义；④研究的局限性和未来研究方向。

8.1　本书的主要结论

8.1.1　集群企业组织同构与协同创新都是多维度构成概念

1. 集群企业组织同构可以划分为三个维度：强制同构、模仿同构、规范同构。

本书采用了迪马乔和鲍威尔（1983）组织同构经典的划分方法，把集群企业组织同构分为强制同构、模仿同构和规范同构三种类型，并采用 7 级李克特量表法，从组织同构的作用机制上测量组织同构，通过探索性因素分析和验证性因素分析，证明了集群企业组织同构现象的三维度构成。

强制同构是指组织间相互依赖所产生正式或非正式压力的结果，主要是政治影响与合法性问题，包括政府命令、契约法规以及一些必须定期公告的财务报告等，换言之，当一个组织依赖另一个组织，且中间存在着权利关系，或是具有规范与法律的惩戒力时，就会出现强制同构。

模仿同构是指对其他组织进行模仿或效法，当企业面临市场的不确定性或技术风险提高时，其会复制其他成功企业的组织形态或行为，尤其是其他企业的创新；而企业组织通过此以追求其在制度环境中的合法性。

规范同构的形成是来源于组织场域内的各种专业性团体的各种要求。组织为了适应周围相关专业团体的各种要求，它们往往不得不通过内部调试机制，使得组织自身符合组织场域内的行为规范，以获得群体的认可和支持。组织同构来自于专业化的两个方向是：其一是相同教育背景与专业，另一是专业网络的成长与扩散。

2. 集群企业的协同创新可以划分为四种模式：成本降低型协同创新、品质改善型协同创新、价值提升型协同创新和价值创造型协同创新。

从我国传统产业集群的发展轨迹来看，其发展过程实质就是企业模仿与自主创新的市场化过程，同时也是集群内企业由分步创新、独立创新到协同创新的一个复合创新过程。协同作用是"各种分散的作用在联合中使总效果优于单独的效果之和的相互作用"，也就是说通过系统主体间的协同作用，可以实现单独难以实现的"1 + 1 > 2"的效果。集群企业协同创新可以帮助其获得外部经济、降低研发成本、促进知识和技术的溢出、培育根植性、降低企业采用新技术风险、促进企业二次创新和专业的市场配套。因此，协同创新为集群企业的成长及集群的升级提供了有效的途径。本文根据集群企业参与协同创新所达到的目标，按照协同企业的参与程度和协同企业提供的知识和资源价值两个维度构建了集群企业的协同创新模式。本书通过探索性因素分析和验证性因素分析验证了该结论，协同创新是个多维度概念，协同创新的四维度结构成立。集群企业的协同创新可以划分为四种模式：成本降低型协同创新、品质改善型协同创新、价值提升型协同创新和价值创造型协同创新。

成本降低型协同创新是指集群企业为了降低企业的生产、开发和市场开拓成本而进行的协同创新活动；品质改善型协同创新是指集群企业为了提高现有产品品质、巩固现有市场进行的协同创新活动；价值提升型协同创新是指集群企业为了改良现有的产品和工艺流程进行的协同创新活动；价值创造型协同创新是指集群企业为了研发出前所未有的新产品与新技术进行的协同创新活动。

集群企业组织同构现象和协同创新的结构维度为后面的研究奠定了坚实的基础。

8.1.2　集群企业组织同构对协同创新存在倒"U"型的影响

以往研究大多指出组织之间若趋于同质时，往往会因为效率不佳而对营运绩效产生负面的影响，因此组织应该致力于追求差异化以寻求竞争优势。

然而，近来的研究趋势却表明，尤其当产业环境处于高度不确定的情况下，若组织采取适应及顺从的态度来调和环境所造成的压力以获取存在的正当性时，所形成的同构现象不但可以降低不确定性以避免失败的风险，同时也可以通过与其他网络成员的同构过程，迅速学习及累积所需要的知识及技术来提升自身创新能力与创新绩效。本研究认为组织同构一方面有助于企业在降低失败风险的状况下，能够迅速模仿及学习其网络成员的知识及技术，因此对于企业的协同创新会有正向的影响；而在另一方面，当组织之间同构的程度到达某一临界点时，组织间的协同创新有可能会随着同构程度的持续提高而产生组织惰性，致使企业间的协同创新出现下降的现象，因此，本研究提出集群企业的组织同构对于协同创新具有倒"U"型的影响效果。

基于组织同构理论与协同创新理论，构建了组织同构对集群企业协同创新的作用机制。通过 165 家集群企业的实证研究发现：强制同构、规范同构和模仿同构都对集群企业协同创新存在倒"U"型的影响；强制同构对集群企业成本降低型协同创新、品质改善型协同创新和价值提升型协同创新具有倒"U"型影响，对价值创造型协同创新无显著影响。规范同构对集群企业价值创造型协同创新具有倒"U"型影响，对成本降低型协同创新、品质改善型协同创新和价值提升型协同创新无显著影响。模仿同构对集群企业的四种协同创新：成本降低型协同创新、品质改善型协同创新、价值提升型协同创新和价值创造型协同创新，都具有倒"U"型影响。在产业集群的发展过程中，制度环境对于企业的影响意义重大，集群企业之间通过不断的互动、模仿和学习，使得组织之间逐渐趋于同构，企业成员之间也在同构的过程中通过密切合作为其协同创新和创新绩效的提升提供了助力，然而，随着集群企业之间同构程度的提高，组织也会因为惯性而产生学习的障碍，并最终丧失差异化的能力，以至于当制度环境发生改变时，无法保有灵活的弹性来加以应对。组织同构对企业的创新绩效确实具有提升作用，但当组织同构程度过高时，也会对创新绩效产生负面影响。因此，集群企业应当维持与其他网络成员之间的适度的同构，适度同构既能够使企业在多变的环境下降低失败的风险，也能使企业通过同构所产生的知识分享与交流机制提升企业的创新能力。

8.1.3　知识搜寻在集群企业组织同构与协同创新之间具有中介作用

组织同构对协同创新的影响，需要通过具体的外部知识搜寻行为来实现。尽管组织同构本身就有学习性和互动性的内涵，但协同创新绩效如何，主要还是依赖于协同交往过程中有意识地知识搜寻行为。很多研究表明，组织同构对企业知识获取行为或外部学习活动具有较大的影响，组织在同构的过程中，往往会通过制度内的规范及惯例来汇集各方专业知识。因此，本研究认为组织同构对协同创新的影响，是通过搜寻网络成员所拥有的知识所造成的中介现象。在理论研究与实地调研访谈的基础上，本研究建构了关于集群企业组织同构、知识搜寻及协同创新关系的研究模型和假设。本研究把知识搜寻划分为两个维度：探索性搜寻和利用性搜寻。具体来说，本研究认为，集群企业的强制同构、规范同构和模仿同构通过影响集群企业从中搜寻的知识（探索性搜寻和利用性搜寻）而间接作用于企业协同创新。本研究以浙江省产业集群中的集群企业为样本，通过对 165 个有效样本数据进行的定量统计分析实证研究，对所构建的研究模型和相应的假设进行了验证。检验分析结果表明，本研究构建的研究模型以及提出的相应假设基本上通过验证。探索性知识搜寻在强制同构与集群企业协同创新之间具有完全中介作用，探索性知识搜寻在规范同构和模仿同构与集群企业协同创新之间具有部分中介作用，利用性知识搜寻在强制同构与集群企业协同创新之间具有完全中介作用，利用性知识搜寻在模仿同构与集群企业协同创新之间具有部分中介作用，利用性知识搜寻在模仿同构与集群企业协同创新之间不具有中介作用。由此可知，若集群企业能够通过在同构的过程中利用与网络成员之间所建立起来的关系，有效地搜寻与获取彼此所需要的知识，会促进企业创新绩效的提升。所以，本研究的研究结论不仅验证了关于知识搜寻在集群企业组织同构和企业协同创新之间关系中具有中介作用这一研究假设在理论逻辑上的合理性，而且这一实证结果对企业组织同构研究领域对应的综合性框架下的相关研究也做了有益的补充。

8.1.4 转型经济制度环境是集群企业组织同构形成的主要原因

集群企业处于同一区域的相似环境下，为求生存会试图改变对资源的占用状态，在竞争过程中，小企业模仿大企业、新企业学习老企业、企业之间进行技术合作共享收益等，在上述种种情况下，企业为求在集群内生存的正当性，通过强制、模仿、规范的制度机制逐渐趋于同构，同构化或许成为集群企业战略选择的必要过程。制度理论认为，组织出于对合法性的追求会采取与其他组织相似的结构和管理实践。因此，本书在制度理论与组织同构理论基础上，结合我国转型经济下的制度环境，发展出强制性力量、规范性力量和不确定性力量三个构面，探讨产业集群在上述压力下所产生的同质现象。通过浙江省产业集群的实证研究发现：政策法规的强制性、对中心企业的依赖性、商业关系网络、行业从业人员的同质性、市场不确定性都对集群组织同构有显著的正向影响，机会主义行为对集群组织同构有显著的负向影响；组织惯性在对中心企业的依赖性和组织同构之间具有负向调节作用，在其他制度环境构面与组织同构之间不具有调节作用。本研究的研究结论与迪马乔和鲍威尔（1983）与斯科特（1995）的观点基本一致。实务界也认为，与竞争者采取相同的策略能帮助企业降低不确定性，减少学习时间，增加组织的适应性。尤其企业在受到限制以及面对不确定性的状态下，组织同构也是一个值得考虑的战略导向。结果表明，转型经济下制度环境是组织同构形成的主要原因，集群企业同构的目的并非是增强企业的竞争力和效率，而是因为政治权利的制约和制度合法性的追求。

8.2　本书的理论意义

本研究以产业集群理论、组织同构理论、知识搜寻理论、协同创新理论和制度理论为基础，综合运用理论分析与实证研究方法，探讨和验证了集群企业组织同构的形成机制以及集群企业组织同构、知识搜寻与企业协同创新三者之间的关系，并得出了一些重要结论。笔者认为，本研究的相关内容在以下几个方面具有一定的理论贡献。

8.2.1　明晰了集群企业组织同构与协同创新的构念

虽然组织同构现象包括三种机制已经得到了大部分学者的认同，但大多数学者都只是针对其中一种或两种机制进行研究，很少有三种机制同时讨论的研究，且缺乏对组织同构结构维度组成的实证研究。本书采用了迪马乔和鲍威尔（1983）组织同构经典的划分方法，把组织同构分为强制同构、模仿同构和规范同构三种类型，并采用 7 级李克特量表法，从组织同构的作用机制上测量组织同构，通过探索性因素分析和验证性因素分析，证明了组织同构现象的三维度构成。

同一要素在促进某一类型创新的同时可能会阻碍另一类型的创新（Koberg，2003）。但现有协同创新方面的实证研究都没有对其类型进行分类。本研究根据集群企业参与协同创新所达到的目标，按照协同企业的参与程度和协同企业提供的知识及资源价值高低两个维度构建出四种集群企业的协同创新模式：成本降低型协同创新、品质改善型协同创新、价值提升型协同创新和价值创造型协同创新。对于了解协同创新的本质属性、促进集群企业协同创新概念收敛、促进集群企业协同创新模式融入管理学科其他主题，以及集群企业进行产品/服务创新时的规划与执行都具有重要意义。

集群企业组织同构和协同创新两个变量是本研究的主要概念构成，这两个概念内涵的明确为后面的研究奠定了坚实的基础。

8.2.2 探讨集群企业组织同构与协同创新之间的辩证关系，显示了"同中求异"的重要性

以往研究认为制度环境所形成的顺从压力对于企业在创新绩效的提升上具有负面影响，近几年已有若干研究指出，组织之间的同构在复杂的环境下对于企业创新绩效具有正面的帮助，然而目前甚少以实证方式来对于该项议题进行验证，本研究将通过考察强制同构、模仿同构和规范同构与集群企业协同创新之间的关系，以及不同情景下集群企业组织同构与协同创新的匹配关系，建立权变视角下集群企业组织同构与协同创新的关联机制模型。并通过实证研究发现，集群企业组织同构对协同创新存在倒"U"型影响，环境动态性对两者的关系不存在调节作用。本研究强化了组织同构和协同创新领域的研究并丰富了其理论的完整性。

制度理论的学者们普遍认为，当组织受到来自于外在的趋同压力时，组织为求获取正当性以换取生存机会和空间，会使自己逐渐与其他既有组织呈现越来越相似的现象，最终丧失自主性的创新动力。本研究的研究结果表明，组织对于群体规范采取顺从的态度，并非是一种消极的作为，相对地可以通过组织同构的过程，迅速获取所需知识或资源以建构自身创新能力，所以基本上是与网络成员之间彼此存在着一种既合作又竞争的动态关系，这样的研究发现可以强化制度理论的内涵并用以诠释产业秩序的完整性。

制度理论的核心思维在于强调系统脉络下的群体规范对于组织行为的限制，这无形中使企业丧失了更高的战略自由度以适应未来市场环境的变化。例如当制度内有了新的创新发明，或者政府政策的改变等，都会造成既有制度内的冲突，此时唯有那些保有对环境变化具有适应弹性的组织才能够加以适应。本研究根据实证结果，提出"适度"同构的战略逻辑，即在于强调组

织必须具备"同中求异"的特质，在兼顾制度规范以降低失败风险的情形下，同时保有自身灵活弹性以获取所需知识，进一步发展出组织专属且独特的创新能力，并提高企业之间协同创新的绩效。

8.2.3 构建了组织同构—知识搜寻—协同创新的综合研究模型并进行了实证验证

在产业集群研究领域中，集群企业组织同构、知识搜寻和协同创新是三个主要的研究主题，三个主题在各自纵深方向的研究中，取得了丰硕的研究成果。然而，通过对相关理论文献的整理和系统的研究学习，发现这三个研究主题虽然彼此之间存在着相互的关联，而且也有着众多的研究对每个主题之间的关系展开细致的探讨，但是对于三个主题之间的总体关系却缺少相对综合性的研究框架和实证支持。

本书通过对产业集群与该三个主题相关的大量文献进行阅读和学习，既然三个主题之间彼此存在着很深的理论联系，说明各主题之间在理论上具有共同的理论根源，因此构建一个总体性的综合框架在理论上具有一定的逻辑性。为此，笔者以相关研究文献的理论成果为基础，尝试构建了集群企业组织同构—知识获取—协同创新的综合性研究模型，并依据浙江省产业集群中的集群企业样本数据对所构建的研究模型以及相应的研究假设进行了实证验证。实证研究结果表明，本研究所构建的研究模型不仅符合理论上的推演逻辑，而且也能够得到实证数据强有力的支持。因此，本研究的研究成果在验证研究模型和假设的同时，对构建产业集群研究领域中有关三个研究主题之间的总体性综合分析框架也进行了尝试。

具体来说，本研究从知识搜寻的视角探讨集群企业组织同构现象对协同创新的作用机理，考察探索式搜寻策略和利用式搜寻策略在集群企业组织同构与协同创新之间的中介作用，建立较为完善的知识搜寻策略下集群企业组织同构对协同创新作用机制的概念模型。知识搜寻与创新理论两者的密切关系近十多年来已逐渐被论及，尤其在以知识为基础的相关研究中，本研究认为知识的搜寻在相关研究构念中具有中介性的角色，此结果实与其他相关研究看法一致（Lu & Beamish，2001；Yli - Renko，Autio & Sapienza，2001）。然而在知识搜寻的分类方面，大多数研究是从知识搜寻深度和宽度的视角诠释对于企业创新绩效的影响，本研究采取了探索性知识搜寻与利用性知识搜寻的划分方法，并分别探讨了不同类型的知识搜寻在集群企业组织同构与协同创新之间的中介作用，不仅丰富了组织学习和知识搜寻理论的内涵，也能够对不同类型的知识搜寻所产生的协同创新影响做出适当的解释。

8.2.4　从转型经济制度环境视角构建了集群企业组织同构现象的形成机制

本研究以制度理论为基础，结合种群生态学理论，综合考虑了转型制度环境对组织同构形成的影响，在此基础上，考察了组织惯性与转型制度环境的匹配对组织同构现象形成的作用机制，构建了一个较为全面综合的集群企业组织同构现象形成机制的理论框架，初步揭示集群企业组织同构现象形成的内在机理。

我国的制度环境是有别于西方国家或是其他转型经济国家的制度环境，因此其所面临的压力也不尽相同。在此种特殊的制度环境中，何种制度压力会影响组织的生存及合法性，已成为学术界及业界一个重要的主题。而过去学者研究组织同构，往往单从某一个构面探讨组织同构的形成，例如，从强制面去探讨强制性同构、认知面去探讨模仿性同构、规范面去探讨规范性同构；又或是整合其中部分观点去探讨组织同构的形成机制和作用机制，但是影响组织同构的因素具有相当的复杂性（Mizruchi & Fein，1999），往往不是单一理论观点所能解释，而需要整合当地特殊环境、文化来加以探讨。有鉴于此，本研究欲从制度理论的观点出发，整合其代表学者迪马乔和鲍威尔（1983）的组织同构观点与斯科特（1995）的制度论点，发展出适合中国转型经济下的制度环境构面，探究其制度环境构面对集群企业组织同构的影响。因此，本研究试图构建出一个整合性的概念性架构，并对其进行详细的实证研究，整合制度环境的构面并厘清影响组织同构错综复杂的因素，以浙江省产业集群为例，以实证方式去验证转型经济中制度环境对组织同构的影响机制，帮助企业了解制度环境里复杂的影响，进而丰富转型经济制度环境下的组织同构理论。

8.3 本书的实践意义

8.3.1 集群企业应建立"同种求异"的战略思维

研究结果发现，集群企业组织同构对协同创新存在倒"U"型影响关系。组织同构的现象在产业集群中比较普遍，尽管如此，管理者仍必须意识到如何使组织与外在环境中的各项要素持续维系着均衡的关系，并通过组织同构的过程来加速与网络成员之间的知识交流，而非一味地模仿或接受外在体制脉络下的所有思维。组织同构可以使集群企业在既有的制度情境中增加合法性，降低失败的风险；集群企业也可以通过组织同构的过程加速与网络成员之间的知识交流与传播，进而提升其创新绩效。但是一味地模仿和顺从外在的制度规范，会使组织产生惰性并阻碍组织的发展，因此，企业应保持"适度"的同构，在兼顾制度规范和模仿学习的情形下，同时保有自身的灵活弹性和创造性，并发展出企业的专属资产，提升企业的创新能力。

8.3.2 集群企业应构建完善的知识搜寻管理体系

实证结果显示利用性知识搜寻对于集群企业协同创新具有较明显的正向影响效果，这也意味着当企业能够获取来自体制环境中所需的同构型知识时，组织往往能够以此响应网络成员的期待与要求，并扩大产业中同构型知识的应用范围于公司的营运管理上，以创造出较佳的绩效表现。所以，在必须降低调整策略所存在的风险时，积极寻求产业中网络成员的同构型知识来源以助于企业协同创新的改善，这样的同化作用也凸显出网络成员彼此之间对于一些既有信念的坚持，并且通过同构型知识的外溢效果以更坚定彼此所认可的知识和经验。因此，集群企业应加强利用性知识搜寻，积极寻求产业中其他网络成员的同质性知识以帮助企业协同创新绩效的提升，这种同化作用风险小、成本低且能提升企业创新的信心；另外，探索性知识搜寻对于协同创新有一定的正向影响，这显示出当产业技术上的相关因素呈现出更高不确定性时，若组织未能够接受有别于产业中大家所熟知的新知识及技术时，对于企业的协同创新具有一定的正向帮助。但是，过度的探索性知识搜寻对集群企业协同创新具有负向影响。可能的原因是，过度的搜寻企业不熟悉的、未接触过的行业内外新知识，会增加企业的运营风险，提高企业成本，增加失败的概率。因此，企业应保持适度的探索性知识搜寻，适度地引进新知识和技术有助于企业掌握创新的机会，提升企业的协同创新绩效。

并且实证研究结果显示，探索性知识搜寻和利用性知识搜寻在集群企业组织同构和协同创新之间存在显著的中介作用。因此，管理者必须善用组织在产业网络中的地位，与往来业者进行良性的互动及交流，以促使彼此都能够通过适当的管道来分享所需的产业知识，并且在既有知识的基础上，积极寻求创新的机会。例如，在与产业网络成员的互动过程中，建立起以"信任"、"服务"及"互惠"的机能，促使彼此可以在协同成长的过程中，寻求技术升级、新产品开发与市场扩充，以带动整体产业的蓬勃发展。

8.3.3　转型经济制度环境对企业同构影响的管理启示

中国转型经济时期的制度环境有别于西方国家或是其他转型经济国家的制度环境，因此企业所面临的压力也不尽相同。在此种特殊的制度环境中，何种制度压力会影响组织的生存及合法性，已成为学术界及实务界关心的一个重要课题。本研究整合学术界相关理论文献并结合企业访谈，将理论与实务相结合以探讨中国转型经济下独特的制度环境对组织决策的影响，以期能提供给企业界有用的建议。在面对中国急邃变化及其特殊的制度环境，企业应如何获得合法性及如何另辟蹊径来获取生存，为实务界一个重要的议题。本研究的实证结果不仅能帮助企业了解转型经济下中国制度环境的特色，也能更清楚地认知其不同的制度环境对于组织可能造成的影响。集群企业组织同构的主要目的，并非为了追求经济效益或最大效率。在实务界，组织同构可帮助企业获取合法性，进而得到组织生存所需的支持与资源；实务界也认为，与竞争者采取相同的策略能帮助企业降低不确定性，减少学习时间，增加组织的适应性。尤其企业在受到限制以及面对不确定性的状态下，组织同构也是一个值得考虑的战略导向。

因此，当企业在环境中察觉到市场的不确定性、资源的依赖性、需要专业认证、模糊的目标以及政治权利的影响时，为了在制度环境中取得合法性，进而得到组织生存所需的支持与资源，一个企业可能会运用模仿的、强制的与规范的同构化机制来改变自己，使组织变得更具有同质性，这种行为可能会远超过内部管理者的期望。而这种不同组织之间其外形越来越同质的趋势，主要目的并非是为了追求更高的效率与提升竞争力，而是在追求符合集体理性下强化其合法性地位并进而巩固其生存机会。

8.4　本书的局限性和未来研究方向

8.4.1　本书的局限性

从知识视角对企业创新进行研究正成为产业集群研究领域中的热点，最近十多年来，针对集群企业创新的研究陆续出现在相关研究领域的权威期刊上。笔者正是受益于这些相关研究的启发，以中国传统制造产业集群中的集群企业为样本，构建并验证了集群企业组织同构通过影响企业的知识搜寻而间接作用于企业协同创新的研究模型，以及集群企业组织同构的形成机制模型。尽管本研究得出了一些有意义的研究结论，但是由于产业集群研究领域的相关理论十分庞杂，限于笔者的研究能力和研究本身的探索性质，本研究难免存在诸多不足之处，有待于在后续研究中不断改善。

（1）研究样本有待进一步扩大。针对集群企业进行的实地调研需要花费大量的时间、资金和精力，获得充足的研究样本是研究者进行实证研究中需要解决的困难之一。本研究在进行调查问卷的发放和数据收集过程中采取了多种方式，以争取尽可能多的获取样本数量，尽管本研究的样本数量基本满足了实证研究分析中的最低要求，并具有较好的效度和信度表现，但是相对于国外相关研究中的大样本数据仍是具有一定的局限性。尤其在对集群企业组织同构和协同创新的结构维度进行验证时，采用了结构方程方法，需要两阶段的样本搜集，由于样本量的限制，第二阶段的验证性因素分析本研究使用了全体样本。这对于探索性因素分析和验证性因素分析的运用是有限的。

（2）样本选择区域的局限。考虑到调查问卷发放和数据采集的可行性，在本研究的实证分析中，笔者选取了浙江省产业集群中的集群企业为研究样本。浙江属于中国东部沿海经济较为发达的地区，因此本研究所收集的样本数据可能带有一定的地域特征，这有可能会使本研究得出的结论的普适性受到相应的影响。

（3）问卷数据的客观性不能保证。本研究部分数据是通过本人和公司取得联系，并把问卷电邮过去所得，本研究无法查证填答者是否为经理本人。并且本研究主要采取问卷设计，因此填答者的主观判断、理解偏差等是不可避免的问题。

（4）采用横断面的研究方法。本研究由于时间的限制，故采取横断面的调查方式，变量间的影响关系主要是由相关理论文献推导而来，这样的研究结果不免在对于研究深度方面的解释上会有所缺陷，因此有可能会限制了变量之间因果关系的推论。故建议未来研究者应该可以尝试通过纵断面（longitudinal）的方式来长期观察组织同构现象的形成，以及衡量模型内各变量之间的互动关系。

8.4.2　未来研究方向

本研究主要讨论了集群企业组织同构的形成机制、集群企业组织同构对协同创新的影响及作用机制，并以浙江省产业集群为样本对所提假设进行了验证，研究结果支持大部分的研究假设，显然本书的研究架构具有相当程度的解释力及实务上的应用力。但是，由于研究的限制，有些议题在本研究中无法讨论，本研究提出四点建议，以供后续研究参考。

（1）探讨集群企业组织同构对企业创新绩效的影响机制。本研究探讨的是集群企业组织同构对协同创新的影响机制，考察了集群企业组织同构对协同创新及其四个子维度的影响机制，后续研究可以考察集群企业组织同构对企业创新绩效的影响，从本研究的理论推导中可以看出，集群企业组织同构对企业创新绩效也是具有倒"U"型影响，实证研究结果是否成立，还需后续研究验证。并且权变因素的调节作用和知识搜寻策略的中介作用在集群企业组织同构与企业创新绩效影响机制之间是否同样成立？都需进一步探讨。

（2）探讨集群企业组织同构对协同创新影响机制过程中的其他权变因素。本研究在探讨集群企业组织同构对协同创新影响机制的过程中，只考虑了环境动态性的调节作用，没有考虑其他因素的调节作用，并且没有考察环境动态性在集群企业组织同构、知识搜寻与协同创新作用过程中的调节作用。后续研究可以增加调节变量的研究，在集群企业组织同构对协同创新的影响过程中，可以考察组织因素的调节作用，例如组织惯性、知识整合等的调节作用；在研究集群企业组织同构、知识搜寻与协同创新作用过程时，可考察吸收能力、学习意愿等调节变量的影响。

（3）探讨知识搜寻策略的交互作用对协同创新的影响。知识搜寻对集群企业协同创新的研究以及知识搜寻在集群企业组织同构与协同创新之间的中介作用研究是本研究的重点内容之一。本研究不仅考察了探索性搜寻与利用性搜寻的中介作用，还考察了探索性搜寻与利用性搜寻的平衡对协同创新的影响。那探索性搜寻与利用性搜寻的交互作用对集群企业协同创新有何影响？后续研究可以进一步探讨。

（4）从其他视角探讨集群企业组织同构对协同创新的作用机制和过程。本研究是从知识搜寻视角探讨了集群企业组织同构对协同创新的作用机制和过程，从组织学习理论看，除了知识搜寻，其他变量诸如知识获取、知识整合、组织间学习、组织内学习等都可作为集群企业组织同构与协同创新之间的中介变量，后续研究可做进一步探讨。除此之外，也希望有兴趣的研究者能够挖掘出更多的研究视角，把集群企业组织同构对协同创新或创新绩效影响的黑箱打开，丰富集群企业组织同构与协同创新关系的相关研究。

参考文献

一、中文文献

[1] 曾忠禄. 产业群集与区域经济发展 [J]. 南开经济研究, 1997 (1): 69 – 73.

[2] 陈劲, 阳银娟. 协同创新的理论基础与内涵 [J]. 科学学研究, 2012, 30 (2): 161 – 164.

[3] 陈君达, 邬爱其. 国外创新搜寻研究综述 [J]. 外国经济与管理, 2011, 33 (2): 58 – 64.

[4] 陈学光. 网络能力、创新网络及创新绩效关系研究 [D]. 浙江大学, 2007.

[5] 陈永昶. 游客感知视角下旅游企业机会主义行为成因与影响研究 [D]. 南开大学, 2012.

[6] 仇保兴. 小企业集群研究 [M]. 复旦大学出版社, 1999.

[7] 戴志璁. 从网络学习的观点探讨组织同形对创新能力之影响——以中小企业为例 [D]. 台湾中正大学, 2007.

[8] 董一哲. 企业创新网络 [D]. 大连理工大学, 2000.

[9] 范晓屏. 特色工业园区与区域经济发展 [M]. 航空工业出版社,

2005.

　　[10] 费显政. 新制度学派组织与环境关系观述评 [J]. 外国经济与管理, 2006, 28 (8)：10 - 18.

　　[11] 高忠仕. 知识转移、知识搜索及组织学习绩效关系研究 [D]. 浙江大学, 2008：31 - 34.

　　[12] 洪茹燕. 集群企业创新网络、创新搜索及创新绩效关系研究 [D]. 浙江大学, 2013.

　　[13] 黄建康. 产业集群论 [M]. 东南大学出版社, 2005.

　　[14] 赖勇成, 洪明洲. 厂商之创新活动路径, 同形与绩效间研究：以台湾半导体制造业为例 [J]. 东吴经济商学学报, 2006 (12)：95 - 122.

　　[15] 兰建平. 集群嵌入性对企业合作创新绩效的影响研究 [D]. 浙江大学, 2008.

　　[16] 李星. 企业集群创新网络多主体合作创新机理研究 [D]. 武汉大学, 2011.

　　[17] 李英明. 新制度主义与社会资本 [M]. 扬智文化事业股份有限公司, 2005.

　　[18] 林春培. 企业外部创新网络对渐进性创新与根本性创新的影响——基于广东省创新型企业的实证研究 [D]. 华南理工大学, 2012.

　　[19] 刘兰剑. 创新的发生：网络关系特征及其影响 [M]. 科学出版社, 2010.

　　[20] 刘雪锋. 网络嵌入性与差异化战略及企业绩效关系研究 [D]. 浙江大学, 2007.

　　[21] 刘志高, 尹贻梅, 孙静. 产业集群形成的演化经济地理学研究评述 [J]. 地理科学进展, 2011, 30 (6)：652 - 657.

　　[22] 卢福财, 胡大立. 产业集群与网络组织 [M]. 经济管理出版社, 2004.

　　[23] 吕源. 以制度理论为基础的企业战略管理实证研究方法简述 [J].

战略管理，2009，1（1）：66－84.

[24] 马如飞. 跨界搜索对企业绩效的影响机制研究 [D]. 浙江大学管理学院浙江大学，2009.

[25] 孟范祥. 组织惯性对企业组织变革影响机理及系统动力学模型研究 [D]. 北京交通大学，2010.

[26] 彭新敏. 企业网络对技术创新绩效的作用机制研究：利用性—探索性学习的中介效应 [D]. 浙江大学，2009.

[27] 秦令华. 转型经济环境下中国私营企业的战略选择和组织绩效研究 [D]. 电子科技大学，2013.

[28] 沈必扬，池仁勇. 企业创新网络：企业技术创新研究的一个新范式 [J]. 科研管理，2005，26（3）：84－91.

[29] 宋铁波，张雅，吴小节，曾萍. 组织同形的研究述评与展望 [J]. 华东经济管理，2012，26（5）：140－145.

[30] 孙景宇. 开放体系下的转型经济研究 [J]. 南开经济研究，2005（3）：12－19.

[31] 谭劲松，何铮. 集群研究文献综述及发展趋势 [J]. 管理世界，2007（12）：140－147.

[32] 田中伟. 企业集群技术创新合作机制研究 [J]. 科学管理研究，2003（6）：33－36.

[33] 汪秀琼. 制度环境对企业跨区域市场进入模式的影响机制研究 [D]. 华南理工大学，2011.

[34] 王琛，王效俐. 产业集群技术创新协同过程及机制研究 [J]. 科学管理研究，2007，25（5）：22－25.

[35] 王大洲. 企业创新网络的进化与治理：一个文献综述 [J]. 科研管理，2001，22（5）：96－103.

[36] 王发明，蔡宁. 基于组织生态理论的产业集群演进动力研究 [J]. 现代管理科学. 2009，3：37－39.

［37］王方瑞．基于全面创新管理的企业技术创新和市场创新的协同创新管理研究［D］．浙江大学，2003．

［38］王缉慈．创新的空间：企业集群与区域发展［M］．北京大学出版社，2001．

［39］王睢，罗珉．基于关系性吸收能力的合作创新研究［J］．科研管理，2008，29（1）：14－20．

［40］王信贤．大陆国企改革的组织同形主义［J］．中国大陆研究，2001，44（9）：57－80．

［41］魏江，冯军政．企业知识搜索模式及其对企业技术创新的影响研究［J］．科学管理研究，2009，27（6）：55－60．

［42］魏江，徐蕾．集群企业知识网络双重嵌入演进路径研究——以正泰集团为例［J］．经济地理，2011，31（2）：247－253．

［43］魏江．产业集群：创新系统与技术学习［M］．科学出版社，2003．

［44］邬爱其，李生校．从"到哪里学习"转向"向谁学习"——专业知识搜寻战略对新创集群企业创新绩效的影响［J］．科学学研究，2011，29（12）：1906－1913．

［45］吴晓冰．集群企业创新网络特征、知识获取及创新绩效关系研究［D］．浙江大学，2009．

［46］吴晓波，彭新敏，丁树全．我国企业外部知识源搜索策略的影响因素［J］．科学学研究，2008，26（2）：364－372．

［47］向永胜．产业集群演进路径、特征与动力分析——以温州低压电器集群为例［J］．中国科技论坛，2014（2）：33－39．

［48］肖丁丁．跨界搜寻对组织双元能力影响的实证研究［D］．华南理工大学，2013．

［49］谢芳．企业集团内部协同创新机理研究［D］．浙江大学，2006．

［50］熊伟，奉小斌，陈丽琼．国外跨界搜寻研究回顾与展望［J］．外国经济与管理，2011，33（6）：18－26．

［51］尤振来，刘应宗．产业集群的概念综述及辨析［J］．科技管理研究，2008，28（10）：262－264．

［52］袁健红，龚天宇．企业知识搜寻前因和后果研究现状探析与整合框架构建［J］．外国经济与管理，2011，33（6）：27－49．

［53］张慧．关系嵌入对跨国子公司创业导向的影响机制研究［D］．浙江大学，2007．

［54］张慧，周丹．制度环境与产业集群的组织同构——基于浙江省产业集群的实证分析，浙江学刊，2016（4）：184－192．

［55］张慧，周丹．集群企业网络嵌入对协同创新影响的实证研究，华东经济管理，2013，27（12）：59－64．

［56］张江峰．企业组织惯性的形成及其对绩效的作用机制研究［D］．西南财经大学，2010．

［57］赵立龙，陈学光．区域产业集群理论及演进研究述评［J］．西安电子科技大学学报（社会科学版），2011（6）：32－39．

［58］郑小勇．集群创新网络形成与演进的动因及其作用机制——以绍兴纺织产业集群为例的质性研究［J］．技术经济，2014，33（8）：26－34．

［59］朱朝晖，陈劲．探索性学习与挖掘性学习及其平衡研究［J］．外国经济与管理，2007，29（10）：54－58．

［60］朱朝晖．探索性学习、挖掘性学习和创新绩效［J］．科学学研究，2008，26（4）：860－867．

二、英文文献

［61］Abrahamson E，Rosenkopf L. Institutional and competitive bandwagons：using mathematical modeling as a tool to explore innovation diffusion［J］. Academy of Management Review，1993，18（3）：487－517.

［62］Adler N J. Psychological safety and learning behaviour in work teams［J］. Administrative Science Quarterly，1983，14（44）：350－383.

［63］ Ahlstrom D, Bruton G D, Lui S S Y. Navigating China's changing economy: strategies for private firms ［J］. Business Horizons, 2000, 43 （1）: 5 – 15.

［64］ Ahuja G, Katila R. Where do resources come from? The role of idiosyncratic situations ［J］. Strategic Management Journal, 2004, 25 （8 – 9）: 887 – 907.

［65］ Ahuja G, Lampert C M. Entrepreneurship in the large corporation: a longitudinal study of how established firms create breakthrough inventions ［J］. Strategic Management Journal, 2001, 22 （6 – 7）: 521 – 543.

［66］ Aken J E V, Weggeman M P. Managing learning in informal innovation networks: overcoming the daphne-dilemma ［J］. R&D Management, 2000, 30 （2）: 139 – 150.

［67］ Ambler T, Styles C, Xiucun W. The effect of channel relationships and guanxi on the performance of inter-province export ventures in the People's Republic of China ［J］. International Journal of Research in Marketing, 1999, 16 （1）: 75 – 87.

［68］ Amit R, Wernerfelt B. Why do firms reduce business risk? ［J］. Academy of Management Journal, 1990, 33 （3）: 520 – 533.

［69］ Anderson E, Weitz B. The use of pledges to build and sustain commitment in distribution channels ［J］. Journal of Marketing Research, 1992, 29 （29）: 18 – 34.

［70］ Anderson J C, Gerbing D W. Structural equation modeling in practice: a review and recommended two-step approach ［J］. Psychological Bulletin, 1988, 103 （3）: 411 – 423.

［71］ Asheim T B, Isaksen A. Regional innovation systems: the integration of local 'sticky' and global 'ubiquitous' knowledge ［J］. The Journal of Technology Transfer, 2002, 27 （1）: 77 – 86.

［72］Ashworth R, Boyne G, Delbridge R. Institutional pressures on public organizations: an empirical test of isomorphism ［J］. Journal of Geology, 2005, 47 (1): 385 – 388.

［73］Bager T. Isomorphic processes and the transformation of cooperatives ［J］. Annals of Public and Co-operative Economics, 1994: 65 (1): 35 – 57.

［74］Bagozzi R P, Yi Y, Phillips L W. Assessing construct validity in organizational research ［J］. Administrative Science Quarterly, 1991, 36 (3): 421 – 458.

［75］Bagozzi R P, Yi Y. On the evaluation of structural equation models ［J］. Journal of the Academy of Marketing Science, 1988, 16 (1): 74 – 94.

［76］Bathelt H, Malmberg A, Maskell P. Clusters and knowledge: local buzz, global pipelines and the process of knowledge creation ［J］. Progress in Human Geography, 2004, 28 (1): 31 – 56.

［77］Baum J A C, Oliver C. Institutional linkages and organizational mortality ［J］. Administrative Science Quarterly, 1991, 36: 56 – 62.

［78］Baum J R, Wally S. Strategic decision speed and firm performance ［J］. Strategic Management Journal, 2003, 24 (11): 1107 – 1129.

［79］Benner M J, Tushman M L. Exploitation, exploration, and process management: the productivity dilemma revisited ［J］. Academy of Management Review, 2003, 28 (2): 238 – 256.

［80］Berends H, Lammers I. Explaining discontinuity in organizational learning: a process analysis ［J］. Organization Studies, 2010, 31 (8): 1045 – 1068.

［81］Bergh J. Do social movements matter to organizations? An institutional theory perspective on corporate responses to the contemporary environmental movement ［M］. The Pennsylvania State University, 2002.

［82］Berrone P, Cruz C, Gomez – Mejia L R, et al. Socioemotional wealth and corporate responses to institutional pressures: do family-controlled firms pollute less? [J]. Administrative Science Quarterly, 2010, 55 (1): 82 – 113.

[83] Boeker W, Goodstein J. Organizational performance and adaptation: effects of environment and performance on changes in board composition [J]. Academy of Management Journal, 1991, 34 (4): 805.

[84] Boschma R. Wal A L J T. Knowledge networks and innovative performance in an industrial district: the case of a footwear district in the south of Italy [R]. Working Paper, 2006.

[85] Brouthers K D. Institutional, cultural and transaction cost influences on entry mode choice and performance [J]. Journal of international business studies, 2002, 33 (2): 203 – 221.

[86] Brown R. Managing the "S" curves of innovation [J]. Journal of Business & Industrial Marketing, 1992, 7 (3): 61 – 72.

[87] Brown S L, Eisenhardt K M. The art of continuous change: linking complexity theory and time-paced evolution in relentlessly shifting organizations [J]. Administrative Science Quarterly, 1997, 42 (1): 1 – 34.

[88] Brown T J, Dacin P A. The company and the product: corporate associations and consumer product responses [J]. Journal of Marketing, 1997, 61 (1): 68 – 84.

[89] Carolan V B, Institutional pressures and isomorphic change: the case of New York city's department of education [J]. Education and Urban Society, 2008: 5 (40): 428 – 451.

[90] Carpenter M A, Fredrickson J W. Top management teams, global strategic posture, and the moderating role of uncertainty [J]. Academy of Management Journal, 2001, 44 (3): 533 – 545.

[91] Chan M C, Makino S. Legitimacy and multi-level institutional environments: implications for foreign subsidiary ownership structure [J]. Journal of International Business Studies, 2007, 38 (4): 621 – 638.

［92］ Chen J, Chen Y, Vanhaverbeke W. The influence of scope, depth, and orientation of external technology sources on the innovative performance of Chinese firms ［J］. Technovation, 2008, 31 (8): 362 – 373.

［93］ Chen M J, Miller D. Sources and consequences of competitive inertia: a study of the US airline industry ［J］. Administrative Science Quarterly, 1994, 39 (1): 1 – 24.

［94］ Chen Y R, Yang C, Hsu S M, et al. Entry mode choice in China's regional distribution markets: institution vs. transaction costs perspectives ［J］. Industrial Marketing Management, 2009, 38 (7): 702 – 713.

［95］ Chesbrough H W. Open innovation: the new imperative for creating and profiting from technology ［M］. Cambridge, MA; Harvard Business School Publishing, 2003.

［96］ Child J, Tse D K. China's transition and its implications for international business ［J］. Journal of International Business Studies, 2001, 32 (1): 5 – 21.

［97］ Clark J, Guy K. Innovation and competitiveness: a review ［J］. Technology Analysis & Strategic Management, 1998, 10 (3): 363 – 395.

［98］ Clark K B, Fujimoto, Takahiro. Product development performance ［M］. Boston, MA: Harvard University Press, 1991.

［99］ Clark K B. Project scope and project performance: the effect of parts strategy and supplier involvement on product development ［J］. Management Science, 1989, 35 (10): 1247 – 1263.

［100］ Cohen W M, Levinthal D A. Absorptive capacity: a new perspective on learning and innovation ［J］. Administrative Science Quarterly, 1990, 35 (1): 128 – 152.

［101］ Cooke P N, Heidenreich M, Braczyk H J. Regional innovation systems: the role of governances in a globalized world ［J］. European Urban & Regional Studies, 2004, 6 (2): 187 – 188.

[102] Corsten D, Felde J. Exploring the performance effects of key-supplier collaboration: an empirical investigation into swiss buyer-supplier relationships [J]. International Journal of Physical Distribution & Logistics Management, 2005, 35 (6): 445 – 461.

[103] Dacin M T. Isomorphism in context: the power and prescription of institutional norms [J]. Academy of Management Journal, 1997, 40 (1): 46 – 81.

[104] Damanpour F, Evan W M. Organizational innovation and performance: the problem of "Organizational Lag" [J]. Administrative Science Quarterly, 1984, 29 (3): 392.

[105] Darnall N, Jolley G J, Handfield R. Environmental management systems and green supply chain management: complements for sustainability? [J]. Business Strategy and the Environment, 2008, 17 (1): 30 – 45.

[106] Darroch J, McNaughton R. Beyond market orientation: knowledge management and the innovativeness of New Zealand firms [J]. European Journal of Marketing, 2003, 37 (3): 572 – 593.

[107] D'Aunno T, Price R H. Organizational adaptation to changing environments: community mental health and drug abuse services [J]. American Behavioral Scientist, 1985, 28 (5): 669 – 683.

[108] David M M, Rebecca A G, Jartley. Determinants of new product designers' satisfaction with suppliers' contributions [J]. Journal of Engineering & Technology Management, 1997, 14 (3 – 4): 273 – 290.

[109] Davis J P, Eisenhardt K M. Rotating leadership and collaborative innovation: recombination processes in symbiotic relationships [J]. Administrative Science Quarterly, 2011, 56 (2): 159 – 201.

[110] Davis P S, Desai A B, Francis J D. Mode of international entry: an isomorphism perspective [J]. Journal of International Business Studies, 2000, 31

（2）：239 – 258.

［111］ Deephouse D L. Does isomorphism legitimate? ［J］. Academy of Management Journal, 1996, 39（4）：1024 – 1039.

［112］ Delios A, Henisz W J. Japanese firms' investment strategies in emerging economies ［J］. The Academy of Management Journal, 2000, 43（3）：305 – 323.

［113］ Dimaggio P J. Interest and agency in institutional theory ［M］. Institutional patterns and organizations：culture and environment. 1988：3 – 22.

［114］ DiMaggio P, Powell W W. The iron cage revisited：Institutional isomorphism and collective rationality in organizational fields ［J］. American Sociological Review, 1983, 48（2）：147 – 160.

［115］ Drucker P F. The discipline of innovation ［J］. Harvard Business Review, 1985, 76（6）：149.

［116］ Dunn M B, Jones C. Institutional logics and institutional pluralism：the contestation of care and science logics in medical education, 1967 – 2005 ［J］. Administrative Science Quarterly, 2010, 55（1）：114 – 149.

［117］ Eisenhardt K M, Martin J. Dynamic capabilities：what are they? ［J］. Strategic Management Journal, 2000, 21（10/11）：1105 – 1121.

［118］ Eisenhardt K M, Tabrizi B N. Accelerating adaptive processes：product innovation in the global computer industry ［J］. Administrative Science Quarterly, 1995, 40（1）：84 – 110.

［119］ Eisenhardt K M. Building theories from case study research ［J］. Academy of Management Review, 1989, 14（4）：532 – 550.

［120］ Escribano A, Fosfuri A, Tribo J. Managing knowledge spillovers：the impact of absorptive capacity on innovation performance ［EB/OL］. http：// www. eco. uc3m. es, Working Paper, 2005.

［121］ Finley F, Srikanth S. Imperatives for successful collaboration ［J］.

Supply Chain Management Review, 2005, 9 (1): 30 – 38.

[122] Finn W, Eric T P. Managing supplier involvement in new product development: a portfolio approach [J]. European Journal of Purchasing & Supply Management, 2000: 49 – 57.

[123] Fornell C, Larcker D F. Evaluating structural equation models with unobservable variables and measurement error. [J]. Journal of Marketing Research, 1981, 18 (1): 39 – 50.

[124] Freeman C. Networks of innovators: a synthesis of research issues [J]. Research Policy, 1991, 20 (5): 499 – 514.

[125] Fuentes A. A vocation for industrial transformation: ideology, organizational isomorphism, and upgrading in the Guatemalan sugar industry [J]. Studies in Comparative International Development, 2014, 49 (3): 370 – 401.

[126] Galaskiewicz J, Burt R S. Interorganization contagion in corporate philanthropy [J]. Administrative Science Quarterly, 1991, 36 (1): 88 – 105.

[127] Galaskiewicz J, Wasserman S. Mimetic processes within an interorganizational field: an empirical test [J]. Administrative Science Quarterly, 1989, 34 (3): 454 – 479.

[128] Galaskiewicz J. Interorganizational relations [J]. Annual Review of Sociology, 1985, 11 (3): 281 – 304.

[129] Gatignon H, Xuereb J M. Strategic orientation of the firm and new product performance [J]. Journal of Marketing Research, 1997, 34 (1): 77 – 90.

[130] Giuliani E. The structure of cluster knowledge networks: uneven and selective, not pervasive and colletive [J]. SPRU Working Paper, 2005: 27 – 29.

[131] Glaister K, Buckley P. Strategic motives for international alliance formation [J]. Journal of Management Studies, 1996, 33 (3): 301 – 332.

[132] Gordon I R, Mccann P. Industrial clusters: complexes, agglomeration

and/or social networks? ［J］. Urban Studies, 2010, 37 （3）: 513 – 532.

［133］ Granovetter M. Economic action and social structure: the problem of embeddednes. ［J］. American Journal of Sociology, 1985, 91 （3）: 481 – 510.

［134］ Gray L R, Robert B H, Thomas V S. Success factors for integrating suppliers into new product development ［J］. Journal of Product Innovation Management, 1997, 14 （3）: 190 – 202.

［135］ Greve H R, Taylor A. Innovations as catalysts for organizational change: shifts in organizational cognition and search ［J］. Administrative Science Quarterly, 2000, 45 （1）: 54 – 80.

［136］ Grewal R, Dharwadkar R. The role of the institutional environment in marketing channels ［J］. Journal of Marketing, 2002, 66 （3）: 82 – 97.

［137］ Grimpe C, Sofka W. Search patterns and absorptive capacity: low-and high-technology sectors in European countries ［J］. Research Policy, 2009, 38 （3）: 495 – 506.

［138］ Gulati R, Sytch M. Dependence asymmetry and joint dependence in interorganizational relationships: effects of embeddedness on a manufacturer's performance in procurement relationships ［J］. Administrative Science Quarterly, 2007, 52 （1）: 32 – 69.

［139］ Hambrick D C, Chen M J. The influence of top management team heterogeneity on firms' competitive moves ［J］. Administrative Science Quarterly, 1996, 41 （4）: 659 – 684.

［140］ Handfield R B, Bechtel C. The role of trust and relationship structure in improving supply chain responsiveness ［J］. Industrial Marketing Management, 2002, 31 （4）: 367 – 382.

［141］ Hannan M T, Freeman J. Organizational ecology ［M］. Cambridge, MA: Harvard University Press, 1989.

［142］ Hannan M T, Freeman J. Structural inertia and organizational change

［J］. American Sociological Review, 1984: 149 – 164.

［143］ Hannan M T, Freeman J. The population ecology of organizations ［J］. American Journal of Sociology, 1977, 82 (5): 929 – 964.

［144］ Hannan M T, Freeman J. Where do organizational forms come from? ［J］. Sociological Forum, 1986, 1 (1): 50 – 72.

［145］ Hargrave T J, Ven A H V D. A collective action model of institutional innovation ［J］. Academy of Management Review, 2006, 31 (31): 864.

［146］ Harris L, Coles A, Dickson K. Building innovation networks: issues of strategy and expertise ［J］. Technology Analysis & Strategic Management, 2000, 12 (2): 229 – 241.

［147］ Haunschild P R, Miner A S. Modes of interorganizational imitation: the effects of outcome salience and uncertainty ［J］. Administrative Science Quarterly, 1997, 42 (3): 472 – 500.

［148］ Haunschild P R, Miner A S. Modes of interorganizational imitation: the effects of outcome salience and uncertainty ［J］. Administrative Science Quarterly, 1997, 42 (3): 472 – 500.

［149］ Hausman A. Innovativeness among small businesses: theory and propositions for future research ［J］. Industrial Marketing Management, 2005, 34 (8): 773 – 782.

［150］ Haveman H A. Follow the leader: mimetic isomorphism and entry into new markets ［J］. Administrative Science Quarterly, 1993, 38 (4): 593 – 627.

［151］ Hawley A. Human ecology ［J］. American Behavior Scientist, 1986, 24 (1): 423 – 444.

［152］ Hayagreeva R, Davis G F, Ward A. Embeddedness, social identity and mobility: why firms leave the NASDAQ and join the New York stock exchange ［J］. Administrative Science Quarterly, 2000, 45 (2): 268 – 292.

［153］ He Z L, Wong P K. Exploration vs. exploitation: an empirical test of the ambidexterity hypothesis [J]. Organization Science, 2004, 15 (4): 481 – 494.

[154] Heide J B, John G. Alliances in industrial purchasing: the determinants of joint action in buyer-supplier relationships [J]. Journal of Marketing Research, 1990, 27 (1): 24 – 36.

[155] Henderson R M, Clark K B. Architectural innovation: the reconfiguration of existing product technologies and the failure of established firms [J]. Administrative Science Quarterly, 1990, 35 (1): 9 – 30.

[156] Henisz W J, Delios A. Uncertainty, imitation, and plant location: Japanese multinational corporations, 1990 – 1996 [J]. Administrative Science Quarterly, 2001, 46 (3): 443 – 475.

[157] Henisz W J. The institutional environment for multinational investment [J]. Journal of Law, Economics, and Organization, 2000, 16 (2): 334 – 364.

[158] Hill C W L, Jones G R. Strategic management: an integrated approach [M]. Houghton Mifflin Co. , Boston, 1998.

[159] Holt K. The role of the user in product innovation [J]. Technovation, 1983, 12 (5): 53 – 56.

[160] Hoskisson R E, Eden L, Lau C M, et al. Strategy in emerging economies [J]. Academy of Management Journal, 2000, 43 (3): 249 – 267.

[161] Hui Zhang, Bao – liang Hu. The effects of organizational isomorphism on innovation performance through knowledge search in industrial cluster [J]. Chinese Management Studies. 2017, 11 (2), doi: 10. 1108/CMS – 04 – 2016 – 0076.

[162] Inkpen A. The management of international joint ventures: an organizational learning perspective [J]. International Journal of Cancer, 1995, 123 (6): 1262 – 1268.

[163] Inzelt A. Institutional support for technological improvement—the case

of hungary〔J〕. Technological Forecasting and Social Change, 1996: 51（1）: 65 - 93.

〔164〕 Jackson S E. Consequences of group composition for the interpersonal dynamics of strategic issue processing〔J〕. Advances in Strategic Management, 1992, 8.

〔165〕 Jaworski B J, Kohli A K. Market orientation: antecedents and conse- quences.〔J〕. Journal of Marketing, 1993, 57（3）: 53 - 71.

〔166〕 Jones G R. Organizational theory: text and cases〔M〕. Prentice Hall, 2001.

〔167〕 Jonsson S, Regnér P. Normative barriers to imitation: social complexi- ty of core competences in a mutual fund industry〔J〕. Strategic Management Jour- nal, 2009, 30（5）: 517 - 536.

〔168〕 Kamath R R, Liker J K. A second look at Japanese product develop- ment〔J〕. Journal of Product Innovation Management, 1994.

〔169〕 Kamoche K, Harvey M. Knowledge diffusion in the African context: an institutional theory perspective〔J〕. Thunderbird International Business Review, 2006, 48（2）: 157 - 181.

〔170〕 Katila R, Ahuja G. Something old, something new: a longitudinal study of search behavior and new product introduction〔J〕. Academy of Manage- ment Journal, 2002, 45（6）: 1183 - 1194.

〔171〕 Katila R, Chen E L. Effects of search timing on innovation: the value of not being in sync with rivals〔J〕. Administrative Science Quarterly, 2008, 53 （4）: 593 - 625.

〔172〕 Katila R, Chen E. Effects of search timing on product innovation: the value of not being in sync〔J〕. Social Science Electronic Publishing, 2013, 53 （4）: 593 - 625.

〔173〕 Katila R. New product search over time: past ideas in their prime?

[J]. Academy of Management Journal, 2002, 45 (5): 995 – 1010.

[174] Keeble D, Wilkinson F. High-technology clusters, networking and collective learning in Europe [M]. Ashgate, 2000.

[175] Kee-hung L, Christina W Y W, Cheng T C E. Institutional isomorphism and the adoption of information technology for supply chain management [J]. Computers in Industry, 2006, 57 (1): 93 – 98.

[176] Khanna T, Palepu K. Why focused strategies may be wrong for emerging markets [J]. Harvard Business Review, 1997, 75: 41 – 54.

[177] Kim C, Park J H. Explorative search for a high-impact innovation: the role of technological status in the global pharmaceutical industry [J]. R&D Management, 2013, 43 (4): 394 – 406.

[178] Kim T, Rhee M. Exploration and exploitation: internal variety and environmental dynamism [J]. Strategic Organization, 2009, 7 (1): 11 – 41.

[179] Koberg C S, Detienne D R. An empirical test of enviromental, organlzational and proeess factors affecting incremental and radical innovation [J]. Journal of High Technology Management Research, 2003, 14 (1): 21 – 45.

[180] Kondra A Z, Hinings C R. Organizational diversity and change in institutional theory [J]. Organization Studies, 1998, 19 (5): 743 – 767.

[181] Koput, Kenneth W. A chaotic model of innovative search: some answers, many questions [J]. Organization Science, 1997, 8 (5): 528 – 542.

[182] Koschatzky K. Firm innovation and region: the role of space in innovation process [J]. Innovation Management, 2011, 2 (4): 383 – 408.

[183] Kshetri N. Institutional factors affecting offshore business process and information technology outsourcing [J]. Journal of International Management, 2007, 13 (1): 38 – 56.

[184] Laursen K, Salter A. Open for innovation: the role of openness in explaining innovation performance among U. K. manufacturing firms [J]. Strategic

Management Journal, 2006, 27 (2): 131 – 150.

[185] Laursen K, Salter A. Searching high and low: what types of firms use universities as a source of innovation? [J]. Research Policy, 2004, 33 (8): 1201 – 1215.

[186] Lavie D, Stettner U, Tushman M L. Exploration and exploitation within and across organizations [J]. Academy of Management Annals, 2010, 4 (1): 109 – 155.

[187] Leiponen A, Helfat C E. Innovation objectives, knowledge sources, and the benefits of breadth [J]. Strategic Management Journal, 2010, 31 (2): 224 – 236.

[188] Leonard D A. Core capabilities and core rigidities: a paradox in managing new product development [J]. Strategic Management Journal, 1992, 13 (1): 111 – 125.

[189] Levinthal D A, March J G. The myopia of learning [J]. Strategic Management Journal, 1993, 14 (S2): 95 – 112.

[190] Levinthal D A. Adaptation on rugged landscapes [J]. Management Science, 1997, 43 (7): 934 – 950.

[191] Levy M, Powellb P. Information systems strategy for small and medium sized enterprises: an organisational perspective [J]. Journal of Strategic Information Systems, 2000, 9 (1): 63 – 84.

[192] Li J, Sikora R, Shaw M J, et al. A strategic analysis of inter organizational information sharing [J]. Decision Support Systems, 2006, 42 (1): 251 – 266.

[193] Li Y, Vanhaverbeke W, Schoenmakers W. Exploration and exploitation in innovation: reframing the interpretation [J]. Creativity and Innovation Management, 2008, 17 (2): 107 – 126.

[194] Liao J. Information technology investment: the effect of institutional

isomorphism ［J］. Journal of High Technology Management Research, 1996, 7 (1): 37 – 52.

［195］Lloréns M F J, Ruiz M A, Garcı'a M V. Influence of support leadership and teamwork cohesion on organizational learning, innovation and performance: an empirical examination ［J］. Technovation, 2005, 25 (10): 1159 – 1172.

［196］Lu J W. Intra-and inter-organizational imitative behavior: institutional influences on Japanese firms' entry mode choice ［J］. Journal of International Business Studies, 2002, 33 (1): 19 – 37.

［197］Lundvall B Å. Innovation as an interactive process: from user-producer interaction to the national system of innovation ［J］. China Soft Science, 1988, 17 (1): 101 – 106.

［198］Lune H, Martinez M. Old structures, new relations: how community development credit unions define organizational boundaries ［J］. Sociological Forum, 1999, 14 (4): 609 – 634.

［199］Mabert V A, Muth J F, Schmenner R W. Collapsing new product development times: six case studies ［J］. Journal of Product Innovation Management, 1992, 9 (3): 200 – 212.

［200］Mahdi S. Search strategy in product innovation process: theory and evidence from the evolution of agrochemical lead discovery process ［J］. Industrial and Corporate Change, 2003, 12 (2): 235 – 270.

［201］Makadok R, Walker G. Search and selection in the money market fund industry ［J］. Strategic Management Journal, 2007, 17 (S1): 39 – 54.

［202］March J G. Exploration and exploitation in organizational learning ［J］. Social Science Electronic Publishing, 1991, 2 (1): 71 – 87.

［203］Maskell P. Towards a knowledge—based theory of the geographical cluster ［A］. Clusters, Networks, and Innovation, Oxford: Oxford University

Press, 2001.

[204] Mathews J A. The origins and dynamics of Taiwan's R&D consortia [J]. Research Policy, 2002, 31 (4): 633 – 651.

[205] Mcdonald M L, Westphal J D. Getting by with the advice of their friends: CEOs' advice networks and firms' strategic responses to poor performance [J]. Administrative Science Quarterly, 2003, 48 (1): 1 – 32.

[206] Mcevily B, Marcus A. Embedded ties and the acquisition of competitive capabilities [J]. Strategic Management Journal, 2005, 26 (11): 1033 – 1055.

[207] Mentzer J T. Managing supply-chain collaboration [M]. Sage Publications, Thousand Oaks, California, 2001.

[208] Messner M, Clegg S, Kornberger M. Critical practices in organizations [J]. Journal of Management Inquiry, 2008, 17 (2): 68 – 82.

[209] Meyer J W, Rowan B. Institutionalized organizations: formal structure as myth and ceremony [J]. American Journal of Sociology, 1977, 83 (2): 340 – 363.

[210] Meyer J W, Scott W R, Deal T E. Institutional and technical sources of education organizations, In J. W. Meyer and W. R. Scott (Eds.), organizational environments: ritual and rationality: 45 – 67. Beverly Hills, CA: Sage. 1983.

[211] Meyer K E, Nguyen H V. Foreign investment strategies and sub-national institutions in emerging markets: evidence from Vietnam [J]. Journal of Management Studies, 2005, 42 (1): 63 – 93.

[212] Meyer K E. Institutions, transaction costs, and entry mode choice in Eastern Europe [J]. Journal of International Business Studies, 2001, 32 (2): 357 – 367.

[213] Meyers P W. Non-linear learning in large technological firms: period four implies chaos [J]. Research Policy, 1990, 19 (2): 97 – 115.

［214］ Mezias S J. An institutional model of organizational practice： financial reporting at the fortune 200 ［J］. Administrative Science Quarterly, 1990, 35 (3)： 431 - 457.

［215］ Miller D, Friesen P H. Structural change and performance： quantum versus piecemeal-incremental approaches ［J］. Academy of Management Journal, 1982, 25 (4)： 867 - 892.

［216］ Mizruchi M S, Fein L C. The social construction of organizational knowledge： a study of the uses of coercive, mimetic, and normative isomorphism ［J］. Administrative Science Quarterly, 1999, 44 (4)： 653 - 683.

［217］ Möller K, Rajala A. Rise of strategic nets—new modes of value creation ［J］. Industrial Marketing Management, 2007, 36 (7)： 895 - 908.

［218］ Morck R, Shleifer A, Vishny R W. Alternative mechanisms for corporate control ［J］. American Economic Review, 1988, 79 (4)： 842 - 852.

［219］ Nald M L, Westphal J D. Getting by with the advice of their friends： ceos' advice networks and firms' strategic responses to poor performance ［J］. Administrative Science Quarterly, 2003, 48 (1)： 1 - 32.

［220］ Narayanan V K. Managing technology and innovation for competitive advantage ［M］. Person Education Taiwan Ltd., Taipei, 2004.

［221］ Narus A J, Anderson J C. Rethinking distribution： adaptive channels ［J］. Harvard Business Review, 1996, 74 (4)： 112 - 120.

［222］ Nee V. Organizational dynamics of market transition： hybrid forms, property rights, and mixed economy in China ［J］. Administrative Science Quarterly, 1992, 37 (1)： 1 - 27.

［223］ Nelson R R, Winter S G. An evolutionary theory of economic change ［M］. Harvard University Press, 2009.

［224］ Nemet G F, Johnson E. Do important inventions benefit from knowledge originating in other technological domains? ［J］. Research Policy, 2012, 41

（1）：190 – 200.

［225］ Nerkar A. Old is gold? The value of temporal exploration in the creation of new knowledge ［J］. Management Science, 2003, 49 （2）：211 – 229.

［226］ North D C. Institutions, institutional change and economic performance ［M］. Cambridge University Press, 1990.

［227］ Oliver C. Strategic responses to institutional processes ［J］. Academy of Management Review, 1991, 16 （1）：145 – 179.

［228］ Patel P C, Have R V D. Enhancing innovation performance through exploiting complementarity in search breadth and depth ［J］. Frontiers of Entrepreneurship Research, 2010, 30 （9）：1 – 13.

［229］ Peng M W, Heath P S. The growth of the firm in planned economies in transition: institutions, organizations, and strategic choice ［J］. Academy of Management Review, 1996, 21 （2）：492 – 528.

［230］ Peng M W, Luo Y. Managerial ties and firm performance in a transition economy: the nature of a micro-macro link ［J］. Academy of Management Journal, 2000, 43 （3）：486 – 501.

［231］ Peng M W, Zhang S, Li X. CEO duality and firm performance during china's institutional transitions ［J］. Management and Organization Review, 2007, 3 （2）：205 – 225.

［232］ Peng M W. Institutional transitions and strategic choices ［J］. Academy of Management Review, 2003, 28 （2）：275 – 296.

［233］ Pfeffer J, Salancik G R. The external control of organizations: a resource dependence perspective ［J］. American Journal of Sociology, 1981, 87 （3）：23.

［234］ Phelps C C. A longitudinal study of the influence of alliance network structure and composition on firm exploratory innovation ［J］. Academy of Management Journal, 2009, 53 （4）：890 – 913.

［235］ Phene A, Fladmoe – Lindquist K, Marsh L. Breakthrough innovations in the US biotechnology industry: the effects of technological space and geographic origin ［J］. Strategic Management Journal, 2006, 27 (4): 369 – 388.

［236］ Philippe D, Durand R. The impact of norm-conforming behaviors on firm reputation ［J］. Strategic Management Journal, 2011, 32 (9): 969 – 993.

［237］ Porter M E. Clusters and the new economics of competition. ［J］. Harvard Business Review, 1998, 76 (6): 77.

［238］ Porter M. Competitive advantage of nations ［J］. Competitive Intelligence Review, 1990, 1 (1): 14 – 14.

［239］ Powell W W, Koput K W, Smith – Doerr. Interorganizational collaboration and the locus of innovation: networks of learning in biotechnology ［J］. Administrative Science Quarterly, 1996, 41 (1): 116 – 145.

［240］ Powell W W. Neither market nor hierarchy: network forms of organization / W. W. Powell ［J］. Research in Organizational Behavior, 1990, 12: 295 – 336.

［241］ Ragatz G L, Handfield R B, Scannell T V. Success factors for integrating suppliers into new product development ［J］. Journal of Product Innovation Management, 1997, 14 (3): 190 – 202.

［242］ Rampersad G, Quester P, Troshani I. Managing innovation networks: exploratory evidence from ICT, biotechnology and nanotechnology networks ［J］. Industrial Marketing Management, 2010, 39 (5): 793 – 805.

［243］ Rivkin J W, Siggelkow N. Balancing search and stability: interdependencies among elements of organizational design ［J］. Management Science, 2003, 49 (3): 290 – 311.

［244］ Robert B H, Gray L R, Kenneth J P. Involving suppliers in new product development ［J］. California Management Review, 1999, 42 (1): 59 – 82.

［245］ Rosenkopf L, Nerkar. Beyond local search: boundary-spanning, exploration, and impact in the optical disk industry [J]. Strategic Management Journal, 2001, 22 (4): 287 – 306.

[246] Rycroft R W, Kash D E. Self-organizing innovation networks: implications for globalization [J]. Technovation, 2004, 24 (3): 187 – 197.

[247] Sacchetti S. Knowledge caps in industrial development [J]. New Political Economy, 2004, 9 (3): 389.

[248] Salancik G R, Pfeffer J. Effects of ownership and performance on executive tenure in U. S. corporations [J]. Academy of Management Journal, 1980, 23 (4): 653 – 664.

[249] Salancik G R, Pfeffer J. Uncertainty, secrecy, and the choice of similar others [J]. Social Psychology, 1978, 41 (3): 246 – 255.

[250] Salmeron J L, Bueno S. An information technologies and information systems industry-based classification in small and medium-sized enterprises: an institutional view [J]. European Journal of Operational Research, 2006, 173 (3): 1012 – 1025.

[251] Scott J A. The role of large producers in industrial districts: a case study of high technology systems houses in Southern California [J]. Regional Studies, 1992, 26 (3): 265 – 275.

[252] Scott W R. Institutions and organizations [M] // Institutions and organizations /. Sage Publications, 2001: 69 – 89.

[253] Scott W R. The adolescence of institutional theory. [J]. Administrative Science Quarterly, 1987, 32 (4): 493 – 511.

[254] Selznick P. Institutionalism "Old" and "New" [J]. Administrative Science Quarterly, 1996, 41 (2): 270.

[255] Sheu C, Yen H R, Chae B. Determinants of supplier-retailer collaboration: evidence from an international study [J]. International Journal of Operations & Production Management, 2006, 26 (1): 24 – 49.

［256］ Shiller R J. Behavioral economics and institutional innovation ［J］. Southern Economic Journal, 2005, 72 （2）: 268.

［257］ Sidhu J S, Commandeur H R, Volberda H W. The multifaceted nature of exploration and exploitation: value of supply, demand, and spatial search for innovation ［J］. Organization Science, 2007, 18 （1）: 20 – 38.

［258］ Simatupang T M, Sridharan R. The collaboration index: a measure for supply chain collaboration ［J］. International Journal of Physical Distribution & Logistics Management, 2005, 35 （1）: 44 – 62.

［259］ Simatupang T M, Wright A C, Sridharan R. The knowledge of coordination for supply chain integration ［J］. Business Process Management Journal, 2002, 8 （3）: 289 – 308.

［260］ Simonin B L. An empirical investigation of the process of knowledge transfer in international strategic alliances ［J］. Journal of International Business Studies, 2004, 35 （5）: 407 – 427.

［261］ Singh J. Collaborative networks as determinants of knowledge diffusion patterns ［J］. Management Science, 2005, 51 （5）: 756 – 771.

［262］ Sirmon D G, Hitt M A, Ireland R D. Managing firm resources in dynamic environments to create value: looking inside the black box ［J］. Academy of Management Review, 2007, 32 （1）: 273 – 292.

［263］ Smith K G, Carroll S J, Ashford S J. Intra-and interorganizational cooperation: toward a research agenda ［J］. Academy of Management Journal, 1995, 38 （1）: 7 – 23.

［264］ Smith W K, Tushman M L. Managing strategic contradictions: a top management model for managing innovation streams ［J］. Organization Science, 2005, 16 （5）: 522 – 536.

［265］ Souder W E. Managing relations between R&D and marketing in new product development projects ［J］. Journal of Product Innovation Management,

1988, 5 (1): 6 - 19.

［266］Stank T P, Keller S B, Daugherty P J. Supply chain collaboration and logistical service performance ［J］. Journal of Business Logistics, 2001, 22 (2): 29 - 48.

［267］Stuart T E, Podolny J M. Local search and the evolution of technological capabilities ［J］. Strategic Management Journal, 1996, 17 (S1): 21 - 38.

［268］Suchman M C. Managing legitimacy: strategic and institutional approaches ［J］. Academy of Management Review, 1995, 20 (3): 571 - 610.

［269］Sutton J R, Dobbin F, Meyer J W, et al. The legalization of the workplace ［J］. American Journal of Sociology, 1994: 944 - 971.

［270］Suzuki O, Methé D T. Local search, exploration frequency, and exploration valuableness: evidence from new pharmaceuticals development. ［J］. International Journal of Innovation Management, 2014, 18 (2): 1450014 (1 - 29).

［271］Swaminathan A. Environmental conditions at founding and organizational mortality: a trial-by-fire model ［J］. Academy of Management Journal, 1996, 39 (5): 1350 - 1377.

［272］Teece D J, Pisano G, Shuen A. Dynamic capabilities and strategic management ［J］. Strategic Management Journal, 2015, 18 (7): 509 - 533.

［273］Teo H H, Wei K K, Benbasat I. Predicting intention to adopt interorganizational linkages: an institutional perspective. ［J］. Mis Quarterly, 2003, 27 (1): 19 - 49.

［274］Tether B S. Who cooperates for innovation, and why: an empirical analysis ［J］. Research Policy, 2002, 31: 947 - 967.

［275］Tidd J, Bessant J, Pavitt K. Managing innovation: integrating technological, market and organizational change ［M］. John Wiley & Sons, New York, 2001.

［276］Todtling F, Kaufmann A. Innovation systems in regions of Europe: a

comparative perspective ［J］. European Planning Studies, 1999, 7 （6）: 699 –
719.

［277］ Tsai K H. Collaborative networks and product innovation performance:
toward a contingency perspective ［J］. Research Policy, 2009, 38 （5）: 765 –
778.

［278］ Tushman M L, O'Reilly C A. The ambidextrous organizations: manag-
ing evolutionary and revolutionary change ［J］. California Management Review,
1996, 38 （4）: 8 – 30.

［279］ Tuttle B, Dillard J. Beyond competition: institutional isomorphism in
U. S. accounting research ［J］. Accounting Horizons, 2007, 21 （4）: 387 – 409.

［280］ Ulusoy G. An assessment of supply chain and innovation management
practices in the manufacturing industries in Turkey ［J］. International Journal of
Production Economics, 2003, 86 （3）: 251 – 270.

［281］ Uzzi B. Social structure and competition in interfirm networks: the para-
dox of embeddedness ［J］. Administrative Science Quarterly, 1997, 42 （1）: 35 –
67.

［282］ Venkatraman N, Lee C H, Iyer B. Strategic ambidexterity and sales
growth: a longitudinal test in the software sector. （Working Paper） ［R］. Boston
University, 2007.

［283］ Walters D, Rainbird M, Strategic operations management: a value
chain approach ［M］. Palgrave, Basingstoke, UK, 2007.

［284］ Wei – Long L, Jiunn – Chiou C, Yu – Hsien W, Chih – Hsing L. How
knowledge exploration distance influences the quality of innovation ［J］. Total Quality
Management & Business Excellence, 2012, 23 （9）: 1 – 15.

［285］ Wu J, Shanley M T. Knowledge stock, exploration, and innovation:
research on the United States electromedical device industry ［J］. Journal of Busi-
ness Research, 2009, 62: 474 – 483.

［286］ Yiu D, Makino S. The choice between joint venture and wholly owned subsidiary: an institutional perspective ［J］. Organization Science, 2002, 13 (6): 667 – 683.

［287］ Yli – Renko H, Autio E, Sapienza H J. Social capital, knowledge acquisition, and knowledge exploitation in young technology-based firms ［J］. Strategic Management Journal, 2001, 22 (6 – 7): 587 – 613.

［288］ Zhao X, Huo B, Flynn B B, et al. The impact of power and relationship commitment on the integration between manufacturers and customers in a supply chain ［J］. Journal of Operations Management, 2008, 26 (3): 368 – 388.

［289］ Zhu Q, Sarkis J. An inter-sectoral comparison of green supply chain management in China: drivers and practices ［J］. Journal of Cleaner Production, 2006, 14 (5): 472 – 486.

［290］ Zucker L G. Institutional theories of organization ［J］. Annual Review of Sociology, 2003, 13 (13): 443 – 464.

［291］ Zucker L G. Where do institutional patterns come from? Organizations as actors in social systems in institutional patterns and organizations: culture and environment. Lynne G. Zucker (ed.), 23 – 49, Cambridge, MA: Ballinger, 1988.

附　　录

附录 1：访谈提纲

1. 请您简要介绍一下本企业的基本情况，如企业年龄、规模、性质、主要业务、市场、发展状况等。

2. 请您介绍一下本产业集群的情况。

3. 请您谈一下集群内区域创新体系的构建情况。

4. 请您谈一下本企业与集群内外企业的协同创新情况。

5. 请您列举一些与本企业有联系的，并且对企业创新有重要影响作用的企业。

6. 请您谈一下这些合作企业是通过何种方式对企业创新产生影响的。

附录 2：调查问卷

尊敬的女士/先生：

您好！我们是杭州电子科技大学某课题组，目前正在进行一项有关集群企业组织同构与协同创新的课题研究。在此希望能耽搁您几分钟的时间，请教您一些问题。您的意见没有对错之分，只要把您的看法告诉我们即可。此次问卷的内容不涉及您所在公司的具体管理事务和经营业务，更不会透露商业秘密，所收集的资料只做整体样本的分析，不涉及个案，而且您的回答仅供本人学术研究之用，并不对外公开，敬请安心填答。感谢您在百忙之中抽空回答本次问卷，在此本人致以诚挚的谢意，并祝健康快乐！

×××大学课题组

第一部分：贵公司基本情况

1. 贵公司名称（自愿填写）：

2. 贵公司的企业年限为

［　］0~5年　　［　］5~10年　　［　］10~20年　　［　］20年以上

3. 贵公司所属行业为

［　］机械和工程　　［　］电子和信息　　［　］化学和制药

［　］纺织业　　［　］其他，请注明

4. 贵公司员工人数为

［　］100人以下　　［　］101~500人　　［　］500~1000人

［　］1000~3000人［　］3000人以上

5. 贵公司近两年年均销售总额约为（人民币元）：

［　］小于500万　　［　］500万~1000万　　［　］1000万~1亿

［　］1亿~10亿　　［　］10亿及以上

6. 您在公司中的职务等级属于：

［　］总经理　　［　］部门经理　　［　］基层主管　　［　］普通员工

［　］其他

第二部分：请考虑这些描述与贵公司过去三年中的实际情况是否相符。请在相应选项上打√或画○或者标注"1"。

过去三年中贵公司的组织同构	完全不符合	基本不符合	有点不符合	不能确定	有点符合	基本符合	完全符合
企业需随时结合外在资源以利于运作							
企业的运营会受到政府相关政策或规范的影响							
企业的发展过程会因重要客户或供应商的要求而受到影响							
同行间的制约力量使贵公司的经营方式必须遵守行规							
企业愿意参与技术合作以获取新的行业知识和技术							
企业愿意通过产学研官的合作获取新的行业知识和技术							
企业所属行业的从业者经常会出现彼此模仿的现象							
企业经常会模仿行业中标杆企业的做法							
企业经常会模仿行业中其他企业的创新性行为							
企业与行业内的其他企业经常有较一致的市场反应行为							

第三部分：请考虑下面这些描述与贵公司过去三年中的实际情况是否相符，请在相应选项上打√或画〇或者标注"1"。

过去三年中贵公司的协同创新	完全不符合	基本不符合	有点不符合	不能确定	有点符合	基本符合	完全符合
合作企业帮助我们降低了产品的生产成本							
合作企业帮助我们降低了产品的开发成本							
合作企业帮助我们降低了产品的市场开拓成本							
合作企业帮助我们有效提升了现有产品质量							
合作企业帮助我们提高了现有产品/服务的通用性							
合作企业帮助我们很好地巩固了现有的市场							
合作企业帮助我们扩展了产品的种类							
合作企业帮助我们改善了现有的产品/服务							

过去三年中贵公司的协同创新	完全不符合	基本不符合	有点不符合	不能确定	有点符合	基本符合	完全符合
合作企业帮助我们改善了现有的工艺流程							
合作企业帮助我们开发了新产品							
合作企业帮助我们开发了新技术							
合作企业帮助我们开辟了新市场							
合作企业帮助我们拓展了全新的产品范围和技术领域							

第四部分：请考虑这些描述与贵公司过去三年中的实际情况是否相符。请在相应选项上打√或画○或者标注"1"。

过去三年中贵公司的知识搜寻	完全不符合	基本不符合	有点不符合	不能确定	有点符合	基本符合	完全符合
企业可以有效地寻找、识别和跟踪新技术领域的知识							
企业拥有多种渠道获取行业内外的新技术领域的知识							
企业能够将获取的新技术领域知识与自身结合以形成组织专属资产							
企业能够将所获取的新技术领域的知识应用在新产品开发上							
企业可以有效地寻找、识别和跟踪现有技术领域的知识							
企业拥有多种渠道获取所需要的现有技术领域的知识							
企业能够将获取的现有技术领域知识与自身结合以形成组织专属资产							
企业能够将所获取的现有技术领域的知识应用在新产品开发上							

第五部分：过去三年中贵公司的经营环境，请在相应选项上打√或画○

或者标注"1"。

过去三年中贵公司的经营环境	完全不符合	基本不符合	有点不符合	不能确定	有点符合	基本符合	完全符合
本行业中产品/服务更新速度非常快							
本行业中产品/服务的技术发展变化的速度非常快							
本行业中客户的需求变动性很高							
本行业中竞争对手的行动不可预测性很高							

附录3：调查问卷

尊敬的女士/先生：

您好！我们是杭州电子科技大学某课题组，目前正在进行一项有关集群企业组织同构现象的课题研究。在此希望能耽搁您几分钟的时间，请教您一些问题。您的意见没有对错之分，只要把您的看法告诉我们即可。此次问卷的内容不涉及您所在公司的具体管理事务和经营业务，更不会透露商业秘密，所收集的资料只做整体样本的分析，不涉及个案，而且您的回答仅供本人学术研究之用，并不对外公开，敬请安心填答。感谢您在百忙之中抽空回答本次问卷，在此本人致以诚挚的谢意，并祝健康快乐！

×××大学课题组

第一部分：贵公司基本情况

1. 贵公司名称（自愿填写）：

2. 贵公司所属行业：

3. 贵公司的企业年限为

[ ] 0～5 年　　　[ ] 5～10 年　　　[ ] 10～20 年　　　[ ] 20 年以上

4. 贵公司员工人数为

[　] 100 人以下　　[　] 101 ~ 500 人　　[　] 500 ~ 1000 人

[　] 1000 ~ 3000 人　　[　] 3000 人以上

5. 贵公司近两年年均销售总额约为（人民币元）：

[　] 小于 500 万　　[　] 500 万 ~ 1000 万　　[　] 1000 万 ~ 1 亿

[　] 1 亿 ~ 10 亿　　[　] 10 亿及以上

6. 您在公司中的职务等级属于：

[　] 总经理　　[　] 部门经理　　[　] 基层主管　　[　] 普通员工

[　] 其他

第二部分：请考虑这些描述与贵公司过去三年中的实际情况是否相符。请在相应选项上打√或画○或者标注"1"。

过去三年中贵公司所在行业普遍采用的战略导向								
	1	2	3	4	5	6	7	
			→					
低成本								差异化
出口导向								内销导向
专业化								多元化

过去三年中贵公司所采用的战略导向								
	1	2	3	4	5	6	7	
			→					
低成本								差异化
出口导向								内销导向
专业化								多元化

第三部分：请考虑下面这些描述与贵公司过去三年中的实际情况是否相符，请在相应选项上打√或画○或者标注"1"。

过去三年中贵公司的制度环境	完全不符合	基本不符合	有点不符合	不能确定	有点符合	基本符合	完全符合
当地法律法规的执行程度很高							
当地政府机构办事效率很高							
当地政府对企业经营的限制程度很高							
企业运营需要该企业长期的技术支持							
寻找一个更合适的合作企业很困难							
与该企业合作有利于提高我们的竞争地位							
行业协会对塑造或建立您所在行业的规则有影响力							
同行间的制约力量使贵公司的经营方式必须遵守行规							
学习优秀企业的运营模式在行业内得到普遍支持							
贵公司与主要供应商关系密切							
贵公司与主要客户关系密切							
贵公司与主要竞争对手关系密切							
贵公司与其他关联企业关系密切							
贵公司的高管与行业其他高管有相似的教育背景和经历							
贵公司的中层与行业其他中层有相似的教育背景和经历							
贵公司的普通员工与行业其他普通员工有相似的教育背景和经历							
同行中售卖残次品的普遍程度							
同行中使用不合格原材料的普遍程度							
同行中生产的产品质量不达标的普遍程度							
同行中削价倾销的普遍程度							
本行业的消费者需求变化很快							
本行业的生产技术发展变化速度很快							
本行业中竞争对手的行动不可预测性很高							
本行业中市场竞争很激烈							

第四部分：请考虑这些描述与贵公司过去三年中的实际情况是否相符。请在相应选项上打√或画○或者标注"1"。

过去三年中贵公司的组织惯性	完全不符合	基本不符合	有点不符合	不能确定	有点符合	基本符合	完全符合
公司经常进行工作流程优化以提高工作效率							
公司主营业务定位明确，从不盲目参与其他行业的竞争							
公司领导在执行任务时会依据过去的经验行事							
公司倡导和支持员工进行试验性或创造性的活动							